김창수의 비기너 스키테크닉

김창수의 비기너 스키테크닉

발행일	2018년 4월 01일
지은이	김 창 수
펴낸이	손 형 국
펴낸곳	(주)북랩

편집인	선일영	편집	이종무, 권혁신, 오경진, 최예은, 오세은
디자인	이현수, 김민하, 한수희, 김윤주	제작	박기성, 황동현, 구성우
마케팅	김회란, 박진관, 김한결		

출판등록	2004. 12. 1(제2012-000051호)
주소	서울시 금천구 가산디지털 1로 168, 우림라이온스밸리 B동 B113, 114호
홈페이지	www.book.co.kr
전화번호	(02)2026-5777 팩스 (02)2026-5747
ISBN	979-11-5987-881-7 13690 (종이책) 979-11-5987-882-4 15690 (전자책)

잘못된 책은 구입한 곳에서 교환해드립니다.
이 책은 저작권법에 따라 보호받는 저작물이므로 무단 전재와 복제를 금합니다.

이 도서의 국립중앙도서관 출판예정도서목록(CIP)은 서지정보유통지원시스템 홈페이지(http://seoji.nl.go.kr)와 국가자료공동목록시스템(http://www.nl.go.kr/kolisnet)에서 이용하실 수 있습니다.
(CIP제어번호 : CIP2017031974)

(주)북랩 성공출판의 파트너

북랩 홈페이지와 패밀리 사이트에서 다양한 출판 솔루션을 만나 보세요!

홈페이지 book.co.kr • **블로그** blog.naver.com/essaybook • **원고모집** book@book.co.kr

김창수 지음

김창수의 비기너 스키테크닉

북랩 book Lab

Welcome to Skiworld~!!

스키는 기원전 약 2500년 전 이동 및 사냥수단으로 시작된 스포츠로서, 유구한 역사와 전통을 가지고 있다. 광활한 대자연을 무대로 하는 스키는, 신체를 단련할 수 있음은 물론이고, 정신을 수양할 수 있는 최고의 겨울스포츠라고 할 수 있다.

또한 스키는 대표적인 가족형 스포츠로서 남녀노소가 함께 즐길 수 있고, 스키장이라는 공간에서 다양한 사람들과 사귈 수 있는 사교형 스포츠로서, 점차 개인주의화 되어가는 현대사회에서 인간관계를 돈독하게 할 수 있는 교류형 스포츠라고도 할 수 있다. 그러므로 스키를 타면 자연을 즐기는 동시에, 사람을 사귀는 두 가지 즐거움을 함께 누릴 수 있다.

하지만 불행하게도 스키는 겨울스포츠라는 '계절성'과, 많은 장비를 사용하는 '복잡성', 스키장에 가야 하는 '접근성', 그리고 필수기술을 배워야 하는 '기술지향성' 등으로 인해 진입장벽이 높은 스포츠라고 할 수 있다. 그러므로 스키에 처음 입문하는 것은 물론이고, 지속적으로 스키를 즐기기에도 많은 시간과 노력 그리고 비용이 들어가게 되어, 스키가 대중스포츠가 되는 것은 많은 어려움이 있는 것이 현실이다.

특히, 스키는 다양한 스키장비를 정확하게 알아야 하고, 복잡한 스키기술을 확실하게 익혀야만 제대로 입문할 수 있다. 그러므로 이 책에서는 스키에 처음 입문하는 스키어를 대상으로 해서, 스키장비를 잘 고르는 법부터 시작하여, 장비를 운반하고 착용하는 방법을 가르쳐서, 입문자가 가질 수 있는 장비에 대한 위화감을 줄일 수 있도록 준비하였다. 또한 스키를 타기 위해서 배워야 할 필수기술들을, 기초부터 상급기술까지 자세하게 설명하여 안전하고 즐겁게 스키기술을 익히고, 쉽고 빠르게 스키 엑스퍼트(Ski Expert)가 될 수 있도록 심혈을 기울였다.

추가적으로 진정한 스키 상급자가 되기 위하여 알아야 할 스키이론과 원리는 물론이고, 스키장비 속에 숨겨져 있는 신체의 움직임도 세밀하게 설명하여, 명실공히 입문자부터 상급자까지 모두에게 도움이 되는 책이 되도록 준비하였다. 그러므로 이 책은 초보자 때만 잠깐 보고 멀리하는 책이 아니라, 상급자가 되어서도 두고두고 가까이하면서, 스키기술의 실기와 이론을 모두 배울 수 있는 필독서라고 할 수 있다.

하지만 처음부터 너무 어렵게만 스키기술에 접근하지 않도록, 기본이 되는 필수기술들은 앞쪽에 수록하고, 뒤쪽에는 추가적인 이론 및 원리를 별도로 넣어서, 복잡한 기술에 대한 거부감을 줄였다. 또한 스키를 타면서 쉽게 일어날 수 있는 실수와 이를 고치기 위한 연습법도 자세하게 설명하였다. 그러므로 이 책을 손에 넣었다면, 제대로 된 스키 실기과 이론을 익힐 수 있는 교과서를 마련하였다고 할 수 있다.

　하지만 스키기술은 심해처럼 깊고 고산처럼 높아서, 결코 아무나 쉽게 그 정점에 도달할 수 없다. 그러므로 많은 시간을 들여서 꾸준한 노력을 해야만, 비로소 상급자가 되는 길에 들어설 수 있다. 특히 스키는 일상생활의 습관이 기술에 큰 영향을 끼치는 스포츠이다. 따라서 좋은 생활자세를 가져야만 좋은 스킹자세를 만들 수 있고, 평상시에 근력과 유연성을 길러야만, 어려운 스키기술도 쉽게 자신의 것으로 만들 수 있다. 이 책에는 비시즌 동안 할 수 있는 스트레칭법과 트레이닝법도 수록하였으니, 비시즌 동안도 착실하게 연습할 것을 권하고 싶다.

스키는 열정이다~!!
　이제 열정을 가지고 스키의 이론을 공부하고, 기술을 연습하고, 신체를 단련하자. 그리고 이 은혜로운 스포츠를 통하여 대자연의 아름다움과 인간관계의 풍요로움을 느끼고 즐기도록 하자. 이렇게 최고의 스포츠인 스키에 입문한 당신이야말로 최대의 행운아이다.

Skiing is Passion~!!
(Bernt Greber - Legendary Austrian Ski Demonstrator)

2017년 11월 드림스키어
김창수

BEGINNER SKI TECHNIQUE

- Lesson 00 프롤로그 / 4
- Lesson 01 장비 고르기 / 9
- Lesson 02 장비 나르기 / 27
- Lesson 03 장비 신기 / 33
- Lesson 04 스트레칭하기 / 43
- Lesson 05 한발로 걷기 및 미끄러지기 / 53
- Lesson 06 양발로 걷기 및 미끄러지기 / 59
- Lesson 07 스케이팅하기 / 65
- Lesson 08 방향 바꾸기 / 69
- Lesson 09 경사 오르기 / 75
- Lesson 10 넘어졌다 일어나기 / 79
- Lesson 11 기본자세 잡기 / 85
- Lesson 12 활주하기 / 103
- Lesson 13 활주하다가 멈추기 / 113
- Lesson 14 플루그화렌 탑테일돌리기 / 125
- Lesson 15 플루그보겐 테일밀기 / 141
- Lesson 16 플루그보겐 탑테일돌리기 / 159
- Lesson 17 슈템턴 후반모으기 / 177
- Lesson 18 슈템턴 전반모으기 / 197
- Lesson 19 패러렐턴 / 219
- Lesson 20 숏턴 / 243
- Lesson 21 스키장 안전 및 예절 / 275

1. 스키 & 바인딩 : Dynastar

2. 부츠 : Lange

3. 폴 : Komperdell

4. 헬멧 & 고글 : Shred

5. 스키웨어 : Goldwin

6. 이너웨어 : Spo10

7. 커스텀 이너부츠 : Intuition

8. 양말 : **익스트림게릴라**

9. 웜기어 : Therm-ic

10. 왁스 : **시불왁스**

11. 여행 : **클럽메드코리아 & 헬로스키닷컴**

12. 병원 : **피노키오 정형외과 & 코리아 정형외과**

BEGINNER SKI TECHNIQUE

Lesson 01

장비 고르기

스키에 입문하기 위해서 가장 먼저 해야 할 일은 바로 자신에게 잘 맞는 장비를 고르는 일이다. 초보자가 스키에 입문하는 경우라면 처음부터 자신의 장비를 구입할 필요는 없고, 스키장 앞에 있는 렌탈 숍 등에서 대여장비를 빌려서 사용할 수도 있다. 보통 한 시즌에 7~8번 이상 스키장에 간다면, 개인장비를 구입하는 것이 렌탈 숍 등에서 빌리는 것보다 더욱 경제적이고 효과적이라고 말할 수 있다. 또한 스키 장비 중 부츠가 스키기술에 가장 큰 영향을 끼치므로, 개인 부츠는 구입하고 스키와 폴만을 빌리는 것이, 모든 장비를 렌탈할 때보다 기술향상이 쉽고 빠르다.

스키는 다른 스포츠에 비해서 사용하는 장비의 수도 많고, 복잡하며 어렵기 때문에, 빌리거나 구입할 때는 반드시 경험자나 전문가의 조언을 구하는 것이 좋다. 장비를 빌릴 때는 너무 저렴한 것보다는 제대로 된 것을 빌리는 것이 중요한데, 특히 렌탈 스키의 엣지가 잘 관리되어 있는지를 확인하고, 렌탈 부츠가 자신의 발에 잘 맞는지도 체크하고, 렌탈 폴의 길이가 잘 맞는지도 확인해야 한다. 만약 관리가 부실하거나 자신에게 맞지 않는 장비를 빌리게 되면, 쾌적한 스킹을 즐길 수 없음은 물론이고, 자칫 안전에도 문제가 생길 수 있으니 주의가 필요하다.

장비를 살 때는 예산을 정해서 계획성 있게 구입하는 것이 중요하다. 다른 스포츠와 마찬가지로 초보자용 장비가 상급자용 장비보다 가격이 저렴하지만, 너무 초보자용 장비를 구입하면 스키 수준이 올라갔을 때 금방 장비를 바꿔야 하므로 중복투자의 가능성이 높다. 반대로 너무 비싼 상급자용 장비를 구입하면 다루기 어렵고 체력소모도 심하고 기술향상도 더딜 수도 있다. 그러므로 전문가나 경험자에게 신중하게 물어보고, 전문 숍에서 구입해야 제대로 된 장비를 구입할 수 있고, 사후관리나 A/S 등에서 문제의 가능성이 적다.

한번 스키장비를 구입하면 대개 오랜 시간을 사용하는데, 기술이 향상되고 장비가 노후됨에 따라서 교체를 할 필요성이 생긴다. 스키장비는 고가이고 종류가 많기 때문에, 한번에 모든 장비를 교체하면 큰 부담이 되므로, 필요에 따라서 각각의 장비들을 시기를 달리해서 차례로 바꾸는 것이 좋다. 즉 이번 겨울에는 스키를 샀다면 다음 겨울에는 스키부츠를, 그리고 그다음 겨울에는 스키복을 바꾸는 식으로 주기를 두는 것이 경제적이고 효율적이라 할 수 있다.

1. 스키(Ski) 및 바인딩(Binding)

<Dynastar Ski & Binding>

스키 장비에서 가장 먼저 선택해야 하는 것은 바로 스키와 바인딩이다. 스키와 바인딩에는 다양한 브랜드와 종류가 있으므로 신중하게 선택해야 한다. 우선 스키의 종류를 크게 나누어 보면 스키 선수와 최상급자가 경주시간을 경쟁할 때 주로 사용하는 레이싱(Racing) 스키, 다양한 설질과 상황에서 폭넓게 사용할 수 있는 올라운드(All-Round) 스키, 화려한 묘기를 부리며 점프대(Kicker)나 파크(Park)에서 사용할 수 있는 트윈팁(Twintip) 스키, 그리고 중상급자 모델로서 여성들이 주로 사용할 수 있도록 만들어진 레이디스(Lady's) 스키 그리고 어린이들을 위한 주니어(Junior) 스키 등이 있다. 이외에도 모글(Mogul), 파우더(Powder), 크로스컨트리(Crosscountry) 스키 등의 다양한

스키들이 목적과 수준에 따라서 사용되고 있다.

　초급자의 경우는 보다 쉽고 빠르고 안전하게 스키를 배우기 위해서, 초중급자용 올라운드 스키를 선택하는 것이 일반적인데, 올라운드 스키 중에서도 회전이 쉽고 길이가 짧은 회전형 올라운드 스키를 선택하는 것이 좋다. 특히 초보자가 과욕을 부려서 상급자용이나 최상급자용 스키를 선택하는 경우도 있는데, 이 경우 스키를 다루기 어려운 것은 물론이고, 무게가 무거워서 체력소모가 크며, 플렉스가 딱딱해서 회전이 어렵고, 기술향상도 더디며, 자칫 안전에도 문제가 생길 수 있으니 과욕은 금물이다.

　스키의 종류를 선택하였으면 그다음은 길이를 결정해야 하는데, 요즘 판매되고 있는 스키들은 카빙(Carving)스키라고 해서, 과거의 스키들보다 길이가 짧고, 회전이 쉬우며, 빠른 스피드에도 안정성이 높도록 만들어져 있다. 이러한 카빙스키들은 자신의 키보다 5~10cm 정도 짧게 선택하는 것이 일반적이다. 즉 스키를 세웠을 때 자신의 입술에서 눈썹 사이에 스키 끝이 오도록 길이를 맞추면 된다. 이때 자신의 성별이나 근력, 체중, 연령, 활주스타일 등을 종합적으로 고려해서 조금 길게 하거나 반대로 약간 짧게 선택해야 한다.

　스키를 선택할 때 고려해야 할 스키의 특성에는 플렉스(Flex/휘어짐)과 토션(Torsion/비틀림) 그리고 사이드컷(Sidecut/옆들림)을 생각할 수 있는데, 스키의 플렉스란 스키를 눌렀을 때 휘어지는 정도이고, 토션이란 스키를 비틀었을 때 뒤틀리는 정도라고 할 수 있다. 스키의 플렉스와 토션이 강하고 단단할수록, 설면을 잘 잡아주며 안정감과 탄성이 뛰어나서 고속과 강설에 적합하지만, 이러한 스키를 다루기 위해서는 근력과 기술이 필요하므로 초보자에게는 무리한 스키라고 할 수 있다. 그러므로 지나치게 강하고 단단한 스키보다는 자신이 힘으로 눌렀을 때 잘 휘어지고, 스키를 비틀었을 때 부드러움이 느껴지는 스키를 고르는 것이 좋다.

　스키의 사이드컷은 카빙스키가 나오면서 중요성이 높아졌는데, 스키를 위에서 보았을 때 탑(Top/앞)과 테일(Tail/뒤)은 넓고 센터(Center/중간)는 좁게 설계된 형상을 말한다. 사이드컷이 얕은 스키는 밋밋한 일자형에 가까운 모양을 하는데, 이러한 스키는 직진성이 높고 회전성은 다소 떨어지는 편이다. 반대로 사이드컷이 깊은 스키는 앞뒤가 넓고 중간이 좁아서 볼륨 있는 모양을 하는데, 이러한 스키는 직진성은 낮고 회전성이 높게 된다. 초보자가 스키를 선택할 때는 다소 사이드컷이 깊은 회전형 스키를 선택하는 것이 좋은데, 회전형 스키 중에서도 부드러운 스키를 고르는 것이 회전도 쉽고, 다루기도 편해서, 빠른 기술습득과 편안한 스킹이 가능하다.

　바인딩의 경우에는 최근 스키와 세트로 판매되는 것이 일반적이지만, 일부 최상급자용 스키들은 여전히 스키와 바인딩을 별도로 선택할 수도 있다. 초중급자용 스키들은 대부분 스키에 레일(Rail) 시스템 등이 미리 부착되어 있어서, 바인딩을 간편하게 끼워넣어서 장착할 수 있도록 세트화되어 있다. 그러므로 스키를 선택하면 바인딩은 자동으로 맞춰지지만, 바인딩의 정확한 셋팅은 전문숍이나 전문가에게 맡기는 것이 반드시 필요하다.

　바인딩의 역할은 평소에는 스키와 부츠를 단단하게 결합했다가, 위험한 순간에는 부츠가 스키에서 분리되도록 하는 것이다. 이때 바인딩이 이탈되는 강도는 표준수치화되어 있는데, 이를 해방강도(DIN수치)라고 한다. 해방강도는 수치가 낮을수록 쉽게 해방되고 반대로 높을수록 잘 해방되지 않는데, 해방강도를 설정할 때는 반드시 전문가나 전문숍의 조언을 받아야 한다. 만약 개인이 임의로 조정하면, 잘못된 바인딩 이탈사고로 안전상의 문제가 발생할 수 있으니 주의하도록 한다.

스키 세부명칭

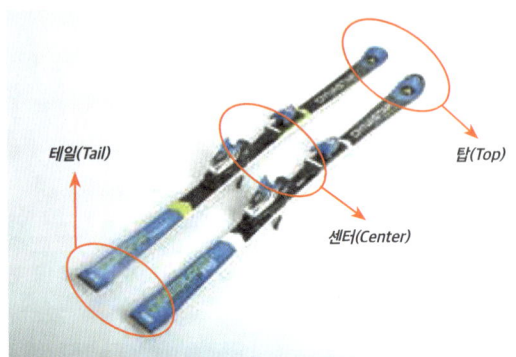

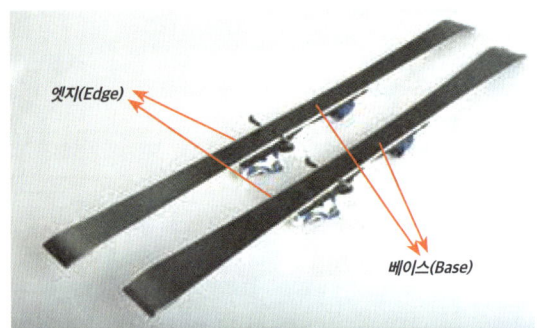

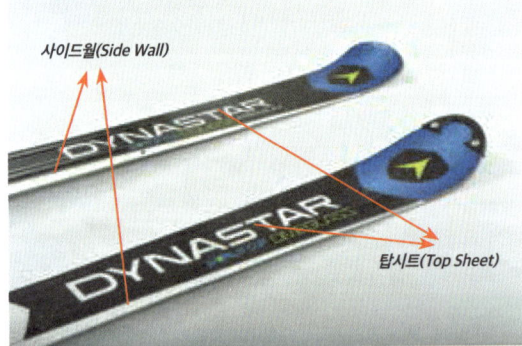

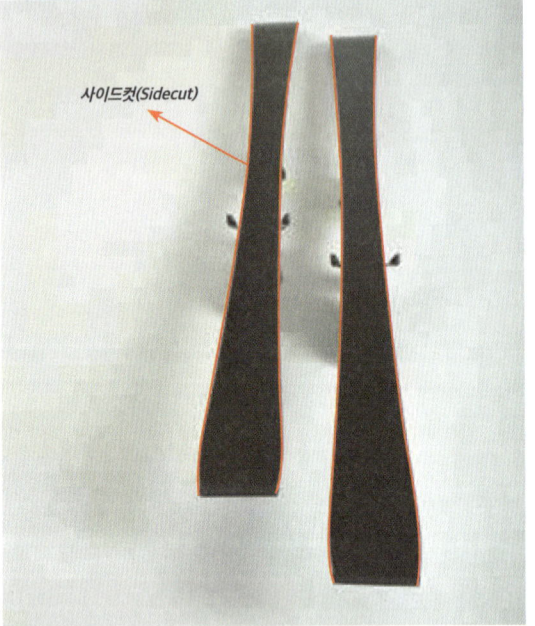

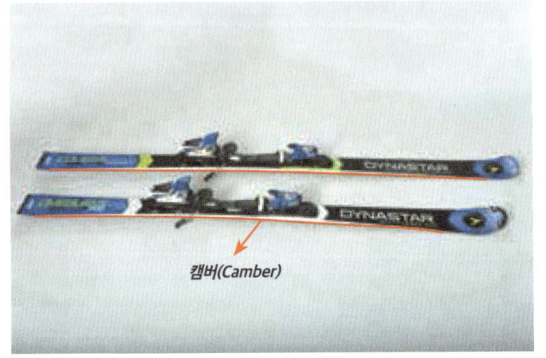

(1) 탑(Top) : 스키의 앞부분
(2) 센터(Center) : 스키의 가운데 부분
(3) 테일(Tail) : 스키의 뒷부분
(4) 탑시트(Top Sheet) : 스키의 위쪽 표면
(5) 베이스(Base) : 스키의 활주면
(6) 엣지(Edge) : 스키의 금속날
(7) 사이드컷(Sidecut) : 스키의 옆 들림
(8) 캠버(Camber) : 스키의 가운데 들림
(9) 플레이트(Plate) : 스키와 바인딩 사이의 올림판
(10) 사이드월(Sidewall) : 스키의 옆면

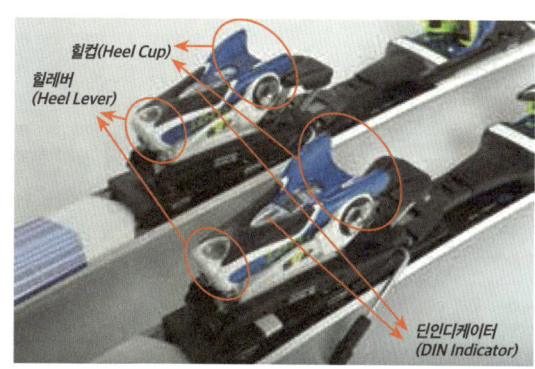

바인딩 세부명칭

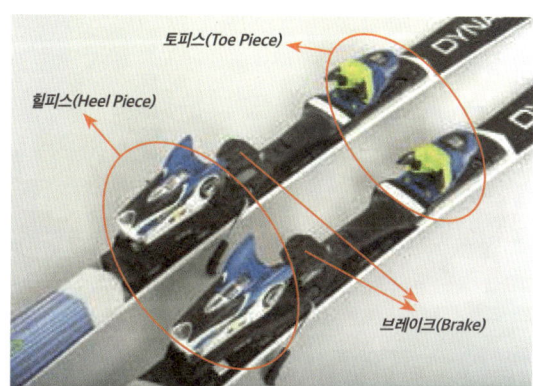

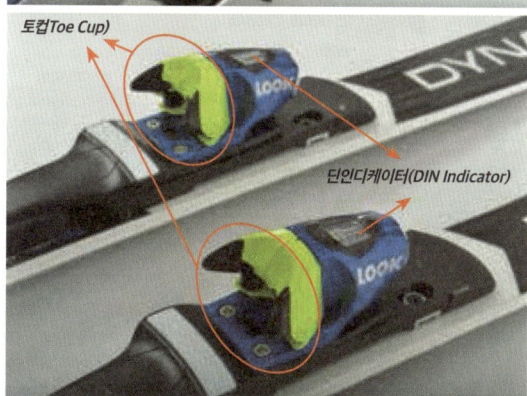

(1) 토피스(Toe Piece) : 바인딩의 앞뭉치
(2) 토컵(Toe Cup) : 바인딩의 앞컵
(3) 힐피스(Heel Piece) : 바인딩의 뒷뭉치
(4) 힐컵(Heel Cup) : 바인딩의 뒷컵
(5) 힐레버(Heel Lever) : 뒷바인딩의 누름쇠
(6) 브레이크(Brake) : 바인딩의 멈춤 장치, 스톱퍼(Stopper)
(7) 딘인디케이터(DIN Indicator) : 바인딩 해방수치 표시창

2. 부츠(Boots)

<Lange Boots>

스키장비에서 가장 신중하게 선택해야 하는 것이 바로 부츠이다. 부츠는 스키를 움직이는 파워와 컨트롤을 전달하는 장비로서의 역할과 스키어의 발을 감싸고 보호하는 신발로서의 기능도 동시에 하므로, 장비로서의 기능성뿐만 아니라 신발로서의 쾌적성도 동시에 고려해서 선택해야 한다.

부츠를 고를 때는 반드시 충분하게 신어보고 결정해야 하는데, 적어도 10분 이상은 신어서 불편함이 없는 제품을 고르는 것이 좋다. 부츠는 신었을 때 전제적으로 발을 잘 감싸고 약간의 압박감을 느낄 수 있는 제품이 좋고, 발의 일부라도 고통이 느껴지는 곳이 있다면, 한 사이즈 큰 제품을 고르거나 혹은 부츠를 성형(Tuning/튜닝)해야 한다. 부츠 선택을 잘못하면 기술향상이 더딘 것은 물론이고, 발의 고통 때문에 스키 자체를 탈 수 없는 지경까지 이를 수 있으니 심사숙고해야 한다. 또한 상급부츠는 스키어의 발에 타이트하게 맞아야 하는데, 스키어의 발은 천차만별이고 부츠는 기성품이므로 한 번에 잘 맞는 경우는 드물고, 한 번 이상의 부츠성형이 거의 필수라고 해도 과언이 아니다.

부츠는 여러 가지 목적에 따라서 다양한 종류의 제품들이 있고, 또한 스키어의 수준에 따라서도 다양한 레벨의 부츠가 있는데, 이러한 종류와 레벨에 따라서 가격도 천차만별이라 할 수 있다. 부츠는 스키 장비 중에서 가장 중요한 장비이므로, 자신의 스키 수준보다는 한 단계 위의 제품을 고르는 것이 중복투자를 줄이는 방법이다. 반대로 지나치게 높은 레벨의 부츠를 고른다면, 자칫 부츠가 지나치게 압박하여 발이 아프거나 혹은 너무 딱딱해서 스키를 다루기 어려울 수 있으므로 주의해야 한다.

부츠를 고를 때는 크게 사이즈(Size), 플렉스(Flex), 발볼(Width)의 세 가지를 고려해야 한다. 사이즈를 고를 때는 스키숍에 비치된 발 측정기를 이용해서 발의 길이와 발볼을 재는데, 이때 발등의 높이도 고려해서 사이즈를 골라야만 한다. 즉 부츠를 신었을 때 발가락 부분에는 약간의 여유가 있고, 발목과 발등이 잘 맞고, 뒤꿈치가 헐렁하지 않도록 사이즈를 선택해야 한다. 만약 발등이 지나치게 높은 스키어라면 한 사이즈 정도 여유롭게 선택하는 것도 좋은 방법이다.

플렉스는 부츠가 단단한 정도인데, 높은 레벨의 부츠일수록 플렉스가 단단해서 스키어의 파워와 컨트롤을 잘 전달할 수 있다. 반대로 낮은 레벨의 부츠일수록 플렉스가 부드러워서 스키어가 편안하고 불편함 없이 신을 수 있고, 스키조작에도 관용과 여유가 있어서 한결 편안하고 쾌적하다. 처음 스키에 입문할 때는 지나치게 단단한 부츠보다는, 약간 부드러운 부츠를 선택하는 것이 신기에도 편하고 보다 빠르게 스키기술을 익힐 수 있다. 하지만 체중이 무겁고 근력이 좋은 스키어라면 자신의 레벨보다 조금 딱딱한 부츠를 고르는 것이 필요하다.

발볼은 발 앞쪽의 넓이를 말하는 것으로, 이 부분은 부츠를 신었을 때 쉽게 불편함이나 아픔을 느끼는 곳이다. 그러므로 발볼이 넓은 스키어라면 넓이가 조금 여유로운 부츠를 선택하거나 혹은 한 사이즈 큰 부츠를 선택하는 것이 좋다. 하지만 최상급자용 부츠는 대부분 발볼이 좁은 제품이 많으므로, 이 경우에는 전문숍에서 성형을 해서 인위적으로 부츠의 발볼을 넓혀주는 작업을 하기도 한다. 만약 발볼이 불편하다고 해서 지나치게 큰 사이즈를 고른다면, 다른 곳이 과도하게 헐렁하게 되므로 파워와 컨트롤의 손실이 있을 수 있는데, 이때는 원래 사이즈에 맞도록 부츠를 고른 후에 발볼을 넓히는 성형을 하는 것이 현명한 방법이다.

부츠는 종일 신고 있는 경우가 많으므로 전문가의 조언을 받아서 신중하게 선택함은 물론이고, 아침보다는 저녁 무렵에 발이 부으면서 크기가 커지므로 저녁에 사이즈를 고르는 것이 좋고, 좌우의 발 크기가 다른 경우가 많으므로 반드시 양쪽 부츠를 동시에 신어보고 선택해야 한다. 또한 부츠를 잠깐 신었을 때는 문제가 없었지만 오랜 시간 신게 되면 아픈 곳이 생길 수 있으므로, 충분히 오랜 시간 동안 부츠를 신어보는 것이 좋다. 그리고 단순하게 부츠를 신고 있는 것이 아니라, 부츠를 신고 스키를 실제로 탈 때처럼 전후좌우로 부츠를 누르거나 기울이고 돌려봐서, 불편함이 없고 잘 맞아야만 정확한 부츠 선택을 했다고 말할 수 있다.

부츠 세부명칭

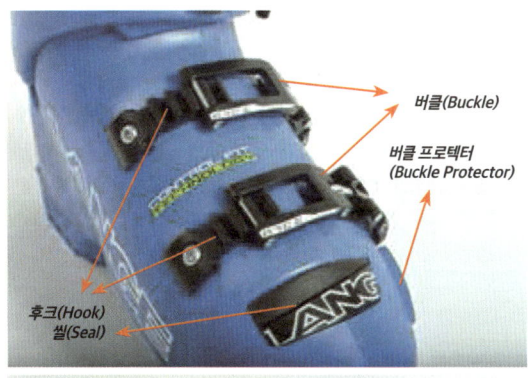

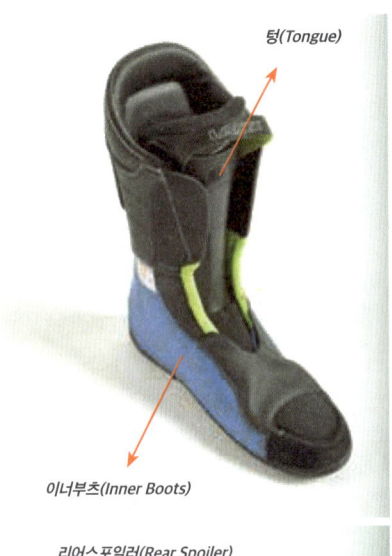

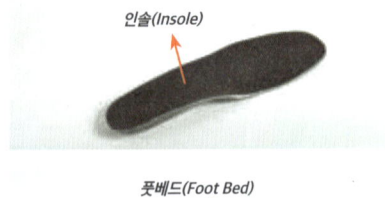

(1) 아웃터셸(Outer Shell) : 부츠의 바깥 껍질
(2) 버클(Buckle) : 부츠의 채움쇠
(3) 후크(Hook) : 부츠의 채움쇠 걸이
(4) 버클 프로텍터(Buckle Protector) : 부츠의 채움쇠 보호장치
(5) 스트랩(Strap) : 부츠의 조임끈
(6) 캔트얼라이먼트(Cant Alignment) : 부츠의 옆 기울임 조절기
(7) 토립(Toe Lip) : 부츠의 앞걸이
(8) 힐립(Heel Lip) : 부츠의 뒷걸이
(9) 씰(Seal) : 부츠의 방수고무
(10) 리어스포일러(Rear Spoiler) : 부츠의 후방 보조장치
(11) 이너부츠(Inner Boots) : 부츠의 안쪽신발
(12) 인솔(Insole) : 부츠의 깔창
(13) 텅(Tongue) : 부츠의 혓바닥
(14) 풋베드(Foot Bed) : 부츠의 안바닥 깔창
(15) 솔(Sole) : 부츠의 밑바닥
(16) 섀시(Chassis) : 부츠의 아래몸틀

3. 폴(Pole)

<Komperdell Pole>

폴은 처음에는 거추장스러울 수도 있지만, 스키를 신고 이동하거나 균형을 잡고 리듬을 맞출 때 유용하며, 특히 스키어의 수준이 높아질수록 역할이 커지는 장비이다. 폴은 소재에 따라서 카본, 알류미늄, 컴퍼지트 폴 등이 있고, 사이즈 조절 가능 여부에 따라서 사이즈가 정해진 1단 폴이 있고, 필요에 따라서 사이즈를 조절할 수 있는 2~3단 폴도 있다.

폴을 선택할 때는 길이가 가장 중요한데, 길이가 조절되지 않는 폴을 선택할 때는 자신의 신장의 68% 정도(자신의 신장

곱하기 0.68이 자신의 폴 사이즈)를 선택하는 것이 보통이다. 이러한 폴의 사이즈는 스키기술이 높아지면 상황에 따라 다르게 하는 것이 좋은데, 이때는 사이즈를 조절할 수 있는 2단 폴로 업그레이드하는 것이 여러모로 편리하다.

폴의 소재는 알루미늄 제품이 가볍고 튼튼하고 가격도 저렴해서 초보자에게 적합하고, 상급자가 되면 보다 가볍고 가늘고 탄성이 좋은 카본소재의 폴로 업그레이드하는 것이 일반적이다. 폴은 손에 쥐고 앞뒤로 흔들었을 때 가볍고 쉽게 움직이는 제품이 스윙 웨이트(Swing Weight)와 스윙 밸런스(Swing Balance)가 좋은 제품이다. 또한 폴을 고를 때는 장갑과의 조합도 고려해야 하는데, 맨손으로 폴을 쥐고 고르는 것보다는 자신이 사용하는 장갑을 끼고 그립을 잡았을 때, 편안하고 밀착성이 좋은 제품을 골라야 한다.

4. 웨어(Wear)

<Skiing with Ski Wear>

웨어는 크게 몸의 안쪽에 입는 이너 웨어(Inner Wear), 바깥쪽에 입는 아웃터 웨어(Outer Wear), 그리고 이너 웨어와 아웃터 웨어 사이에 입는 미들 웨어(Middle Wear)가 있다. 이너 웨어는 흔히 우리가 내복이라고 부르는 속옷으로서 체온을 유지하고 땀을 배출하는 역할을 한다. 또한 아웃터 웨어는 비바람을 막아주는 방수 및 방풍 기능을 하고 체온을 유지하는 보온 기능과 땀을 배출하는 투습 기능도 한다. 마지막으로 미들 웨어는 바람을 막아주고 체온을 유지하며 땀을 배출하는 기능을 한다.

폴 세부명칭

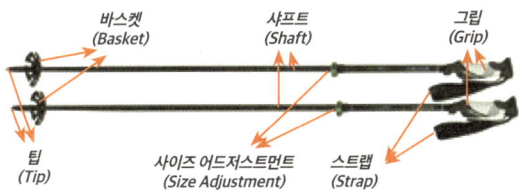

(1) 그립(Grip) : 폴의 손잡이
(2) 스트랩(Strap) : 폴의 손잡이끈
(3) 샤프트(Shaft) : 폴의 몸체
(4) 바스켓(Basket) : 폴의 원판
(5) 팁(Tip) : 폴의 끝단
(6) 사이즈 어드저스트먼트(Size Adjustment) : 폴의 길이조절장치

<Spo10 Inner Wear>

이너 웨어를 고를 때는 보온성이 뛰어나고 땀 배출이 원활하며 잘 마르는 속건성의 모(毛/Wool) 제품이나 기능성 소재 제품을 골라야 하는데, 특히 면제품은 땀이 잘 배출되지 못하고 쉽게 마르지도 않아서 감기나 저체온증에 걸릴 수 있으므로 피하는 것이 좋다. 요즘은 기능성 소재의 이너 웨어가 보온성과 속건성 및 땀 배출이 우수하고, 부분적으로 근육을 압박하여 운동 효과도 있어서 많이 사용되는 추세이다. 하지만 화학소재에 거부감이나 알레르기가 있다면 천연소재인 모 제품을 고르는 것이 좋다.

용도가 높고 두께가 얇아서 거북하지 않고 운동성이 좋다. 그리고 다운(Down) 소재는 가장 가볍고 보온성이 뛰어나며 작게 압축할 수 있어서 수납도 편리하다. 그러므로 미들웨어는 자신의 목적과 취향에 맞게 적당한 소재와 디자인을 잘 고르는 것이 좋다.

<Goldwin Outer Wear>

<Goldwin Middle Wear>

미들 웨어는 보온성이 뛰어나고 땀 배출이 잘 되는 폴라 플리스(Polar Fleece) 제품이나, 발수성이 있고 방풍이 되는 기능성 소재의 제품을 선택하는 것이 좋다. 특히 날씨가 더워지는 스프링 시즌에는 미들웨어만 입고 스키를 타는 경우도 있으므로 기능성 제품을 선택하고, 또한 일상생활에서도 쉽게 입을 수 있는 디자인의 제품을 고른다면 더욱 활용도를 높일 수 있다. 폴라플리스 소재는 가볍고 부드럽고 보온성과 투습성이 뛰어나서 미들웨어의 대명사로 각광받고 있다. 한편 기능성의 소프트 셀(Soft shell) 소재는 방풍성과 발수성이 뛰어나서 활

아웃터 웨어는 보통 우리가 스키복이라고 부르는 제품으로서, 기능성과 운동성이 뛰어나지만 대부분 고가의 제품들이 많으므로 신중하게 선택하도록 한다. 아웃터 웨어의 경우는 기본적으로 방수성과 방풍성 및 보온성과 투습성이 필요하므로 기능성 소재의 제품을 선택하도록 하는데, 제품의 택(Tag)을 살펴보면 방수성과 투습성이 수치로 표시되어 있고, 내부에 사용된 보온소재도 표기되어 있는 경우가 많으므로 구입 시 확인하도록 하자. 또한 스키를 타다 보면 격렬한 움직임을 하는데, 이때 신체의 움직임에 맞도록 입체적으로 재단된 전문제품을 입는다면 더욱 쾌적하게 스키를 탈 수가 있다.

아웃터 웨어의 경우는 전문회사 제품들을 선택하면 기능적인 면에서는 크게 실패할 확률 없이 제품을 구입할 수 있다. 여기에 자신의 취향에 따라서 디자인을 고르고 신체에 맞춰서

사이즈를 선택하면 되는데, 아웃터 웨어의 경우는 매년 유행에 따라서 디자인이 크게 바뀌는 경향이 있다. 그러므로 너무 유행을 타는 화려한 디자인과 튀는 컬러를 선택하기보다는 무난한 제품을 고르면 몇 년 동안 무리 없이 착용이 가능하다. 또한 고가의 전문제품의 경우에는 상의와 하의의 사이즈를 통일해서, 한 사이즈만으로 함께 구입해야 하는 경우도 있으므로 사이즈 선택에 주의해야 한다.

<Goldwin Woman's Pants>

<Goldwin Woman's Jacket>

하의의 경우에도 허리벨트 사이즈 조절이 편리하도록 벨크로 벨트가 장착되어 있고, 체온을 조절할 수 있는 환기구도 있고, 그리고 부츠 안으로 눈이 들어가지 않도록 게이터가 장착되어 있고, 바지 밑단에는 부츠착용을 돕는 지퍼가 달려 있다. 또한 하의의 경우에는 항상 다리를 구부리고 타야 하는 스키의 특성상, 다리를 쉽게 구부릴 수 있도록 입체적으로 재단되어 있어서 보다 쾌적하다. 그리고 스키엣지에 바지가 찢겨지지 않도록 엣지 가드(Edge Guard)가 바지 안쪽에 구비되어 있고, 상의와 더불어 하의에도 스트레치 원단을 사용해서 보다 활동성과 운동성을 높이는 제품도 많다.

스키를 탈 때 꼭 전문적인 스키웨어만을 고집할 필요는 없지만, 스키전문 아웃터 웨어의 경우에는 스키를 타는데 필요한 다양한 기능들을 탑재하고 있어서 보다 편리하고 쾌적하다. 상의의 경우에는 헬멧을 착용한 상태에서도 후드를 쓸 수 있도록 후드를 넓혀주는 확장용 지퍼가 달려있는 경우가 있고, 스키어가 체온조절을 쉽게 할 수 있도록 개폐형 환기구가 장착되어 있다. 또한 스키장의 리프트티켓을 쉽게 보여줄 수 있도록 리프트패스 전용 포켓이 달려 있고, 소매 사이로 찬바람과 눈이 들어오지 않도록 핸드 게이터(Hand Gator) 등이 달려 있다.

5. 헬멧(Helmet)과 고글(Goggle)

<Shred Helmet & Goggle>

카빙스키가 등장하면서 스키의 활주 속도는 비약적으로 빨라졌고, 스노보드의 등장에 따라서 스키장에는 스키뿐만 아니라 스노보드도 함께 다양하고 복잡한 라인을 그리며 활주하고 있다. 더욱이 한국의 경우에는 비좁은 스키장을 많은 스키어와 보더들이 함께 사용하다 보니 충돌사고의 위험이 급증하였다. 또한 인공설을 뿌려서 만든 국내의 슬로프는 외국보다 표면이 단단한 경우가 많아서, 자칫 넘어지면 상대적으로 큰 충격을 받으므로, 헬멧과 고글은 안전을 위한 필수장비라고 할 수 있다.

<Shred Helmet>

헬멧은 복합소재로 만들어져서 가볍고 튼튼하며, 충격이 가해졌을 때 이를 흡수하고 분산시키는 소재와 구조가 적용되어 있어서 더욱 안전하고 확실하게 스키어를 지켜준다. 이러한 헬멧은 귀 부분을 포함한 머리 전체가 딱딱한 셀(shell)에 둘러싸여서 보호기능이 뛰어난 풀 셀(Full Shell) 제품도 있고, 머리 위쪽은 딱딱한 셀로 되어있고 귀부분은 부드러운 천으로 되어서 편의성을 높인 하프 셀(Half Shell) 제품도 있다. 초보자의 경우는 귀부분이 부드러운 천으로 되어있는 하프 셀 제품을 고르는 것이, 헬멧에 대한 거부감도 적고 또한 쓰고 벗기에도 훨씬 수월하고 편리하다.

헬멧을 고를 때는 머리 둘레의 사이즈(Size)와 머리 형태인 두상(Shape)을 함께 고려해야 하는데, 머리의 사이즈가 맞아도 두상이 맞지 않으면 사용 시 머리가 불편하거나 두통이 생기는 경우도 있으므로 주의해야 한다. 대부분의 헬멧 제조사들이 서양회사이다 보니 보통 서양인의 두상에 맞춰서 제품을 만들고 있다. 하지만 회사에 따라서 아시안 핏(Asian Fit) 제품을 생산하는 회사도 있으므로 이를 선택하면 두상에 대한 스트레스를 줄일 수 있다. 또한 대부분의 헬멧에는 다이얼 장치 등을 이용해서 사이즈를 조절할 수 있고, 헬멧 내부의 패드(Pad) 등을 이용하여 두상 조절이 가능한 제품도 있으므로 잘 활용하도록 하자.

<Shred Goggle>

고글은 스키장에서 시야를 확보하고 자외선을 차단하며 눈과 바람 등을 막아주는 중요한 역할을 하는 장비이므로, 반드시 전문회사 제품을 선택하고 저가의 제품 중에서는 자외선 차단이 잘되지 않는 제품도 있으므로 주의하도록 한다. 고글을 고를 때는 헬멧과 같은 회사의 제품을 선택하는 것이 매칭이 좋고 잘 어울린다. 또한 자외선이 잘 차단되는지 확인하고 가시광선 투과율도 고려해서 고글을 골라야 한다.

즉 가시광선 투과율이 낮은 어두운 렌즈는 눈은 덜 부시지만, 슬로프의 음영을 구분하기 어려워서 불편하기도 하고, 오후 시간대가 되어서 슬로프에 그림자가 많이 질 때는 자칫 위험할 수도 있다. 반대로 가시광선 투과율이 높고 지나치게 밝은 렌즈는 음영은 잘 보이지만, 눈이 부시거나 눈의 피로도가 높으므로 신중하게 선택하는 것이 좋다. 또한 국내처럼 야간스키를 많이 타는 환경에서는 투명하거나 밝은 색의 야간렌즈로 교환이 가능한 제품을 고르는 것이 좋고, 일부 제품은 햇빛의 강약에 따라서 렌즈의 색이 변하는 변색렌즈를 채택한 경우도 있으므로 잘 선택하도록 하자.

고글을 고를 때는 프레임(Frame)의 크기와 형태를 잘 확인하는 것이 필요한데, 프레임이 지나치게 작은 고글은 좌우의 시야각이 좁아서 스키를 탈 때 자칫 위험할 수 있으므로 주의하도록 한다. 또한 광대뼈가 튀어나오고 콧대가 낮은 동양인의 얼굴 형태상, 프레임의 코 아래쪽이 들떠서 스킹 시 바람이 들어와 불편한 경우가 있는데, 이는 아시안핏 제품을 선택하거나 코 아래쪽에 붙이는 추가 스폰지를 이용하여 어느 정도 해결할 수 있다.

6. 장갑(Glove)

<Goldwin Glove>

스키 장비에서 장갑은 손을 보호하고 체온을 유지하며 추위를 막아주는 기본적인 기능이 필요하고, 또한 추가적인 기능으로는 폴을 잡고 움직일 때 밀착감과 착용감도 뛰어나야 한다. 장갑의 소재는 기능성 합성섬유를 사용하기도 하고 소가죽이나 캥거루 가죽 등이 사용되기도 하는데, 초보자의 경우에는 가성비가 뛰어난 합성섬유 제품을 사용하는 것이 좋고, 상급자라면 착용감과 밀착감이 뛰어난 가죽제품을 사용하는 것이 일반적이다.

또한 장갑의 형태는 다섯 손가락이 모두 갖춰져 있는 손가락장갑, 네 손가락이 합쳐져 있는 벙어리장갑, 중지부터 새끼 손가락이 하나로 합쳐져 있는 삼지장갑 등이 있는데, 착용감을 우선한다면 손가락장갑을 선택하는 것이 좋고 보온성을 중시한다면 벙어리장갑을 쓰는 것이 좋다. 삼지장갑은 두 장갑의 장점이 합쳐진 제품으로 보온성도 좋고 착용감도 뛰어나서 최근 많이 사용되는 추세이다.

장갑을 선택할 때는 소재와 형태는 물론이고 사이즈가 중요한데, 사이즈를 딱 맞게 사용하면 밀착감은 좋지만, 보온성에서는 조금 불리할 수 있다. 반대로 넉넉한 사이즈를 고르면 얇은 속장갑을 추가로 사용할 수도 있어서 보온성을 높일 수는 있지만, 상대적으로 폴을 잡았을 때 착용감과 밀착감은 조금 떨어질 수 있다.

7. 양말(Socks)

<Extreme-Guerrilla Socks>

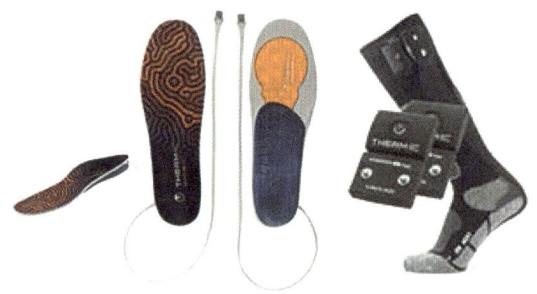

<Therm-ic Heating Insole & Socks>

스키 장비 중에서 소홀히 하기 쉬운 것이 양말인데, 야간 스킹을 많이 하거나 강원도권의 추운 지역에서 쾌적하게 스킹을 하려면 양말의 선택도 중요하다. 스키를 타다 보면 코끝, 손끝, 발끝과 같이 혈액순환이 잘 안 되는 부분이 쉽게 추위를 느끼고, 최악의 경우 동상에 걸리기도 하는데, 특히 땀이 잘 차고 움직이기 어려운 발가락이 동창이나 동상에 걸리는 경우가 의외로 많다.

이를 방지하기 위해서는 물에 잘 젖지 않고 보온성이 뛰어난 모(Wool) 제품이나 땀 배출이 잘되는 고기능 소재의 스키 양말을 착용하는 것이 필요한데, 이러한 스키 양말은 목이 정강이 부분까지 길게 만들어져서 보온효과가 뛰어나고, 부분마다 다른 소재를 사용해서 근육 압박기능도 있으므로 보다 기능성과 편리성이 높다.

스키 양말을 선택할 때는 쉽게 젖고, 땀 배출이 안 되는 면 제품은 피해야 하며, 발이 많이 시린 경우라면 배터리를 이용해서 발열이 되는 발열 깔창이나 발열 양말을 사용하거나, 스키 부츠에 추가의 보온 덮개를 씌워서 보온성을 높이는 방법도 있다. 최근에는 배터리를 이용한 발열 제품을 사용하는 경우가 많은데, 발열 깔창의 경우 부츠를 바꾸더라도 이동 장착할 수 있고 배터리만 교체할 수 있어서 보다 편리하고, 발열 양말의 경우에도 배터리를 분리하여 따로 세탁할 수 있으므로 사용자가 많아지고 있다.

8. 가방(Bag)

<Dynastar Ski Bag & Cargo Bag>

처음에 스키에 입문하였을 때는 스키장 근처의 렌탈 숍에서 장비를 빌리다가, 본격적으로 스키를 즐기게 되면 자신의 장비를 구입하는 것이 순서이다. 이렇게 장비를 구입하면 스키장의 보관소나 락커에 맡기기도 하지만, 부츠처럼 말려서 신을 필요가 있는 장비나 고글과 헬멧 등 보관이 어려운 장비와 아웃터 웨어 등은 매번 가지고 다니는 것이 일반적이다.

<Lange Boots Bag>

이렇게 부츠, 헬멧, 고글, 웨어, 악세사리 등을 가지고 다니기 위해서는 대용량의 가방이 필요한데, 대부분의 스키 장비 브랜드에서는 40~60리터 정도의 백팩 형태의 부츠백을 발매하고 있고, 전문 스키숍의 경우는 스키장비 구입 시 부츠백을 증정하는 경우도 있으므로 필요에 따라서 구입하면 된다. 이러한 부츠백은 방수처리가 된 부츠 공간이 따로 마련되어 있어서 젖은 부츠를 편리하게 수납할 수 있고, 내부공간이 넉넉하여 헬멧과 고글, 장갑, 웨어 등을 함께 운반할 수 있어서 스키어에게는 필수품이라고 할 수 있다.

<Dynastar Ski Tour Bag>

이외에도 해외 스키여행 등을 갈 때는 스키와 폴이 함께 들어가는 스키백이 필요하기도 한데, 전문 브랜드 제품을 구입하거나 스키숍에서 증정하는 제품을 활용할 수 있다. 이때 자신이 스키 길이와 가방의 크기가 맞는지 확인하여야 하고, 저가의 가방은 보호기능이 다소 떨어지는 경우가 있으므로, 포장할 때 쓰는 에어캡(뽁뽁이) 등을 사용하면 비행기 여행 등에서도 안심하고 사용할 수 있다. 전문 브랜드의 스키백은 스키뿐만 아니라 다양한 용품들을 함께 수납할 수 있도록 넉넉한 공간을 제공하고, 장비가 손상되지 않도록 보호패드 등이 잘 마련되어 있다. 또한 다양하게 손잡이가 붙어있고 하단부에는 커다란 바퀴가 달려서 스키를 쉽게 운반할 수도 있으니, 스키투어 등을 자주 간다면 구입을 고려하는 것도 좋다.

9. 왁스(Wax)

<Sibul Wax>

스키에서 사용되는 왁스는 스키의 활주면인 베이스(Base)에 발라서 활주성을 높이는 화학물질이다. 초보자의 경우는 왁스를 바르면 스키가 잘 나가고 스피드가 빨라져서 왁스를 꺼

리는 경우도 있는데, 스키는 활주성이 높아야 회전성도 커지므로, 왁스를 잘 칠하면 보다 회전이 쉬워지고 기술 습득도 훨씬 빨라진다.

특히 눈 오는 날에는 베이스에 눈이 달라붙어서 스키가 미끄러지지 않는 경우가 생기는데, 이때 왁스를 바르지 않으면 스키는 즐거운 레포츠가 아닌 힘든 중노동이 되어버린다. 또한 스키가 걸려서 넘어지거나 밸런스를 잃을 수도 있으므로, 왁스는 미리 준비했다가 필요 시에 즉시 그리고 자주 발라주는 것이 좋다.

왁스는 원래 눈의 온도와 상태에 따라서 사용법이 달라지고, 그 종류도 액체류, 스프레이류, 고체류, 분말류 등 목적과 수준에 따라서 다양하다. 또한 사용법에 따라서는 단순하게 왁스를 바르는 콜드 왁싱(Cold Waxing)과 다리미를 이용해서 열을 가하며 녹여바르는 핫 왁싱(Hot Waxing)이 있는데, 초보자의 경우는 액체나 스프레이류의 왁스를 이용해서 단순하게 바르고, 코르크(Cork) 등으로 간편하게 문질러서 사용하는 정도로도 충분히 효과를 볼 수 있다.

플러스 알파

1. 국내 스키장 갈 때 준비물들

(1) 스키 장비

- 스키 및 바인딩 : 자신이 사용하는 스키 및 바인딩. 장비가 없다면 렌탈을 해도 좋다.
- 부츠 : 스키와 바인딩은 렌탈을 해도 부츠는 되도록 자신의 것을 사용하는 것이 좋다.
- 폴 : 길이조절식 폴을 사용한다면 휴대와 보관이 간편하다.
- 스키 웨어 : 자켓은 직접 입고 가는 것이 짐을 줄일 수 있다. 추가로 오리털 패딩 등을 준비하면 좋다. 방수가 잘 되는지 꼭 확인하는 것이 필요하다.
- 헬멧 및 고글 : 헬멧과 고글은 같은 케이스에 한꺼번에 보관하면 수납이 편리하다. 고글렌즈는 다양하게 준비한다.

- 장갑 : 스키용 장갑과 외출용 장갑을 별도로 준비하는 것이 좋다. 손이 많이 시린 경우에는 얇은 속장갑을 추가로 준비한다.
- 양말 : 스키 양말과 일반 양말을 별도로 준비한다. 양말은 두툼하고 목이 긴 것이 보온성이 뛰어나다.
- 가방 : 스키용 가방과 기타 장비용 가방을 별도로 준비한다.
- 왁스 : 눈이 오거나 습한 날씨에는 스키 왁스를 준비하는 것이 좋다.
- 선글라스 : 스키장에서 외출 시에 자외선을 차단하고 눈을 보호하는 선글라스가 필요하다.

(2) 기본준비물

- 신분증 : 스키 장비나 의류 등을 렌탈할 때 신분증이 꼭 필요하니 휴대하는 것이 좋다.
- 현금 : 스키장에서 락커 등에 물품을 보관할 때 현금이 필요하다. 특히 500원짜리 동전은 요긴하게 쓰인다.
- 핫팩 : 추위를 많이 탈 때는 핫팩을 사용하면 좋다. 몸에 붙이는 핫팩과 발에 붙이는 핫팩을 별도로 준비한다.
- 자외선 차단제 : 스키장의 햇빛 반사율은 80~85% 정도로 높기 때문에 SPF 지수가 높은 자외선 차단제는 필수이다.
- 파스류 : 스키를 오래 타고 나면, 온몸이 아프거나 근육통이 생길 수 있으니, 뿌리거나 바르는 파스를 준비하면 좋다.
- 멀미약 : 스키장은 대부분 차량으로 2~3시간 이동해야 하므로, 멀미를 심하게 하는 어린이 등은 미리 준비하는 것이 좋다.
- 마스크팩 : 스키장에서는 오랜 시간 추위와 햇빛에 피부가 노출되기 때문에, 마스크팩을 준비해서 저녁에 피부를 진정시켜주면 피부관리에 좋다.
- 립밤 : 스키장에서는 입술이 쉽게 마르거나, 거칠어질 수 있으니, 립밤 등을 준비해서 자주 발라주도록 한다.
- 보호대 : 잘 넘어지고 잘 다치는 사람이라면 무릎 및 엉덩이 보호대를 준비하는 것이 안전하고 쾌적한 스킹을 하는 길이다.
- 간식 : 스키장에서는 추위로 인해서 칼로리 소모가 높은 편이라서 쉽게 배가 고파지는 편이다. 초코바 등의 고열량 간식을 준비하면, 리프트나 휴게소에서 간단하게 먹을 수 있다.
- 보조배터리 : 스키장은 춥기 때문에 핸드폰 등이 쉽게 방전되는 경향이 있다. 작은 크기의 보조배터리를 준비하면 유용한다.
- 일회용 컨택트렌즈 : 안경을 끼고 스키를 타게 되면, 고글 착용 등에서 불편할 수 있으니, 일회용 컨택트렌즈를 사용하는 것이 편리하다.

(3) 의류

- 이너웨어 : 보온성이 뛰어나고 땀이 잘 마르는 히트텍 등의 기능성 내복이 편리하다.
- 버프/바라크라바 : 얼굴과 머리에 복면처럼 쓰는 바라크라바나 다양하게 사용할 수 있는 버프 등을 준비하면, 추위도 막아주고 햇빛도 가릴 수 있어서 편리하다.
- 넥워머 : 추위를 많이 탄다면 목을 따뜻하게 해주는 넥워머를 준비하면 좋다.
- 비니 : 스키장에서 외출하거나 활동할 때, 머리를 따뜻하게 해주는 털모자를 준비한다.

(4) 해외 스키여행 추가준비물

- 여권 및 비자 : 해외 스키여행의 필수준비물이다. 만약을 대비해서 여권복사본과 여권사진 2~3장은 추가로 준비하는 것이 좋다.
- 항공티켓과 호텔바우처 : 비행기 탑승 시에 필요한 티켓과 호텔체크인 시 필요한 바우처를 미리 출력해서 준비한다.
- 스키가방 : 항공기에 스키를 부하물로 부칠 때는 스키가방이 꼭 필요하다. 이때 바인딩 부분을 에어캡이나 신문지 등으로 감싸면 파손위험을 줄일 수 있는데, 항공사마다 수하물 규정이 다르므로 사전에 확인하는 것이 좋다.
- 메인가방과 서브가방 및 휴대가방 : 비행기에서 부치는 수하물을 위한 80~100리터 정도의 메인가방과 기내에 휴대할 수 있는 20~40리터 백팩 등의 서브가방을 준비한다. 추가적으로 현지에서 현금 등을 간단하게 휴대할 수 있는 크로스백 등의 휴대가방이 있으면 편리하다.
- 수영복: 스키장의 호텔과 리조트에는 수영장이 있는 경우가 많은데, 수영복이나 래쉬가드가 있으면 편리하다.
- 개인약품 : 외국에서는 약품을 구하는 것이 만만치 않으니, 소화제, 지사제, 두통약, 감기약, 파스 등은 미리 준비하는 것이 좋다.
- 아이젠 : 북해도나 눈이 많이 오는 지역에서는 길에서 미끄러지며 넘어지는 경우가 많으니, 작은 아이젠을 준비하면 유용하게 사용할 수 있다.
- 멀티탭 및 어댑터 : 호텔에서 다양한 장비들을 충전하려면 멀티탭이 유용하고, 일본 등은 110V 컨센트이므로 어댑터가 별도로 필요하다.
- 지퍼백 : 외국에서 입었던 옷을 정리하고 세탁물 등을 정리하는데 지퍼백이 있으면 깔끔하고 유용하다.
- 액션캠 및 셀카봉 : 외국 스키장에서 추억을 남기기 위한 액션캠을 준비하고, 추가적으로 셀카봉을 가져가면 더욱 멋진 영상과 사진을 담을 수 있다.

BEGINNER SKI TECHNIQUE

Lesson 02

장비 나르기

스키 장비를 렌탈하거나 혹은 자신의 스키 장비를 가지고 스키장에 왔다면, 우선 스키 장비를 필요한 장소에 운반하여야 한다. 특히 스키의 경우는 사이즈도 길고, 양옆에 엣지(Edge)라는 날카로운 금속날이 달려있기 때문에 안전에도 유의하며 운반할 필요가 있다. 특히 어린이의 경우는 자칫 부주의하게 장비를 나르다가 자신은 물론이고 타인에게 큰 피해를 줄 수 있으니, 더욱 보호자의 지도와 관심이 필요하다.

스키를 나르는 방법에는 다음과 같이 크게 3가지 방법이 있는데, 상황에 맞게 그리고 필요에 따라서 적절하게 선택해서 사용하는 것이 좋다. 하지만 어린이의 경우라면, 자신의 스키 장비를 눈으로 바로 확인할 수 있는 가로로 드는 방법을 사용하는 것을 추천하고 싶다.

1. 세로로 들기

스키를 가장 안전하게 운반할 수 있고, 사람들이 많고 좁은 장소에서도 안심하고 스키를 나를 수 있는 방법이 바로 세로로 들어서 운반하는 방법이다. 이 방법은 스키를 세로로 들기 때문에 공간을 덜 차지해서 주변 스키어들과의 접촉 가능성도 줄어들고, 스키의 단순하게 들어올려서 운반하므로 민첩하게 장비를 나를 수 있다. 다만 손가락을 바인딩에 걸어서 스키를 운반하므로 손가락과 손목 힘이 필요하므로, 장거리보다는 단거리의 재빠른 운반에 적합하다. 또한 스키와 폴을 별도로 쥐고 운반해야 하므로, 어린이나 초보자에게는 조금 버거울 수도 있다.

딪히는 것을 줄일 수 있는 방법이다. 또한 다른 방법에 비해서 기술이나 힘이 덜 필요하므로, 어린이나 여성들이 장비를 운반할 때 자주 사용하는 방법이다. 다만 장비를 운반하다가 폴 등이 떨어질 수 있으니, 폴을 바깥쪽에 위치시키고 손으로 잘 쥐어주는 것이 필요하다.

01 양스키의 바인딩에 있는 스톱퍼를 단단하게 밀착시킨 상태에서 스키를 똑바로 세워서 한쪽 손에 잡아준다. 이때 손가락을 걸어줄 바인딩의 스톱퍼가 반대쪽 스톱퍼의 밑에 있어야, 운반 시 스톱퍼가 풀리면서 양스키가 벌어지지 않는다. 폴은 반대 손에 잘 잡아서 걸어갈 때 지팡이의 역할을 할 수 있도록 준비한다.
02 상체를 숙이며 손을 뻗어서 바인딩의 토피스에 손가락을 걸어준다.
03 허리를 펴면서 손을 위로 당겨서 스키를 수직으로 들어올린다. 이때 스키를 손바닥과 어깨에 단단하게 밀착해서 운반할 때 스키가 움직이지 않도록 확실하게 고정한다.
04 세로로 들기(옆모습). 스키를 수직으로 유지해야 운반할 때 편하고, 몸에도 확실하게 밀착되며 고정된다.
05 세로로 들기(뒷모습). 스키를 자신의 몸에 밀착하므로, 안전하고 재빠르게 운반할 수 있다.

2. 가로로 들기

스키와 폴을 동시에 가로로 들어올려서 운반하는 방법으로, 초보자라도 쉽게 간편하게 스키와 폴을 나를 수 있고, 스키와 폴이 시야에 보이므로 장비를 간수하기 좋고, 타인과 부

04 허리를 펴고 스키와 폴을 수평으로 들어올린다.
05 가로로 들기(옆모습)
06 가로로 들기(뒷모습)

3. 어깨로 들기

　이 방법은 체력소모가 적어서 장거리를 운반하기에 유리하고, 폴을 지팡이처럼 이용할 수있어서 경사가 심하거나 미끄러운 곳도 비교적 안전하게 운반할 수 있는 방법이다. 하지만 어깨에 스키를 메야 하기 때문에 초보자에게는 조금 어려울 수 있고, 어깨 뒤쪽에 스키를 걸치기 때문에 자칫 다른 사람들과 충돌하거나 장애물에 부딪힐 수 있으니 주의가 필요하다.

01 양스키의 스톱퍼를 단단하게 고정하고, 한 손으로는 스키의 위쪽을 잡고 다른 손에는 폴을 쥐어준다.
02 한 손에 있던 폴을 다른 손으로 옮겨 쥐고, 스키와 폴을 모아서 들어올릴 준비를 한다.
03 허리를 숙이고 손을 스키와 폴의 아래쪽으로 넣어서, 함께 들어올릴 준비를 한다. 이때 폴을 양손으로 잘 잡아주어야 운반 시 떨어지지 않는다.

01 양스키의 스톱퍼를 단단하게 고정한 상태에서 한 손으로 스키의 탑을 잡고, 다른 손에는 폴의 그립을 모아서 쥔다. 이때 스키의 면이 옆을 향하고, 스키의 엣지가 앞뒤로 향하도록 옆쪽으로 쥐어준다.

02 몸을 스키 쪽으로 기울이고, 잡는 손을 스키의 앞에서부터 뒤쪽으로 감싸며 양스키의 탑을 단단하게 움켜잡는다.

03 ~ 04 기울어졌던 몸을 일으키며 반동을 이용해서, 어깨에 스키를 옆으로 메어준다. 이때 스키의 방향을 약간 옆으로 비스듬하게 틀어주면, 균형을 잡기에 편하고 어깨와 팔에도 무리가 덜 간다.

05 어깨로 들기(옆모습)

06 어깨로 들기(뒷모습)

스키를 반대 방향으로 어깨에 멘 경우

초보자들이 스키를 어깨에 멜 때 흔하게 발생하는 잘못된 방법으로서, 스키의 바인딩이 어깨 위에 위치하게 되므로 쉽게 어깨가 아플 수 있어서 장거리를 운반하기에 불리하다. 또한 스키를 메었을 때 등 뒤쪽이 길어지고 가슴 앞쪽이 짧아져서, 균형이 맞지 않아 불편하거나 스키가 등 뒤로 떨어질 수도 있다. 더욱이 스키를 마치고 바인딩 부분에 많은 눈이 묻어 있을 때는, 어깨 쪽이 쉽게 젖을 수 있으므로 좋은 방법이라고는 볼 수 없다.

BEGINNER SKI TECHNIQUE

Lesson **03**

장비 신기

스키는 다른 스포츠에 비해서 많은 장비를 사용한다. 이러한 장비들이 성능을 잘 발휘하기 위해서는 우선 올바르게 착용해야 한다. 스키 장비를 잘못 착용하는 경우에는 자칫 스키어의 안전에도 문제가 생길 수 있으므로, 사전에 잘 익히도록 한다.

1. 부츠 신기

부츠는 직접 발에 신는 장비로서 기능성과 쾌적성이 동시에 발휘되도록 착용해야만 한다. 부츠는 일반적인 신발에 비해서 통기성이 떨어지고 추운 날씨에 신어야 하므로, 사전에 잘 건조해야 장시간을 착용해도 편안하고 동상의 위험성도 줄어든다. 그리고 부츠가 추운 날씨에 얼어버리면 플라스틱이 딱딱해져서 신기가 어려우므로, 미리 따듯하게 준비해 놓아야 쉽고 편하게 부츠를 신을 수 있다. 또한 양말이 부츠 안에서 틀어지거나 주름이 생기면 종일 불편하므로, 부츠를 신기 전에 양말을 잘 당겨서 발에 밀착한다.

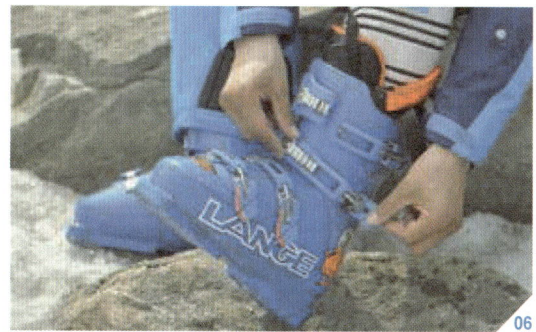

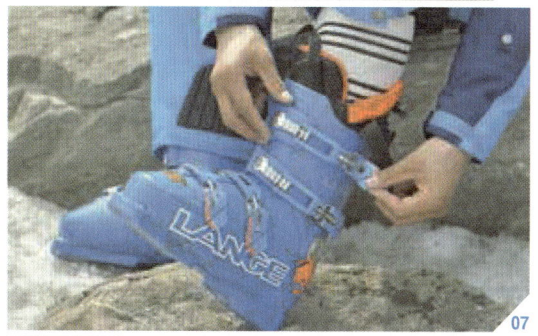

01 부츠를 신기 전에 버클과 스트랩을 다 풀고, 부츠 텅을 가운데 위치시켜서 신기 쉽도록 준비한다.

02 부츠의 어퍼 셸(Upper Shell/위쪽 셸)의 양 끝을 잡고 벌리면서 발가락 쪽부터 부츠 속으로 밀어넣는다. 이때 발등이 걸리는 경우에는 부츠텅을 좌우로 움직이면서 신으면 편하고, 발이 부츠 속으로 들어가면 발가락을 움직이면서 부츠 끝까지 잘 밀착되도록 신는다.

03 발이 부츠 속에 다 들어갔으면 이너 부츠를 위로 당기며 더욱 밀착시키고, 부츠 뒤꿈치를 바닥에 두드리면서 발뒤꿈치가 들뜨지 않도록 신는다. 이때 부츠의 아웃터 셸과 이너 부츠가 잘 밀착되었는지 확인하고, 특히 발등 부분과 복숭아뼈 부분이 잘 맞는지 체크한다.

04 ~ 07 부츠의 발가락 쪽 버클부터 채우기 시작하여 정강이 쪽 버클까지 채워 준다. 버클을 채우기 어려운 부분은 셸을 눌러주면서 버클을 채우고, 처음부터 버클을 한꺼번에 강하게 조이기보다는 모든 버클을 채우고, 필요한 부분을 추가로 조이는 것이 부츠를 잘 신는 방법이다.

이때 정강이 쪽의 버클은 발등 쪽 버클에 비해서 재조정이 어려우므로 처음부터 제대로 채워야 하는데, 너무 느슨하면 밀착감과 조정성이 떨어지고 반대로 너무 조이면 혈액순환이 어렵고 고통이 느껴지기도 하므로, 손가락 한두 개가 타이트하게 들어갈 정도로 채워주는 것이 좋다.

08 버클을 다 채웠으면 가장 위쪽에 있는 스트랩을 단단하게 조여 준다.

09 팬츠의 스노 가드(Snow Guard)를 내려서 눈이 들어가지 않도록 잘 덮어준다.

10 마지막으로 팬츠를 내려주고 지퍼를 채워서 부츠 신기를 마무리한다.

35

1) 스노 가드가 부츠 안으로 들어간 경우

스노 가드는 부츠 내부에 눈이나 물이 들어가지 않도록 막아주는 장치이다. 이 스노 가드가 제 성능을 발휘하기 위해서는 부츠 바깥쪽에 잘 씌워져야 하는데, 초보자나 어린이의 경우는 스노 가드를 부츠 안에 집어넣는 경우가 있다. 이렇게 스노 가드가 부츠 안으로 들어가면, 제대로 된 방수 및 방설 기능을 발휘할 수 없다. 또한 스노 가드가 정강이와 종아리에 끼면서 종일 불편할 수 있다. 그러므로 스노 가드는 부츠 위쪽에 잘 씌워주어야 하고, 스킹을 하면서 말려 올라가지 않도록 버클과 스트랩 위로 잘 덮어주어야 한다.

(2) 팬츠가 부츠 안으로 들어간 경우

전문적인 스키 팬츠의 경우에는 두께가 두꺼우므로 부츠 안으로 집어넣은 경우가 적지만, 얇은 트레이닝복 등을 입고 스킹을 하는 경우, 부츠 안으로 팬츠를 집어넣는 경우가 있다.

이렇게 팬츠를 부츠 안으로 집어넣으면 눈과 비가 부츠 속으로 쉽게 들어가고, 팬츠가 정강이와 종아리 쪽에 끼면서 고통과 불편함을 유발할 수 있다. 따라서 스키 팬츠가 아닌 경우에도, 가능하면 팬츠를 부츠 바깥쪽으로 잘 빼서 입는 게 좋다.

2. 스키 신고 벗기

부츠를 신은 다음에는 드디어 슬로프에 나가서 스키를 신고 설원을 달리게 된다. 이때 렌탈 스키의 경우라면 바인딩의 간격이 부츠에 잘 맞도록 셋팅되었는지 체크해야 하고, 또한 부츠 바닥에 눈이 붙어있는지 확인해야 한다. 바인딩의 셋팅이 맞지 않거나 부츠 바닥에 눈이 붙어 있으면 스키를 신기 어려운 것은 물론이고, 스키를 신고 활주를 하더라도 바인딩이 쉽게 이탈되거나, 스키의 컨트롤이 뜻대로 되지 않아서 위험할 수 있으니 주의해야 한다.

01 슬로프의 베이스에서 장애물이 없고 평평한 곳을 찾아서 스키를 바닥에 가지런하게 놓는다. 만약 경사진 곳에서 스키를 신어야 한다면 스키를 경사에 수직으로 놓아서, 스키를 신었을 때 갑자기 미끄러지는 것을 미리 방지한다.

02 ~ 03 부츠 바닥에 눈이 붙어있는 경우, 바인딩의 앞 뭉치에 털거나, 폴을 이용해서 눈을 미리 제거한다. 만약 경사진 곳에서 스키를 신어야 한다면 경사 아래쪽의 스키를 먼저 신는 것이 편리하고 안전하다.

04 부츠의 앞부분을 바인딩 앞뭉치에 밀어 넣고, 부츠 뒷부분을 바인딩 뒷뭉치에 잘 맞춰서 끼운다. 만약 부츠가 바인딩에 잘 맞아 들어가지 않는다면, 부츠 바닥에 눈이 남아있기 때문이므로, 육안으로 바닥을 확인하면서 깨끗하게 눈을 털어내야 한다.

05 바인딩에 부츠가 제대로 맞아 들어갔다면 부츠의 뒤꿈치 부분을 강하게 누른다. 이때 바인딩이 제대로 잠겼다면 '딱' 하는 경쾌한 소리가 들린다. 만약 어린이나 여성 스키어처럼 힘이 약해서 바인딩을 누르기 어려운 경우에는, 손으로 바인딩을 당겨서 신거나, 주변 사람의 도움을 받는 것이 좋다.

06 한쪽을 신었다면, 반대쪽도 같은 방법으로 부츠 바닥의 눈을 제거한다. 이때 균형을 잃어서 넘어지지 않도록, 양폴을 지팡이처럼 사용하여 균형을 잡아 준다.

07 반대쪽과 마찬가지로 앞바인딩에 부츠를 맞추고 뒷바인딩을 강하게 눌러서 스키를 신는다.

08 양스키를 착용한 상태. 만약 경사진 곳이라면 스키가 갑자기 미끄러질 수도 있으므로 주의하며, 경사를 피해 옆으로 서서 스키를 신어야 한다.

09 ~ 10 스키를 벗을 때는 폴이나 손을 이용해서 바인딩 뒷부분을 강하게 눌러준다. 손으로 벗을 때는 반드시 장갑을 착용해야, 바인딩이 풀릴 때 손가락이 끼어서 다치는 것을 방지할 수 있다.

11 ~ 12 한쪽 스키를 벗은 다음에는 폴이나 손 또는 부츠 바닥을 이용해서 바인딩 뒷뭉치를 눌러서 반대쪽도 벗는다.

NG

(1) 부츠 바닥에 눈이 붙은 경우

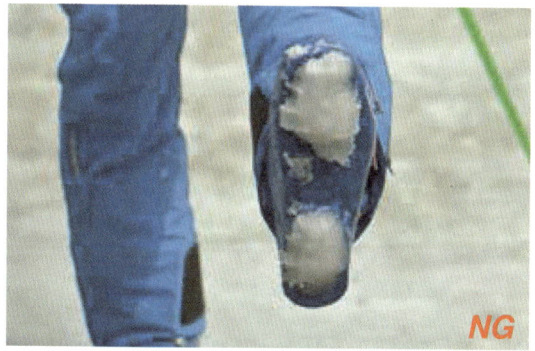

　부츠를 신고 슬로프를 걸어다니다 보면 당연히 부츠 바닥에 눈이 들러붙기 마련이다. 이 상태에서 스키를 신으려고 하면 스키가 잘 신겨지지 않는다. 만약 억지로 스키가 신겨졌다 하더라도, 바인딩에 부츠가 비뚤어지게 장착되기 때문에 제대로 된 스킹이 어렵게 되고, 자칫 바인딩이 쉽게 풀리면서 큰 사고의 위험성이 있다. 그러므로 스키를 신을 때는 반드시 부츠 바닥에 있는 눈을 잘 털어내야 하는데, 어린이나 초보 스키어는 주변의 도움을 받으면서 부츠 바닥을 확실하게 체크하고 스키를 신어야 한다.

　만약 부츠 바닥에 눈이 붙어있다면, 바인딩의 앞뭉치에 부츠 바닥을 내려치면서 눈을 털어내는 것이 가장 편한 방법이지만, 어린이나 초보자의 경우에는 주변 사람이 직접 부츠 바닥을 보면서 폴로 눈을 털어내는 것이 가장 확실한 방법이다. 눈을 털어낸 다음에는, 다시 바닥에 부츠를 내려놓지 말고 바로 바인딩을 신어야 하며, 렌탈 부츠의 경우에는 부츠 바닥이 많이 마모되어 있어서 더욱 쉽게 눈이 달라붙게 되므로, 반드시 눈을 털어내고 스키를 신어야 한다.

3. 폴 잡기

폴은 스키어의 균형을 잡거나 평지를 이동할 때는 물론이고 회전을 할 때도 큰 역할을 하는 중요한 장비이다. 이러한 폴은 사용할 때는 제대로 손안에 잡아 주는 것도 중요하지만, 리프트를 탈 때는 한 손에 모아 쥐어야 더욱 편리하다. 폴을 잡을 때는 스트랩을 제대로 꿰고 그립을 잘 쥐어야 하는데, 바른 방법으로 잡아야만 기술 습득도 빠르고 체력 소모도 줄이며, 넘어질 때 손가락 부상도 예방할 수 있다.

01 한 손으로 폴을 샤프트를 잡고 다른 손으로 폴의 스트랩을 양 옆으로 넓힌다. 이때 스트랩이 꼬이지 않도록 주의한다.

02 스트랩의 아래에서 위쪽으로 손을 통과시킨다.

03 스트랩과 그립을 동시에 잡아 준다.

(1) 폴을 잘못 잡은 경우

초보자의 경우 가장 쉽게 저지르는 실수가, 바로 폴의 스트랩을 위에서 아래 방향으로 꿴 상태에서 폴을 잡는 것이다. 이렇게 폴을 잡으면, 스트랩이 손을 제대로 받쳐주지 못해서 폴 그립을 강하게 잡아 버린다. 이 경우 손목과 손가락에 불필요한 큰 힘이 들어가고, 근육이 경직되면서 폴을 쉽고 정확하게 움직이기 어렵게 되므로 주의가 필요하다.

더욱이 이렇게 폴을 잡을 경우, 자칫 넘어질 때 스트랩이 손목에 걸리면서 그립이 손바닥에서 분리되지 못하여, 엄지손가락을 삐거나 골절되는 큰 부상을 당할 수 있으므로, 반드시 바른 방법으로 스트랩을 꿰고 폴을 잡아야 한다.

이렇게 폴을 잡는 것은 중상급자가 되면서 폴 체킹을 할 때 더욱 중요성이 높아지므로, 초보자 때부터 제대로 익혀두는 것이 좋다.

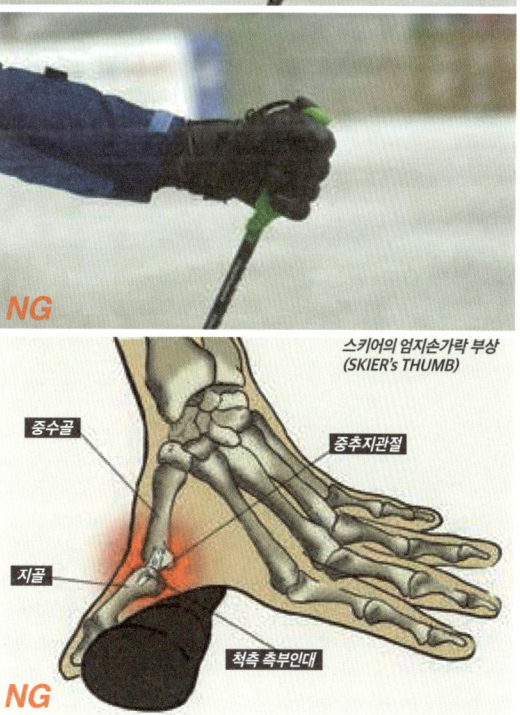

스키어의 엄지손가락 부상
(SKIER's THUMB)

BEGINNER SKI TECHNIQUE

Lesson **04**

스트레칭하기

유 연성은 운동을 할 때 상당히 중요한 체력요소 중의 하나이고, 또한 운동능력에 지대한 영향을 끼치는 필수요소 중 하나다. 하지만 운동을 꾸준하게 하는 사람도 근력만 중시하고, 의외로 유연성을 경시하는 경향이 큰 것이 사실이다.

특히 스키는 추운 날씨에서 즐기는 스포츠이므로 근육과 인대가 쉽게 경직되기 쉽고, 반복적으로 리프트를 타면서 고정된 자세로 휴식을 취하기 때문에 관절이 경화되기도 쉽다. 이렇게 몸이 굳은 상태에서 스킹을 하면, 신체의 운동능력과 조정능력이 현저하게 떨어져서 체력 소모와 근육통이 커질 수 있다. 더욱이 넘어지거나 충돌했을 때 큰 부상을 당할 가능성이 높아지기 때문에, 스키를 타기 전은 물론이고 스키를 타는 중간에도 꾸준하게 스트레칭을 해야 보다 효율적이고, 쾌적하며 안전한 스킹을 할 수 있다.

1. 허벅지 뒤쪽 스트레칭

양스키를 허리 넓이만큼 넓히고, 번갈아 앞으로 내밀면서 발목, 종아리, 허벅지 뒤쪽 근육을 풀어 준다.

2. 허벅지 안쪽 스트레칭

3. 무릎 스트레칭

양스키를 'V'자로 넓히고, 번갈아 앞으로 내밀면서 종아리, 허벅지 안쪽 근육을 풀어 준다.

양스키를 어깨 넓이의 2배 정도로 넓게 벌리고, 양 무릎을 번갈아 안쪽으로 구부리면서 무릎의 근육과 인대를 풀어 준다.

4. 종아리 스트레칭

양스키를 어깨 넓이로 벌리고, 번갈아 앞으로 들어올려 세운 상태에서 상체를 앞으로 숙이며, 다리 뒤쪽과 허리 뒤쪽의 근육을 풀어 준다.

5. 허리 스트레칭

양스키를 어깨 넓이로 벌리고, 상체를 번갈아 옆으로 돌려서 허리와 엉덩이 근육을 풀어 준다.

6. 옆구리 스트레칭

7. 상체 스트레칭

양스키를 어깨 넓이로 벌리고, 상체를 번갈아 옆으로 기울여서 옆구리와 허리 근육을 풀어 준다.

양스키를 어깨 넓이로 벌리고, 상체를 뒤로 젖혀서 배와 가슴 근육을 풀어 준다. 반대로 상체를 앞으로 숙여서 엉덩이, 허리, 등 근육을 풀어 준다.

8. 팔 스트레칭

9. 어깨 스트레칭

양스키를 어깨 넓이로 벌리고, 양팔을 앞뒤로 휘두르면서 어깨 관절과 팔 근육을 풀어 준다.

양스키를 어깨 넓이로 벌리고, 한 팔을 번갈아 옆으로 들어서 다른 팔로 팔꿈치를 당기며, 어깨 근육을 풀어 준다.

10. 목 스트레칭

양스키를 어깨 넓이로 벌리고, 목을 전후좌우로 돌리면서 목 근육을 풀어 준다.

플러스 알파

1. 비시즌 스트레칭

스키를 잘 타기 위해서는 근력만큼 중요한 것이 바로 신체의 유연성이다. 하지만 비시즌 동안 근력 훈련을 하는 경우는 많지만, 유연성 향상을 위해서 스트레칭을 열심히 하는 경우는 많지 않은 것이 현실이다. 하지만 스키기술의 수준이 높아질수록 근력 못지않게 유연성의 중요성은 더욱 커지게 된다.

하지만 유연성은 짧은 기간에 좋아지기 어려우므로 비시즌 동안 꾸준하게 훈련하면, 반드시 겨울 시즌 동안 기술 향상에 큰 효과를 볼 수 있고, 부상 방지에도 많은 도움이 된다. 특히 스키에서는 하체의 유연성이 필수이므로, 고관절과 무릎 그리고 발목 등의 가동 범위를 늘릴 수 있는 스트레칭법을 소개한다.

발목 스트레칭 : 발목은 스키를 직접적으로 조작하는 '스키에서 가장 가까운 관절'이다. 발목은 전후좌우 그리고 상하 방향 입체적으로 움직이며, 스키를 3차원적으로 조작하게 된다. 그러므로 발목이 자유롭게 움직일 수 있어야, 섬세하고 샤프하며 수준 높은 스키 조작이 가능해진다.

발목 스트레칭은 주로 앞쪽과 뒤쪽으로 발목의 가동 범위를 늘리고, 부수적으로 양 옆으로도 스트레칭을 하여서, 보다 정확하고 확실한 스키 조작에 도움이 되도록 준비한다.

발목 스트레칭

발목을 앞으로 굽힌다

발목을 뒤로 젖힌다

발목을 앞으로 굽힌다

고관절 스트레칭 : 고관절은 상체와 하체가 연결되는 관절로서, 상체가 가하는 하중이 하체로 연결되는 통로이자, 하체가 움직이는 조작이 시작되는 곳이다. 고관절은 상하로 굽혔다가 펴지는 동시에, 안팎으로도 비틀어지기 때문에 더욱 유연성이 필요하다. 고관절에서는 안쪽 다리가 바깥쪽으로 그리고 바깥다리는 안쪽으로 동시에 비틀어지므로, 고관절 안쪽과 바깥쪽의 유연성이 동시에 필요하다. 그러므로 안쪽과 바깥쪽을 나눠서 균형 있게 연습하도록 한다.

고관절 바깥쪽 스트레칭

고관절 뒤쪽 스트레칭

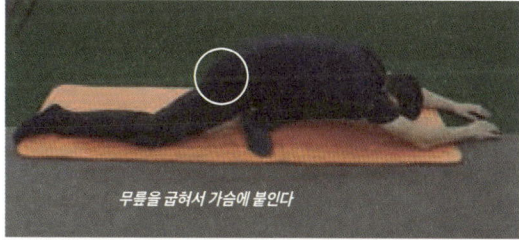
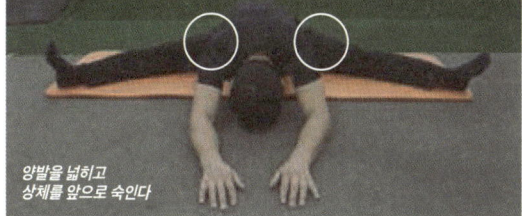

고관절 안쪽 스트레칭

허벅지 스트레칭 : 허벅지는 스킹에서 가장 많이 쓰이는 근육이 붙어있는 곳이다. 그러므로 가장 큰 역할을 하는 동시에, 부상의 위험성도 큰 곳이라고 할 수 있다. 이러한 허벅지가 원활하게 움직이기 위해서는 근육의 상태가 유연하고 부드러워야 하므로, 다양한 스트레칭을 통해서 미리 최적의 근육 상태로 만들어 놓도록 한다. 또한 허벅지 뒤쪽의 햄스트링(Hamstring)은 넘어지거나 밸런스를 잃었을 때, 쉽게 크고 작은 부상을 입는 곳이므로 미리 유연하게 준비하도록 하자.

허벅지 앞쪽 스트레칭

한발을 길게 펴서 누른다

허벅지 뒤쪽 스트레칭

한쪽 다리를 곧게 펴고 상체를 앞으로 숙인다

양쪽 다리를 곧게 펴고 상체를 앞으로 숙인다

허벅지 아래쪽 스트레칭

한발을 길게 펴서 넓힌다

BEGINNER
SKI TECHNIQUE

Lesson
05

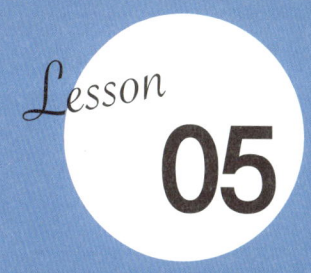

한발로 걷기 및 미끄러지기

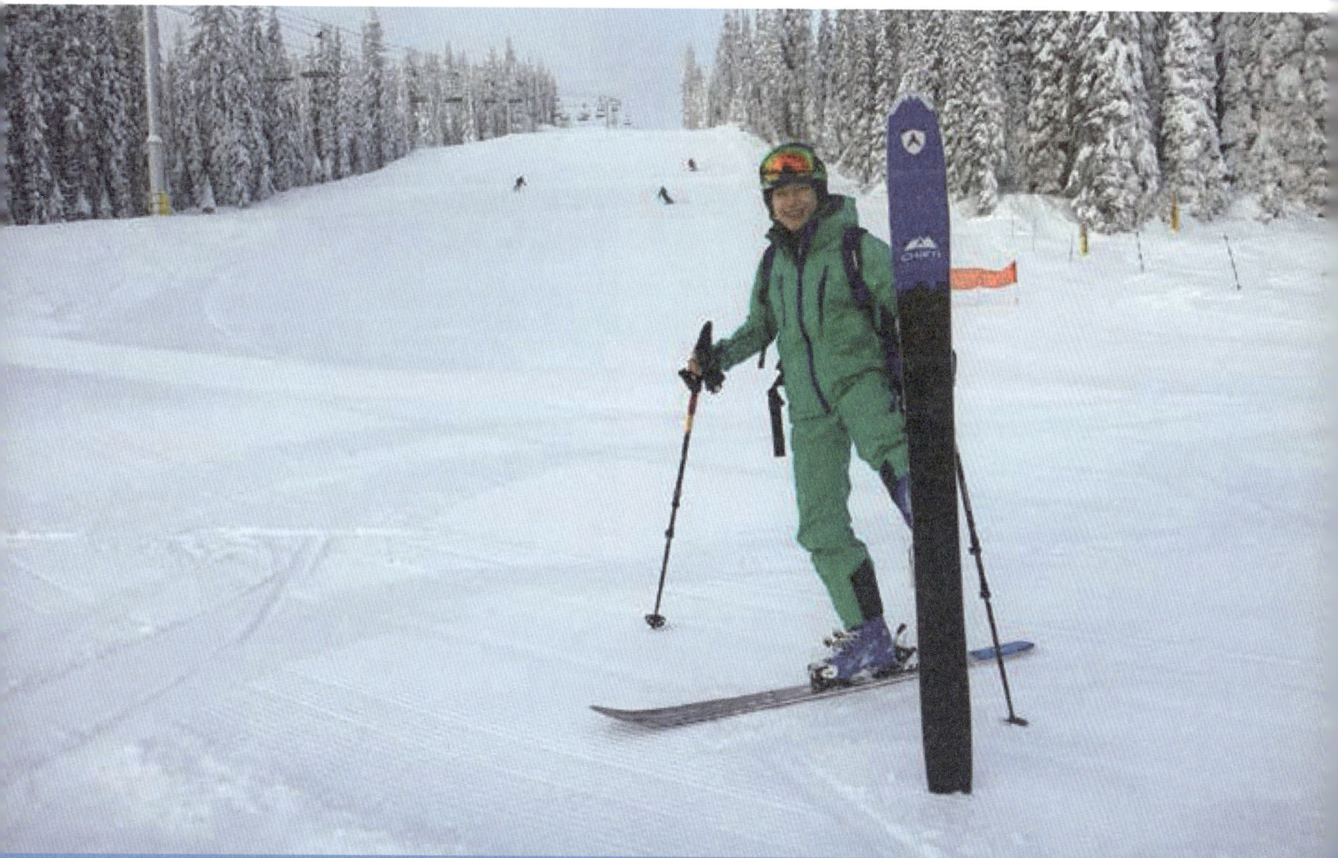

장비를 신고 스트레칭으로 몸을 풀었다면, 이제는 스키에 익숙해져야 할 차례이다. 스키는 길이도 길고, 무게도 무겁고 또한 일상생활에서 쉽게 접할 수 없기 때문에, 초보자가 익숙해지기에는 충분한 시간이 필요하다.

그 첫 번째 단계는 스키를 한 짝만 신고 평지에서 걷고 미끄러지며, 스키와 친숙해지는 것은 물론이고, 스키에서 가장 필요한 '미끄러지는 느낌'인 '활주감각'을 익혀보도록 한다.

처음부터 양스키를 모두 신거나 혹은 경사진 곳을 선택하면, 의도하지 않게 스키가 미끄러지며 자칫 다른 사람과 충돌하거나 위험할 수도 있으니, 사람들이 적은 평지를 찾아서 우선 스키를 한 짝만 신고 충분히 연습하도록 한다. 처음에는 걷기부터 시작하여 점차 익숙해지면 미끄러지는 것에도 도전한다.

1. 한 발로 걷기

한쪽 스키만 신고 평지를 걸으면서 중심을 앞으로 이동시키며 걷는 연습을 해본다. 처음에는 양폴을 동시에 찍어주며 연습하고, 점차 익숙해지면 폴을 교대로 찍어주며 다양하게 훈련하도록 한다. 한쪽 발이 익숙해지면 반대쪽도 실시하여 양발이 모두 스키에 적응되도록 하며, 조금씩 스키 장비와 미끄러지는 느낌에 익숙해지도록 하자.

2. 한 발로 미끄러지기

한쪽 스키만 신고 한 발로 걷는 것이 익숙해졌다면, 이제는 더욱 적극적으로 앞으로 나아가며, 스키를 미끄러뜨리는 연습을 해 본다. 지금부터는 한쪽 발로 균형을 잡고, 몸 전체를 앞으로 밀면서 미끄러져야 하므로, 높은 균형 감각과 운동신경이 필요하다. 처음에는 조금씩 미끄러지고 점차 익숙해지면 더 멀리 미끄러지는 연습을 하고, 양발을 교대로 바꿔가며 실시해서, 양발의 균형 감각과 운동신경을 골고루 높이는 것이 좋다.

01 한쪽 스키만 신고, 가볍게 다리를 굽히고 양폴을 단단히 짚어서 중심을 잡고 선다.

02 양폴을 뒤쪽으로 밀면서 중심을 앞으로 이동시키고, 스키를 신은 다리를 앞으로 내밀어준다. 이때 내미는 발을 높게 들어올리지 말고, 설면에 미끄러지듯이 천천히 내딛어준다.

03 양폴을 앞으로 내밀어서 설면에 찍어주며, 다시 중심과 스키를 이동시킬 준비를 한다.

04 중심을 앞으로 이동시키며, 스키를 신지 않은 다리를 앞으로 내밀어준다. 이때 중심이 흔들리지 않도록 스키를 신은 발로 밸런스를 잘 유지한다.

05 양폴을 뒤쪽으로 밀면서 스키를 신은 다리를 미끄러지듯 앞으로 내밀어준다.

06 양폴을 앞으로 내밀어서 설면에 찍어주며, 또다시 중심과 스키를 이동시킬 준비를 한다.

01 중심을 잘 잡고 선 상태에서, 양폴을 몸에서 멀리 찍어주며 몸을 숙여서 미끄러질 준비를 한다.

02 양폴을 뒤쪽으로 강하게 밀어내며 중심을 이동시켜서, 스키를 신은 다리로 균형을 잡으며 앞으로 미끄러지며 나아간다. 이때 양다리가 옆으로 벌어져 버리면 밸런스를 잃을 수도 있으니, 양다리를 잘 모아준 상태로 앞으로 나아간다.

03 양폴을 꾸준하고 강하게 밀어주면서, 스키가 몸보다 앞으로 나아가도록 미끄러지는 것을 계속한다.

04 ~ 06 위의 과정을 반복하며 스키의 활주 감각을 확실하게 익힌다. 한쪽 발이 익숙해졌다면 반대 발도 연습하면서, 양발의 활주 감각과 균형 감각을 고르게 발전시켜야 한다.

NG

1. 앞뒤 균형을 잃은 경우

한쪽 스키를 신고 걷다가 미끄러지는 단계로 발전하는 것은 난이도가 갑자기 확 올라간다. 왜냐하면 미끄러지는 감각은 일상생활에서 쉽게 접할 수 없는 느낌이고, 스키는 생각보다 훨씬 미끄러워서 밸런스를 잡기가 좀처럼 어렵다. 또한 스키 위에서 밸런스가 잘 잡히는 스윗 스팟(Sweet Spot)은 예상보다 좁으므로, 그 위에서 좋은 밸런스를 유지하는 것은 어려운 일이다.

초보자가 한쪽 스키를 신고 미끄러지다 보면, 중심이 쉽게 앞뒤로 흔들리며 밸런스를 잃는 것이 오히려 자연스러운 일인지도 모른다. 이렇게 밸런스를 잃는 가장 큰 원인은 시선이 흔

들리기 때문인데, 폴을 앞으로 찍으면서 시선이 아래쪽으로 떨어져 버리면, 상체가 밑으로 숙여지면서 밸런스를 잃으므로 주의해야 한다. 반대로 폴을 밀면서 앞으로 나아갈 때 시선이나 상체가 위로 들리면, 몸 전체가 뒤로 젖혀지면서 밸런스가 무너지므로 주의가 필요하다.

한쪽 스키를 신고 미끄러지며 밸런스를 유지하는 것은 스키의 활주 기술을 익히는 첫걸음이므로, 시선의 높이와 상체의 각도를 일정하게 유지할 수 있어야 한다. 이렇게 시선과 상체의 각도를 일정하게 유지하는 것은, 앞으로 익힐 스키기술들의 가장 중요한 첫걸음이므로 확실하게 연습하는 것이 필요하다. 또한 한쪽 발은 밸런스가 잘 유지되지만 다른 발은 어려운 경우가 대부분이므로, 안 되는 발은 더욱 많이 연습하는 것이 좋다.

SIGNATURE N°70

One ski pass, so many possibilities

클럽메드의 **프리미엄 올-인클루시브**는 왕복항공권과 공항에서 리조트간 교통편, 객실은 물론 전 일정 뷔페 요리, 코스 요리를 비롯한 식사와 스낵 서비스, 오픈 바에서 무제한으로 제공되는 각종 음료 및 주류를 포함하고 있습니다. 다양한 국적의 친구들과 다채로운 경험을 할 수 있는 연령대 별 키즈클럽과 매일 밤 나이트 엔터테인먼트까지… 단 한 번의 예약으로 스키 및 보드 강습이 포함된 가성비 높은 스키 휴가를 경험하세요.

2017년 12월 오픈하는 클럽메드 토마무를 비롯해 프랑스, 이태리, 스위스, 일본, 중국 등 세계 유수 스키 도메인에 위치한 **스키명가 클럽메드**

clubmed.co.kr   02 3452 0123

BEGINNER SKI TECHNIQUE

Lesson 06

양발로 걷기 및 미끄러지기

한발로 평지를 걷거나 미끄러지는 것이 어느 정도 익숙해지면, 이제는 양발에 스키를 신고 평지를 걷거나 미끄러지는 연습을 해 본다. 양발에 스키를 신으면 그 길이와 무게 때문에 움직이기도 어렵고 쉽게 미끄러지기 때문에 균형을 잡기도 힘들다. 또한 양스키가 벌어지면서 자칫 균형을 잃거나 넘어질 수도 있으니 주의해야 한다.

이렇게 양발로 걷거나 미끄러지는 연습은, 스키를 신고 스키장에서 이동하는 필수 기술이므로 충분히 연습하여야 하며, 또한 양스키를 신고 평지를 미끄러지는 감각은 다음에서 배울 경사에서 미끄러지는 감각의 기초가 되므로 확실하게 익히는 것이 필요하다. 또한 양스키를 신고 능숙하게 미끄러지기 위해서는, 몸을 앞으로 내밀어서 전경자세를 만들었다가 다시 몸을 뒤로 앉아주며 후경자세를 만들어야 하는데, 이러한 전후운동은 상급 스킹에 꼭 필요한 기술요소 중 하나이므로 잘 연습해야 한다.

1. 양발로 걷기

우선 양쪽 스키를 신고 평지를 걷는 연습을 한다. 일상생활의 걷기와 마찬가지로 양다리와 양팔의 움직임이 잘 맞도록 걸어야 하고, 양스키가 벌어지지 않도록 나란하게 유지하며 걷는 것이 포인트이다. 처음에는 보폭을 좁혀서 연습하고 익숙해지면 넓은 보폭으로 더 멀리 미끄러지듯 실시하여 다양한 감각을 연습하는 것은 물론이고, 스키와 부츠 그리고 폴 등에 익숙해지도록 하자.

2. 양발로 미끄러지기

양발에 스키를 신고 걷는 것이 익숙해졌다면, 이제는 양스키를 신고 앞으로 미끄러지는 연습을 해 본다.

이때 스키를 신고, 중심을 스키 센터에 잘 유지하는 것이 기본이고, 앞으로 능숙하게 미끄러지기 위해서 중심을 앞으로 이동시켰다가, 다시 뒤로 밀어내는 것이 필요하다. 이러한 전후 이동의 감각이 향후 스키를 매끈하게 회전시키기 위한 필수 감각이므로 미리 잘 익혀두도록 한다.

01 양스키를 신은 상태에서 다리를 가볍게 굽히고, 양폴을 설면에 찍은 상태로 균형을 잡고 선다.

02 중심을 앞으로 이동시키며, 한쪽 다리를 내딛고, 반대쪽 폴을 찍어주면서 앞으로 나아간다. 이때 스키 앞이 벌어지면, 자칫 균형을 잃거나 넘어질 수 있으니 주의가 필요하다.

03 설면에 찍힌 폴을 뒤로 밀면서, 중심을 앞으로 이동하고, 반대쪽 다리를 내딛고, 반대쪽 폴을 찍으며, 앞으로 나아간다.

04 ~ 06 마찬가지 방법으로 반대쪽 다리를 내딛고, 반대쪽 폴을 찍으며, 앞으로 걸어나간다. 처음에는 보폭을 좁혀서 종종걸음으로 걷다가, 어느 정도 익숙해지면 보폭을 넓혀서, 적극적으로 더 멀리 스키를 미끄러뜨리며, 앞으로 걸어나간다.

01 평지에서 중심을 잡고 섰다가, 양폴을 크게 앞으로 찍어주며, 몸의 중심을 앞으로 충분히 이동한다. 이때 몸 전체를 앞으로 기울이는 전경자세가 잘 만들어져야 원활하게 전방으로 미끄러질 수 있다.

02 양폴을 강하게 뒤쪽으로 밀어내고 다리를 굽히면서, 양스키를 앞으로 미끄러뜨리며 나아간다.

03 계속해서 폴을 끝까지 밀어내면서 충분히 앞으로 미끄러진다. 이때 스키가 몸 앞으로 나오고 중심이 발뒤꿈치에 오는 약간의 후경자세를 만들어야 스키가 원활하게 미끄러진다.

04 ~ 06 마찬가지의 방법으로 스키의 활주 감각과 중심의 전후 이동을 익힌다.

1. 같은 팔과 같은 다리가 나오는 경우

초보자가 양스키를 신고 평지를 걸을 때, 흔히 하는 실수가 바로 같은 팔과 다리가 동시에 나오는 것이다. 이렇게 같은 팔과 다리가 함께 나오면 걷는 것이 불편해지는 것은 물론이고, 상체가 옆으로 돌아가버리면서 밸런스를 잃기가 쉬우므로 주의가 필요하다.

양스키를 신고 걷는 것은 일상생활에서 걷는 것과 마찬가지로 다른 팔과 다리가 동시에 나와야 한다. 이렇게 반대쪽 팔과 다리가 함께 움직여야 상체가 덜 움직여서 균형을 잡기도 편한 것은 물론이고, 몸통은 고정된 상태에서 팔과 다리만 독립해서 따로 움직이는 '스키기술의 기본적인 동작 감각'을 익힐 수 있다.

2. 양스키가 V자로 벌어지는 경우

양스키를 신고 미끄러지면서 흔히 하는 실수 중의 또 하나가, 바로 양스키가 벌어지면서 밸런스를 잃거나 넘어지는 것이다. 또한 양다리가 벌어지면서 근육과 인대에 무리가 갈 수도 있으므로 주의해야 한다. 특히 초보자가 스키를 신으면 예상보다 잘 미끄러지고 쉽게 움직이지 않으므로, 처음부터 급하게 미끄러지거나 긴 거리를 나아가지 말고, 조금씩 천천히 활주 감각을 익히는 것이 중요하다.

특히 양다리가 벌어지면 스키의 엣지가 설면에 박히면서 쉽게 움직이지 않으므로, 양스키를 신고 미끄러질 때는 양다리가 11자로 지나치게 벌어지거나, 양스키가 V자로 벌어지지 않도록 주의하면서 활주 감각을 익혀야 한다.

BEGINNER SKI TECHNIQUE

Lesson **07**

스케이팅하기

스케이팅(Skating): 양스키로 설면을 차듯이 밀어내면서 빠르게 이동하는 기술로서 말 그대로 빙상(Ice Skating)에서 비롯된 기술이다. 스케이팅을 잘 사용하게 되면 평지나 경사를 빠르게 이동할 수 있고, 적극적으로 양발을 교대로 사용하며 체중 이동을 하는 연습도 된다. 또한 양스키의 인엣지를 강하고 단단하게 사용하는 연습도 되므로, 향후 상급기술을 위한 든든한 발판을 마련할 수 있는 장점도 있다.

스케이팅을 할 때는 폴을 사용하지 않고 하체만을 이용하여 재빠르게 스케이팅을 할 수도 있지만, 스케이팅이 익숙해지면서 양폴을 동시에 밀면서 보다 빠르고 강하고 편한 스케이팅이 가능해진다. 폴을 사용하지 않는 기본적인 스케이팅은 초보자도 쉽게 사용할 수 있고, 짧은 거리를 민첩하게 이동할 때 주로 이용한다. 한편, 폴을 이용하는 스케이팅은 중상급자가 많이 사용하는데, 먼 거리를 이동하거나 경사면을 오르거나 혹은 빠른 속도로 순발력 있게 이동할 때 주로 사용하는 기술이다.

1. 스케이팅하기

처음 스케이팅을 시작할 때는 폴을 찍지 않고 양다리를 교대로 밀어내면서 하체만으로 스케이팅을 한다. 양다리만으로 추진력을 만들어내므로 빠른 이동 속도를 내기는 어렵지만, 초보자도 비교적 쉽게 익힐 수 있고, 걷는 것보다는 빠르게 설면 위를 이동할 수 있다. 더욱이 양스키의 안쪽 날을 이용하여 발판을 만들어내는 좋은 엣징 연습이 된다.

2. 폴을 이용한 스케이팅하기

어느 정도 스케이팅이 익숙해졌다면, 이제는 기본적인 스케이팅 동작에 폴을 함께 찍어주면서, 보다 빠르고 강한 응용 스케이팅을 연습해보자. 폴을 이용한 스케이팅은 주로 중상급자가 많이 사용하는데, 폴을 찍어누르는 힘과 다리를 밀어내는 상하체의 힘을 동시에 이용할 수 있으므로, 평지는 물론이고 경사를 오를 때도 유용한 기술이다. 이 기술은 상체의 폴과 하체의 스키가 서로 협력해서 미끄러짐을 만들어내는 '상급스키의 기본원리'를 처음 시작하는 첫걸음이므로 잘 익혀 두도록 하자.

01 양스키를 'V'자로 넓힌 상태에서, 뒤쪽 스키의 안쪽 날을 단단하게 설면에 고정하고 강하게 뒤쪽으로 차준다. 이때 앞쪽 스키도 동시에 크게 내딛으며 중심을 앞으로 이동시키고 미끄러진다.

02 미끄러지는 앞쪽 스키에 체중을 완전히 이동하고, 쭉 뻗은 뒤쪽 스키를 다시 앞으로 가져오며 다음 스케이팅 동작을 준비한다. 스케이팅 시 양다리의 움직임에 맞춰서 양팔도 함께 흔들어주면서 중심이동과 균형 유지를 돕는다. 이때 뒤쪽 스키를 다시 앞으로 가져오는 타이밍이 잘 맞아야 하는데, 너무 늦게 가져오면 자칫 양다리가 벌어지면서 밸런스를 잃을 수 있고, 반대로 너무 일찍 가져오면 뒤쪽 스키를 충분하게 밀어낼 수가 없으므로 추진력이 약해진다.

03 ~ 06 위의 과정을 반복하며 적극적으로 앞으로 미끄러진다. 이때 양다리를 교대로 내딛어주는 동작이 리드미컬하게 이루어져야 보다 빠르고, 쉽게 스케이팅이 가능하고, 중심이동이 늦어지거나 양다리를 내딛는 동작의 박자가 맞지 않으면, 힘만 많이 들고 효과는 크게 떨어지므로 리듬감을 살리면서 연습하여야 한다.

01 하체의 움직임은 기본 스케이팅을 하는 방법과 동일한 상태에서, 상체의 양폴을 강하게 설면에 찍어누르면서, 스키를 가속하며 앞으로 스케이팅하며 나아간다. 이때 양폴은 그립보다는 윗면을 손바닥으로 눌러주는 것이 보다 강한 추진력을 얻을 수 있다.

02 앞쪽 스키가 앞으로 미끄러지기 시작하였다면, 뒤쪽 스키를 뒤로 차면서 더욱 큰 추진력을 얻어 낸다. 이때 양폴을 최대한 길게 뒤로 밀어내면서, 보다 빠르고 강하게 긴 거리를 앞으로 스케이팅하면서 나아간다.

03 ~ 06 위의 과정을 반복하며, 앞쪽으로 보다 강하고 빠르고 멀리 미끄러진다. 이때 양다리의 움직임에 맞춰서 리드미컬하고 강하게 폴을 밀어주어야 폴을 이용한 스케이팅의 효과가 나타난다. 평지에서 익숙해지면 경사에서도 실시하면서 스케이팅 기술을 향상한다.

BEGINNER
SKI TECHNIQUE

Lesson
08

방향 바꾸기

스키를 신고 설면을 이동하다 보면 자연스럽게 방향을 바꿀 필요가 생기기 마련이다. 또한 경사면에 섰다가 활주를 시작할 때도 방향을 바꾸는 기술이 필요하다. 물론 스키를 신지 않은 일상생활에서는 아무렇지도 않게 방향을 바꿀 수 있겠지만, 길고 미끄러운 스키를 신은 상태에서 방향을 바꾸기 위해서는 몇 가지 포인트가 필요하다. 더욱이 경사에서 안전하게 방향을 바꾸기 위해서는 적절한 기술이 필요하므로 사전에 잘 익혀놓도록 한다.

1. 탑을 돌리며 방향 바꾸기

스키의 테일을 중심으로 탑을 부채꼴 모양으로 넓혔다 모으는 것을 반복하며 방향을 바꾸는 기술로서, 주로 평지에서 많이 사용하며 쉽고 재빠르게 방향을 바꿀 수 있는 '방향 바꾸기의 기본 기술'이라 할 수 있다. 이 기술은 방향을 바꾸고 싶은 방향의 탑을 먼저 움직여서 방향을 바꾸므로, 일상생활에서의 움직임과 같은 요령으로 쉽게 익힐 수 있어서, 주로 초보자가 평지에서 위화감 없이 사용할 수 있는 장점이 있다.

01 평지에 양스키를 모으고 양폴을 찍은 상태로 선다.

02 방향을 바꾸고 싶은 쪽의 스키탑을 넓히며 상체의 방향도 함께 돌려준다. 이때 스키의 테일이 겹치지 않도록 주의하며, 방향을 바꾸는 쪽의 폴도 함께 옮겨주어야 원활한 방향 바꾸기가 가능하다.

03 다른 스키의 탑을 움직여서 반대쪽 스키에 붙여주며 방향 바꾸기를 마무리한다.

04 ~ 05 위의 순서를 반복하여 계속해서 방향을 바꿔준다.

2. 테일을 돌리며 방향 바꾸기

이 방법은 앞의 방법과는 반대로 방향을 바꾸는 기술이다. 즉 스키의 탑을 중심으로 테일을 부채꼴 모양으로 넓혔다 모으는 것을 반복하며 방향을 바꾸는 기술로서, 주로 경사에서 안전하고 확실하게 방향을 바꿀 수 있는 방법이다. 이 방법은 경사면에 서 있다가 활주를 시작할 때 많이 쓰이는 방법이고, 또한 테일을 움직여서 스키의 방향을 바꾸는 스키 회전의 기본 메커니즘인 '테일밀기(Tail Slide/테일 슬라이드) 회전'을 간접적으로 느낄 수 있는 첫걸음이라고 할 수 있다.

01 평지에 양스키를 모으고 양폴을 찍은 상태로 선다.

02 방향을 바꾸고 싶은 쪽의 스키 테일을 넓히며 상체의 방향도 함께 돌려준다. 이때 스키의 탑이 겹치지 않도록 주의하며, 지나치게 스키를 넓게 벌리면 중심을 잃거나 다리에 무리가 갈 수도 있으니, 조금씩 여러 번 반복하며 방향을 바꾸도록 한다.

03 다른 스키의 테일을 움직여서 반대쪽 스키에 붙여주며 방향 바꾸기를 마무리한다.

04 ~ 05 위의 순서를 반복하여 계속해서 방향을 바꿔준다.

3. 킥턴

킥턴(Kick Turn)이란 말 그대로 스키를 차서 한 번에 방향을 바꾸는 기술로서, 경사가 심한 중급사면 이상에서 빠르고 확실하게 방향을 바꿀 수 있는 기술이다. 킥턴은 한 번에 스키의 방향을 바꿔야 하므로 기술의 숙련도는 물론이고 신체의 유연성도 함께 필요하다. 그러므로 평지에서 충분히 연습하고, 경사에서 해야 넘어지거나 스키가 꼬이는 것을 피할 수 있다.

킥턴은 처음에 스키를 차올릴 때는 스키의 테일을 중심으로 탑을 돌려주고, 나중에 스키를 모아줄 때는 스키의 탑을 중심으로 테일을 돌려주면 된다. 킥턴은 단순히 방향을 바꾼다는 의미도 있겠지만, 그 원리를 생각해보면 탑과 테일을 중심으로 스키를 각각 돌려주는 다양한 스키의 '회전 메커니즘'이 적용되는 기술이라고도 할 수 있다.

1. 스키의 탑이나 테일이 겹치는 경우

 스키의 탑이나 테일을 돌리며 방향을 바꿀 때, 가장 흔하게 발생하는 실수는 바로 스키의 탑이나 테일이 겹치는 경우이다. 이것은 스키를 돌릴 때, 탑이나 테일을 한 번에 너무 많이 벌려주기 때문이다. 이렇게 탑과 테일이 겹치면 스키가 걸리면서 제대로 방향을 바꾸기 어렵게 되고, 경사면에서는 자칫 밸런스를 잃으면서 넘어질 수 있으니 주의가 필요하다.

01 경사에서는 옆으로 서서 양폴을 단단히 찍고 중심을 잡는다.

02 경사 아래쪽의 스키를 힘차게 차올려서 수직으로 똑바로 세운다. 스키를 차올릴 때는 스키를 뒤로 뺐다가 반동을 이용하면 보다 쉽고 강하게 차올릴 수 있다. 이때 스키를 최대한 몸에서 멀리 세워야 스키를 돌리기가 쉬운데, 만약 너무 가깝게 세운 상태로 스키를 돌리려 한다면, 어렵기도 하지만 자칫 넘어질 수도 있으니 주의해야 한다.

03 경사 아래쪽의 폴을 빼서 옆으로 돌려 몸 뒤쪽에 찍어준다.

04 세워진 스키의 테일을 움직이지 않은 상태에서, 아래쪽으로 크게 돌려 반대쪽 스키에 평행하게 붙여준다. 이때 양스키가 벌어지거나 몸이 위나 아래쪽으로 기울면, 쉽게 균형을 잃고 넘어질 수도 있으니 주의해야 한다.

05 경사 위쪽의 폴을 빼서 옆으로 돌려 몸 앞쪽에 찍어준다.

06 경사 위쪽의 스키를 돌려서 반대쪽 스키에 붙이면 킥턴의 방향 바꾸기가 완료된다.

스키의 탑과 테일을 돌리며 방향을 바꿀 때는 조금씩 천천히 스키를 움직여야 밸런스를 유지하기도 쉽고, 스키의 방향을 원하는 만큼 정확하게 바꿀 수 있다. 또한 경사면에서 급하고 크게 스키를 돌리면, 갑자기 스키가 미끄러지면서 자칫 위험할 수도 있으니 조심하도록 한다.

2. 상체가 앞이나 뒤로 넘어가는 경우

경사면에서 킥턴을 하면서 방향을 바꿀 때 쉽게 발생하는 실수는, 바로 상체가 제대로 서지 못하고 앞이나 뒤로 넘어가는 경우이다. 이렇게 상체의 밸런스가 무너지는 것은, 대부분 스키를 앞으로 차 올렸을 때 제대로 밸런스를 유지하지 못하기 때문이다. 특히 스키를 충분히 멀리 차 올리지 못하면, 스키를 돌릴 때 상체가 앞으로 기울면서 경사 아래쪽으로 크게 넘어질 수도 있으니 주의해야 한다.

또한 상체가 뒤로 넘어가는 경우도 있는데, 킥턴을 할 때 양 폴을 단단하게 찍지 못하면, 스키를 돌릴 때 상체가 뒤로 넘어가면서 밸런스를 잃거나 넘어질 수도 있다. 킥턴을 제대로 하기 위해서는 연습도 많이 필요하지만, 유연성도 제법 필요하다. 또한 급사면에서 킥턴을 하는 것은 난이도가 높은 기술이므로, 킥턴에 자신이 없다면 폴을 아래쪽에 단단히 찍고, 스키의 테일을 조금씩 돌려서 방향을 바꾸는 것이 좋다.

BEGINNER SKI TECHNIQUE

Lesson 09

경사 오르기

스키는 기본적으로 경사를 미끄러지는 스포츠이므로, 스키를 타기 위해서는 우선 경사를 오르는 것을 먼저 행하여야 한다. 경사를 오를 때는 대부분 리프트를 이용하는 것이 보통이지만, 생초보는 물론이고 최상급자의 경우에도 스스로 경사를 오르는 경우는 언제나 생기게 마련이다. 이때 사용하는 기술이 바로 등행(登行)이라고 하는 경사를 오르는 방법이다.

경사를 오를 때는 옆으로 올라가는 것이 가장 기본이다. 이때 스키의 양옆에 붙어있는 엣지를 설면에 확실하게 찍어 넣어서, 스키가 설면을 단단하게 움켜쥔 상태를 만들어 주어야 한다. 이렇게 옆으로 오르는 것이 익숙해지면 앞으로 오는 것도 실시하는데, 앞으로 오를 때는 엣지를 세우는 것도 더불어 스키탑을 넓혀서 스키가 뒤로 미끄러지지 않도록 만들어 주어야 한다.

옆으로 오르는 방법은 급사면이나 먼 거리를 갈 때 유리하고, 앞으로 오르는 방법은 재빠르고 민첩하게 경사를 오를 수 있으니, 두 가지 방법을 확실하게 익혀두었다가 필요에 따라서 적절하게 사용하도록 한다.

1. 옆으로 경사 오르기

옆으로 경사 오르기는 경사면에 대하여 수직으로 서서, 양 스키를 옆으로 움직이며 산을 오르는 방법이다. 이때 스키가 올라간 자국이 마치 계단처럼 생겼다고 해서 '계단등행(階段登行)'이라고도 한다. 옆으로 경사 오르기는 다양한 경사를 안전하고 확실하게 오를 수 있는 방법이고, 중간에 킥턴을 집어넣어서 방향을 바꿔주면, 제법 긴 거리를 오를 때도 유용한 기술이다. 또한 양스키의 안쪽 엣지와 바깥쪽 엣지를 번갈아 사용하면서 경사를 오르기 때문에, 양쪽 엣지의 사용 감각이 향상되며 또한 양스키를 11자로 사용하는 패러렐 조작을 익히는 데도 도움이 된다.

2. 앞으로 경사오르기

앞으로 경사 오르기는 경사면을 마주 보고 서서, 양스키를 앞으로 움직이며 산을 오르는 방법이다. 이때 스키의 탑이 넓어지고 양다리가 벌어진 상태에서 경사를 오른다고 해서 '개각등행(開脚等行)'이라고도 한다. 앞으로 경사 오르기는 옆으로 오를 때와 비교해서 보다 빠르게 경사를 오를 수 있는 방법이다. 하지만 급사면을 오르기에는 무리가 따르고 체력 소모가 심해서 단거리를 오를 때 주로 사용되는 방법이다. 앞으로 경사를 오를 때는 양스키의 안쪽 엣지를 사용하기 때문에, 스케이팅과 더불어 스키의 필수 기술중 하나인 안쪽 엣지를 사용하는 감각을 향상할 수 있다.

01 양스키를 경사에 대하여 수직 방향 옆으로 유지하고, 양폴을 단단하게 찍어서 안정되게 경사에 선다.

02 위쪽 스키를 위로 내딛으면서 중심을 이동시키고 폴도 함께 옮겨서 찍어준다. 이때 아래쪽 스키의 안쪽 엣지를 강하게 세워서 설면을 단단하게 잡아야만 하고, 옮겨주는 위쪽 스키의 바깥쪽 엣지도 세워주면서 설면에 힘차게 찍어넣어야 한다.

03 위쪽 스키에 완전하게 중심을 이동시킨 상태에서, 아래쪽 스키를 위로 이동시키며 양스키를 모아준다.

04~05 위의 과정을 반복하며 경사면을 오른다. 이때 스키가 경사면에 대하여 수직이 아니고 비뚤어지면, 자칫 스키가 갑자기 미끄러지며 위험한 상황이 생길 수도 있으니 주의가 필요하다.

01 경사에 대하여 앞으로 서서, 양스키의 탑을 벌리고 양폴을 뒤에 찍어서 경사를 오를 준비를 한다.

02 위쪽 스키의 안쪽 엣지를 단단하게 설면에 찍어넣은 상태에서, 중심을 위로 이동하며 아래쪽 스키를 산 위로 내딛는다. 이때 반대쪽 폴도 함께 내밀어서 지팡이처럼 사용하며, 균형 유지와 중심이동을 도와야 한다.

03 다시 반대쪽 스키와 폴을 내밀면서 중심을 이동시키며 산을 오른다.

04 ~ 05 위의 과정을 반복하며 경사를 오른다. 이때 스키의 탑을 충분하게 넓히고, 안쪽 엣지를 잘 써야 보다 쉽게 경사를 오를 수 있다. 또한 산쪽으로 내딛는 보폭을 넓게 해줘야, 양스키의 테일이 서로 밟는 것을 방지할 수 있다.

06 ~ 07 앞으로 경사를 오를 때는 스키탑을 충분하게 넓혀주고 안쪽 엣지도 확실하게 세워서, 자칫 스키가 뒤로 미끄러지지 않도록 주의하며 경사를 올라야 한다. 또한 폴을 강하고 단단하게 찍어서 힘차게 밀어주어야, 보다 효과적으로 경사를 오를 수 있다.

BEGINNER SKI TECHNIQUE

Lesson **10**

넘어졌다 일어나기

스키는 눈으로 덮인 경사면을 고속으로 미끄러지는 스포츠이다. 그러므로 스릴이 넘치기도 하지만, 언제나 부상의 위험성이 내재되어 있다. 이러한 부상을 피하는 첫걸음은 역설적이지만 '올바른 방법으로 넘어지고 일어나는 것'이다. 스키는 빠른 스피드가 동반되는 만큼 순간적으로 큰 힘이 신체에 집중되기도 하므로, 이때 신체가 꺾이거나 비틀리면서 관절이나 뼈에 부상을 당할 수 있고, 또한 넘어질 때의 충격으로 타박상이나 뇌진탕이 올 수도 있다.

이러한 부상 위험성을 줄이기 위해서는, 신체에 가해지는 큰 힘을 최소한으로 감소하고 최대한 분산시키며 넘어지는 것이 안전하게 넘어지는 원칙이다. 또한 이렇게 넘어졌으면 재빠르게 일어나서 슬로프 가장자리로 이동하는 것이 안전하게 일어나는 원칙이라 할 수 있다. 하지만 초보자는 물론이고 중상급자라고 하여도 빠른 속도로 활주하다가, 자신이 원하는 방법으로 정확하게 넘어지는 것은 쉽지 않은 일이다. 그러므로 특히 초보자라면 넘어지고 일어나는 방법을 미리 연습해고 숙지해야만, 보다 안전하고 부상 없이 스키를 즐길 수 있다.

하지만 넘어지는 것에 익숙지 않거나 공포심이 가지고 있으면, 넘어져야 할 순간에 넘어지지 못하고 균형을 잃은 채 활주를 계속하게 되어 버린다. 이렇게 버티다가 넘어지게 되면 오히려 큰 충격이 신체에 가해지면서 큰 부상을 입을 수 있다. 더욱이 미리 넘어져서 멈추지 못하고 다른 스키어나 장애물과 충돌하게 되면, 단독으로 넘어졌을 때보다 몇 배나 큰 부상을 입을 수 있으므로, 사전에 안전하게 넘어지고 일어나는 방법은 반드시 익혀두어야 한다.

이렇게 넘어질 때는 충격을 줄이고 분산시키는 것이 가장 중요한데, 우선 최대한 자세를 구부려서 무게중심을 낮춰야 충격을 줄일 수 있다. 또한 신체에서 면적이 넓고 살과 근육이 많은 엉덩이와 등 쪽으로 넘어져야, 충격이 감소되고 분산되면서 부상의 위험성이 줄어든다. 특히 손이나 무릎은 딱딱하고 면적이 좁은 관절이기 때문에, 충격이 가해졌을 때 쉽게 큰 부상이 올 수 있으므로, 손이나 무릎을 짚고 넘어지는 것은 절대로 피해야 할 금기사항이다.

1. 넘어지기

스키를 타다 보면 지나치게 스피드가 붙어서 컨트롤이 불가능한 상태에 이르기도 하고, 혹은 다른 스키어나 장애물에 부딪힐 뻔한 위험한 순간을 맞이할 수도 있다. 이렇게 위험하고 아찔한 순간에는 안전하게 넘어져서 확실하게 멈추는 것이 가장 안전한 선택 중 하나이다. 안전하게 넘어지기 위해서는 신체에 전달되는 충격을 분산시키고, 몸이 비틀리거나 꺾이는 것을 막고, 속도를 줄이는 것이 필요하다.

01 스키를 타다가 지나치게 스피드가 붙거나, 갑자기 균형을 잃거나, 충돌할 것 같은 위험이 느껴지면, 미리 넘어져서 멈출 준비를 해야 한다.

02 넘어질 때의 충격을 줄이기 위해서 자세를 최대한 낮춘다. 이때 중심이 앞으로 쏠리게 되면, 엣지가 걸리고 관절이 꺾여서 큰 부상의 위험이 있으니, 다리를 구부리면서 중심을 뒤쪽으로 낮춰야 한다.

03 중심이 낮아진 상태에서 엉덩이를 옆으로 옮기면서 산 위쪽으로 넘어지기 시작한다. 이때 손이나 무릎을 짚으면 부상의 위험이 높으니 주의한다.

04 마치 야구에서 슬라이딩을 하듯이 양팔로 만세를 부르면서, 등을 바닥에 붙여주어야 충격이 넓게 분산되어 안전하게 넘어질 수 있고, 마찰력이 커져서 신체가 미끄러지는 속도도 쉽게 줄어든다.

05 넘어져서 미끄러지는 도중에, 조급하게 스키의 엣지를 걸거나 손을 짚어서 일어나려고 하면, 오히려 추가 부상의 위험성이 있으니, 스키가 완전히 멈출 때까지 넘어진 상태로 기다린다.

2. 일어나기

넘어진 상태에서 슬로프 가운데에 오래 누워 있거나 계속 머물면, 다른 사람의 시야에 잘 보이지 않아서, 뒤쪽에서 미끄러지는 다른 스키어나 보더와의 충돌 위험성이 높아진다. 그러므로 넘어진 다음에는 빠르게 일어나서 활주를 계속하거나, 혹은 슬로프 가장자리로 이동하여 몸과 마음을 추스리는 것이 좋다. 스키를 타다가 넘어지면, 스키가 꼬이기도 하고 몸이 아래쪽으로 돌아가기도 하여 좀처럼 일어나기 힘든 경우가 많다. 이때는 스키를 가지런하게 모으거나 옆으로 돌려서 일어나고, 그래도 일어나기 힘든 경우에는 타인에게 도움을 청하거나 스키를 아예 벗고 일어나는 것이 좋다.

01

02

03

04

01 양스키를 몸 아래쪽에 가지런하게 모으고, 스키를 경사에 대하여 수직 방향을 만들어 옆으로 돌린다.

02 양폴을 몸 옆에 찍어서 일어날 준비를 한다. 아직 폴 사용이 익숙지 않은 초보자라면, 폴 대신 손을 짚으면서 일어나는 것이 좋다.

03 양폴을 강하게 밀어주면서 몸을 일으킨다. 이때 엉덩이를 먼저 들어올리면 일어나기 어려울 수 있으므로, 우선 양 무릎을 먼저 세우고, 그 다음 앞으로 인사하듯 엉덩이를 들어올려야 보다 쉽게 일어날 수 있다.

04 일어난 다음에는 바로 활주를 계속하거나 슬로프 가장자리로 이동해야 안전하다. 이때 위에서 내려오는 다른 사람들을 먼저 살핀 다음에 활주하거나 움직이는 것이 가장 안전한 방법이다. 만약 넘어지면서 바인딩이 풀렸다면, 뒷바인딩이 잠긴 상태일 수 있으므로, 뒷바인딩을 다시 푼 다음 신어야 한다.

NG

1. 뒤로 넘어지는 경우

경사나 속도에 대해서 익숙하지 않거나 공포심을 가지고 있는 초보 스키어나 여성 스키어 등에서 쉽게 보이는 실수가 바로 균형을 잃고 뒤로 넘어지는 것이다. 이렇게 뒤로 넘어지면

스키 바로 위에 등이 얹혀지면서 속도가 줄지 않고 계속해서 미끄러지게 된다. 그러므로 다른 스키어나 장애물에 부딪히면서 추가 부상의 위험이 커지게 되므로 주의가 필요하다.

일부러 넘어지는 가장 큰 목적은 바로 안전하게 멈추는 것이므로, 이와 같은 방법으로 넘어지면 속도가 줄지 않아서 오히려 큰 위험에 노출될 수 있다. 그러므로 넘어질 때는 반드시 옆으로 넘어져서 부상의 위험도 낮추고 속도도 줄일 수 있어야 한다.

2. 앞으로 넘어지는 경우

뒤로 넘어지는 것과는 반대로 앞으로 넘어지는 것도 위험한 방법이다. 앞으로 넘어지는 것은 주로 중상급자에서 종종 보이는 실수인데, 특히 기온이 높아서 슬로프의 눈이 녹아서 스키가 잘 걸리는 스프링 시즌에 주로 보이는 실수이다. 이렇게 앞으로 넘어지면, 스키탑이 벌어지면서 엣지가 눈에 걸리게 되어, 무릎이나 발목이 꺾이거나 돌아가며 부상을 당할 수 있다. 또한 얼굴이 강하게 설면에 부딪히면서 안면부상의 위험도 있으므로 절대로 피해야 한다.

3. 손을 짚는 경우

스키를 타다가 넘어질 때 흔하게 보이는 것이 바로 손을 짚으면서 넘어지는 것이다. 손을 짚으며 넘어지게 되면 강한 충격이 팔과 손목에 가해지므로, 손목을 다치거나 어깨가 빠지는 등의 큰 부상의 위험성이 있으므로 피해야 한다. 더욱이 폴을 쥔 상태에서 손을 짚게 되면 폴그립이 엄지손가락에 끼게 되어서, 엄지손가락 인대가 파열되는 '스키어의 엄지손가락(Skier's Thumb)' 부상이 발생하는 경우가 빈번하므로 반드시 주의가 필요하다.

4. 무릎이 꺾이는 경우

스키가 급하게 옆으로 휙 돌아가면서 넘어지거나, 혹은 앞으로 넘어질 때 흔하게 발생하는 실수가 바로 무릎이 꺾이면서 넘어지는 것이다. 이렇게 무릎이 꺾이면서 넘어지게 되면 무릎 관절에 큰 충격이 가해져서 내측 인대의 부상이나 연골판이 손상될 수 있으니 반드시 피해야 한다. 특히 양스키가 벌어지면서 무릎을 짚으며 앞으로 넘어지면, 무릎뿐만 아니라 손목에도 큰 충격이 가해지므로 반드시 피하는 것이 좋다.

BEGINNER SKI TECHNIQUE

Lesson **11**

기본자세 잡기

방법

스키기술의 시작이자 마지막은 바로 기본자세라고 할 수 있다. 이것은 모든 스포츠에서도 마찬가지일 것이다. 특히 스키를 처음 시작하는 초보자의 경우는, 첫 단추를 잘 꿰는 것처럼 기본자세를 정확하게 만드는 것이 더욱 중요하다. 본격적인 활주를 시작하기 전에 평지에서 기본자세를 잘 만들어야, 실제로 스키가 미끄러지는 경사면에서도 정확한 기본자세로 활주할 수 있게 된다.

특히 초보자는 온몸에 지나치게 힘이 들어가면서 경직된 자세가 만들어지거나, 혹은 시선이 땅을 내려다보면서 상체만 과도하게 앞으로 숙이는 소위 '인사하는 자세'가 만들어지거나, 또는 상체가 들리고 엉덩이가 뒤로 주저앉으며 '엉거주춤한 자세'가 되는 경우가 많다. 이러한 잘못된 자세로는 불필요한 체력소모도 심하고, 신체에 무리가 가는 경우도 있고, 스키를 제대로 컨트롤할 수 없는 것은 당연하다.

더욱이 스키는 본인이 생각하는 자세와 실제로 타고 있는 자세가 크게 다른 경우가 많으므로, 틈틈이 스키장에 가기 전에 거울을 보면서 정확한 기본자세의 감각을 미리 익혀두는 것이, 스키기술을 빠르고 쉽게 향상할 수 있는 지름길이다. 또한 스키를 타다 보면 기본자세가 쉽게 흐트러질 수 있고, 설질이나 경사 혹은 스피드에 따라서 기본자세를 조금씩 다르게 하는 것이 필요하므로, 매번 스키를 탈 때 기본자세를 먼저 체크한 다음에, 그날의 본격적인 첫 스킹을 시작하는 것이 좋다.

기본자세를 잘 잡기 위해서는, 우선 온몸에 힘을 뺀 릴렉스한 자세로 서는 것이 중요하다. 이를 위해서 숨을 가볍게 내쉬어서 근육의 긴장을 풀고, 장비를 잡을 만큼의 최소한의 힘만 가하면서 자세를 잡는 것이 중요하다.

기본자세의 첫걸음은 양다리를 허리 넓이만큼 벌린 상태에서, 발목과 무릎과 고관절을 가볍게 굽혀서 정강이가 부츠 앞에 살짝 기댄 상태로 서는 것이다. 이 상태에서 양팔을 가볍게 들어올리고 양 주먹을 가슴 앞에 놓는 자세를 취한다. 이때 양 폴은 최대한 손가락으로 살며시 쥐어주고, 폴 끝이 뒤쪽으로 향하도록 폴을 기울여준다.

또한 상체도 살짝 앞으로 숙여서 몸통와 정강이의 각도가 같게 만들어주고, 턱과 얼굴을 들어줘서 시선을 높게 유지해야 한다. 이 상태에서 몸 전체를 가볍게 앞으로 기대서 중심을 약간 발앞꿈치 쪽에 있는 전경자세를 만드는 것이 중요하다.

이렇게 기본자세를 만든 상태에서, 하체를 펴면서 업(Up) 동작을 하여 높은 자세를 만들기도 하고, 반대로 하체를 구부리면서 다운(Down) 동작을 하여 낮은 자세를 취하기도 하면서 다양한 자세의 감각을 익히게 된다. 이렇게 높은 자세와 낮은 자세를 오갈 때 하중의 포인트가 발바닥의 앞뒤로 움직이는 것을 느끼는 게, 향후 상급기술에서 필요한 하중의 전후이동의 핵심 포인트가 된다.

의 안 좋은 생활습관이나 질병으로 인하여, 척추가 휘어지고, 골반이 틀어지며, 척추 측만 등이 흔하게 발생한다. 이렇게 좌우 대칭성이 무너져서 신체가 일자가 되지 못하고 비뚤어진 경우에는, 좌우 회전에서 큰 차이가 생기는데, 특히 리듬이 빠른 숏턴에서 그 악영향이 커진다.

그러므로 척추와 다리를 곧게 펴고 머리를 똑바로 세워서 신체를 일자로 유지하여 하나의 중심축으로 만들고, 여기에 어깨, 엉덩이, 무릎, 발목을 연결한 선이 수직을 이루도록 잘 정렬시키는 것이 바른 기본자세를 만드는 첫걸음이다. 그리고 좌우의 팔과 주먹의 위치를 비슷하게 잡아주면 더욱 좋은 기본자세를 만들 수 있다.

체크 포인트

1. 신체를 일자로 유지하고, 각 관절을 잘 맞춘다

스키는 완벽한 좌우 대칭 운동이기 때문에, 기본자세를 잡았을 때 신체가 곧게 일자를 유지하여야 하며, 몸이 한쪽으로 비뚤어지지 말아야 한다. 하지만 사람의 신체는 좌우대칭이 아닐뿐더러, 특히 다리를 한쪽으로 꼬거나 짝 다리로 서는 등

2. 스키와 신체를 수직으로 유지한다

스키는 경사를 미끄러지면서 스키어가 파워와 컨트롤을 스키에 가하는 스포츠이다. 그러므로 스키를 잘 타기 위해서는 스키어의 파워와 컨트롤이 효과적이고 손실 없이 잘 전달되어야 한다. 이를 위해서는 스키어가 기본자세를 잡았을 때, 머리부터 발바닥까지 연결한 연장선이 스키의 연장선과 수직으로 유지하는 것이 중요하다.

이렇게 스키와 신체를 수직으로 유지하기 위해서는 발목, 무릎, 고관절이 적당하게 굽혀져서 전체적으로 조화를 이루어야 한다. 특히 발목이나 무릎만을 지나치게 굽히거나 상체만 과도하게 숙이면, 기본자세의 균형이 무너져서 스키어의 동작이 원활하지 않게 되고, 스키어의 파워와 컨트롤이 손실되어 스키 전체에 잘 전달되지 않게 된다.

그러므로 발목, 무릎, 고관절 등을 적절하게 굽혀주어서, 머리의 위치가 발바닥 위쪽에 위치하도록 기본자세를 잡는 것이 필요하다. 이렇게 기본자세를 잘 잡으면 스키어의 무게중심이 발바닥 가운데에 위치하므로, 스키어가 가하는 파워가 손실 없이 스키까지 잘 전달된다. 또한 스키어의 움직임에 무리가 없어서 스키를 가장 쉽고 편안하게 움직일 수 있는 경제적이고 안정적인 자세가 만들어진다.

3. 머리부터 엉덩이까지를 곧게 펴준다

현대인은 항상 바쁜 생활 속에서 스스로를 돌볼 시간 없이 일상생활을 살고 있다. 특히 스마트폰을 신체의 일부처럼 사용하다 보니, 거북목 증후군과 같이 목뼈가 바르게 정렬되지 않는 경우도 많고, 오랜 시간 앉아서 근무하거나 운전을 하며, 등뼈나 엉덩이뼈가 굽혀지면서 골반이 뒤쪽으로 무너지는 경우도 많아졌다.

이렇게 목뼈나 엉덩이뼈가 무너지며 등뼈가 휘어지면, 머리부터 엉덩이까지의 척추가 곧게 펴지지 않고 둥글게 구부러져서, 보기에도 좋지 않고 건강에도 나쁜 자세가 되어버린다. 이러한 잘못된 자세는 스키의 기본자세에서도 그대로 나타나는데, 이 자세로는 스키를 탈 때 필요한 큰 힘을 발휘하기가 어렵고, 스키를 제대로 움직이기가 힘들다. 또한 체력소모가 크고 쉽게 지치므로 비경제적인 자세라고도 할 수 있다.

그러므로 뒤통수부터 엉덩이에 스키폴 등을 세워보았을 때, 머리, 등, 엉덩이가 떨어지지 않도록 일자로 유지하며 곧게 펴 줘야 한다. 또한 양팔을 지나치게 앞으로 내밀다 보면, 등과 어깨가 말리면서 가슴을 곧게 펴기가 어려우므로, 양팔을 과도하게 앞으로 내밀지 말고, 자연스럽고 편안할 정도로만 몸 앞에 유지하는 것이 좋다. 이렇게 바른 기본자세가 만들어지면, 이 자세가 일상생활에도 적용되어 보다 건강하고 바른 생활자세를 만드는 것에도 도움이 될 수 있다. 반대로 스키에서 올바른 기본자세를 제대로 만들기 위해서는, 일상생활의 기본자세를 바르게 하는 것이 무엇보다 중요하다.

4. 정강이는 부츠 앞에 가볍게 기대어 준다

스키부츠를 신어보면 부츠의 목이 앞으로 숙여진 것을 알 수 있다. 이렇게 부츠가 앞으로 기울어진 각도를 '전경각'이라고 하는데, 이렇게 부츠의 전경각이 만들어진 이유는 경사를 미끄러질 때 스키어의 몸이 뒤로 빠지지 않고, 스키어의 파워가 스키의 앞쪽에 잘 전달되기 위함이다.

기본자세를 만들 때는, 이러한 전경각에 맞춰서 정강이를 부츠의 앞에 가볍게 기대야 한다. 평상시 하이힐을 많이 신는 여성 스키어의 경우는, 발목이 펴지는 것이 습관이 되어 '까치발'이 되면서 부츠 앞에 잘 기대지 못하는 경우가 많은데, 이 경우 스키 앞은 물론이고 스키 전체에 힘을 제대로 전달하기 어려워진다. 이러한 까치발 습관은 기본자세에서는 물론이고 최상급기술로 올라갈수록 더욱 큰 문제가 되므로, 반드시 고쳐야 하는 스키의 악습 중의 악습이라고 할 수 있다.

정강이는 부츠앞에 가볍게 기대어 준다

반대로 정강이로 부츠 앞을 지나치게 강하게 누르는 경우도 있는데, 이런 자세에서는 하체의 원활한 움직임이 어려워지고 스키의 앞쪽에만 힘이 가해지므로, 스키 뒤쪽의 안정감이 떨어져서 상급기술로의 기술향상을 방해하는 자세가 되어버린다. 특히 스키에 입문하는 초보자들의 경우에는 부츠 앞(텅/Tongue)만을 강하게 누르라는 말을 많이 들을 텐데, 이것은 과거 일자스키(컨벤셔널 스키) 시절의 구시대적인 강습법 중 하나이므로, 카빙스키에 맞는 제대로 된 상급자가 되기 위해서는, 과도하게 부츠 앞을 누르는 기본자세는 피해야 한다.

그러므로 부츠의 전경각을 변화시키지 않을 정도의 가벼운 느낌으로, 정강이로 부츠의 텅(Tongue)을 살짝 누르며 자세를 취하는데, 바른 자세가 만들어지면 발바닥 앞쪽에 하중이 분포되어 전경자세가 만들어진다. 이러한 전경자세가 만들어져야 스키의 탑에 힘을 잘 전달할 수 있고, 스키의 테일도 들뜨지 않아서 보다 쉽고 안정되게 스킹을 할 수 있다.

또한 폴을 쥘 때는 새끼손가락과 약지손가락에 손을 주어서, 폴 끝이 밑으로 떨어지지 않고 뒤쪽으로 비스듬하게 기울어지는 것이 좋다. 폴 끝이 아래로 떨어지면 나중에 폴을 찍어주는 폴 체킹 기술이 원활하게 이루어지기 어렵고, 더욱이 폴 끝이 앞으로 향한 경우에는 폴이 설면에 걸리면서 자신의 몸에 부딪히는 경우도 있으니 주의가 필요하다.

5. 폴은 가볍게 쥐고, 폴 끝은 뒤를 향하도록 한다

6. 양팔은 삼각형으로 넓게 벌려준다

초보자의 경우에는 폴을 쥐거나 쓰는 것이 어색하고 거추장스럽기도 하지만, 폴은 스키를 탈 때 큰 도움이 되는 필수장비이며, 스키기술에 큰 영향을 미치는 핵심장비라고 할 수 있다. 이렇게 폴을 잘 사용하기 위해서는 우선 제대로 쥐는 것이 중요한데, 폴을 쥘 때는 손 안에 계란을 쥔다는 기분으로 가볍게 잡아서 '폴의 무게감'을 느끼는 것이 중요하다.

스키에서 양팔과 양폴은 스키어의 균형을 잡는 데 도움이 되고, 스키어의 동작을 만드는 데 큰 역할을 한다. 그러므로 스키어가 균형을 잘 잡을 수 있고 동작을 쉽게 만들 수 있는 팔 자세를 취하는 것이 중요하다. 기본자세에서는 양팔을 넓게 벌리고 폴도 함께 넓혀서, 머리부터 폴 끝까지가 삼각형을 이루는 것이 좋다.

초보자의 경우는 양팔을 너무 좁게 벌리는 경우가 많은데, 이 경우 스키어의 균형을 잡기가 어려워서 중심이동이 큰 상급기술로의 접근이 불리할 수가 있다. 반대로 양팔을 지나치게 넓게 벌리는 경우는 근육이 경직되어 불편한 자세가 되어버리고, 양팔이 옆으로만 벌어져서 전후 밸런스를 잡는 것이 어려울 수 있다.

양팔의 넓이는 항상 똑같이 고정시키는 것보다는, 속도가 느리고 움직임이 작은 '저속의 기본기술'에서는 조금 좁히는 것이 편안하고, 반대로 속도가 빠르고 움직임이 커지는 '고속의 응용기술'에서는 넓게 벌리는 것이 유리하다고 할 수 있다.

7. 상체와 정강이의 전경각을 평행하게 한다

기본자세를 만들 때, 척추를 곧게 펴준 상태에서 몸통을 앞으로 기울이고 정강이를 부츠 앞에 기대면, 자연스럽게 상체와 정강이를 앞으로 숙이는 전경각이 생긴다. 이렇게 만들어진 상체와 정강이의 전경각을 똑같이 유지하여, 결과적으로 상체와 정강이를 평행하게 만드는 것이 기본자세를 만드는 핵심포인트이다.

이러한 상체와 정강이의 평행은 기본자세에서도 중요하지만, 특히 업다운의 상하운동을 할 때 더욱 중요하다. 즉, 상체와 정강이가 평행해야, 기본자세에서는 신체의 연장선이 스키와 수직하여 제대로 힘과 움직임을 가할 수 있고, 상하운동을 할 때는 중심이 앞뒤로 자연스럽게 이동하여 보다 원활하고 수준 높은 회전이 가능해진다.

또한 높은 자세와 낮은 자세를 취할 때도 상체와 정강이가 평행해야, 높은 자세가 가지는 신체의 편안함과 스키 조작의 원활함이 잘 발휘되고, 반대로 낮은 자세가 줄 수 있는 신체의 운동성과 스키 조작의 안정성을 잘 활용할 수 있다.

8. 발바닥의 앞쪽에 하중을 많이 준다

스키를 신고 평지에 서서 기본자세를 잡아보면, 자연스럽게 발바닥 전체에 하중이 가해진다. 이때 부츠의 전경각도에 의해서 스키어의 무게가 자연스럽게 발바닥의 앞쪽에 많이 분포하는 것을 느낄 수 있다. 이렇게 스키어의 무게가 앞쪽에 많이 가해지는 자세를 전경자세라 하는데, 초보자의 경우는 특히 이러한 전경자세를 잘 만들고 유지하는 것이 중요하다.

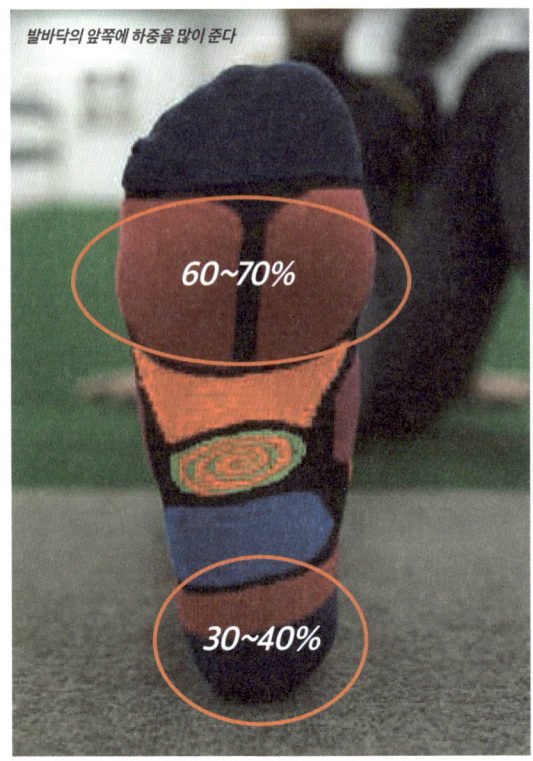

발바닥의 앞쪽에 하중을 많이 준다

60~70%

30~40%

자세도 잘 사용해야 하고, 상급기술에서는 하나의 회전 안에서 전경자세와 후경자세가 차례로 만들어져야 샤프한 회전이 가능하다. 또한 설질, 경사, 속도, 목적에 따라서 전경자세를 많이 사용하기도 하지만, 반대로 후경자세를 사용해야 하는 경우도 있다. 그러므로 처음부터 너무 뒤꿈치가 들릴 정도의 지나친 전경자세를 만드는 것은, 앞으로의 기술발전을 고려할 때 바람직하지 않다.

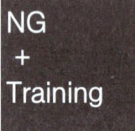

NG + Training

1. 상체가 지나치게 숙여진 경우
⇨ 폴로 고관절을 눌러주는 연습

스키는 경사를 미끄러지는 스포츠이고 사람은 본능적으로 경사에서 몸을 위쪽에 두려고 하기에, 스키어의 무게가 뒤쪽에만 집중되는 후경자세가 쉽게 만들어지기 마련이다. 특히 초보자의 경우는 경사에 대한 공포심으로 스키에 끌려 내려가는 후경자세로만 스키를 타는 경우가 많은데, 스키를 잘 타기 위해서는 우선 전경자세를 정확하게 만드는 것이 필수적이다.

이러한 전경자세를 만들기 위해서는 기본자세를 취했을 때, 발바닥의 앞쪽과 뒤쪽의 하중분포가 60 : 40, 혹은 70 : 30 정도가 되도록 부츠에 정강이를 대어주고 각 관절을 적절하게 구부려야 한다. 하지만 스키를 타다 보면 전경자세만큼 후경

기본자세를 잡을 때 가장 흔하게 나타나는 잘못된 실수가 바로 상체가 지나치게 앞으로 숙여지는 것이다. 이것은 스키를 자꾸 확인하려는 의식이 강해서, 발아래를 내려다보며 상체가 숙여지는 것이 원인이지만, 전경자세를 지나치게 의식하여 엉덩이가 위로 들리면서, 상대적으로 상체가 앞으로 숙여지는 것도 원인이 된다.

이러한 잘못된 자세에서는, 시선이 발 아래쪽에만 있기 때문에 활주 시 시야가 좁아져서 위험한 것은 물론이고, 업다운을 할 때 상체만 앞으로 숙여지고 하체의 움직임이 없어지기 때문에 정확한 하중전달이 어렵게 된다. 또한 하중이 스키의 탑쪽에만 전달되기 때문에 스키의 테일이 벌어지는 주된 원인이 된다.

이를 고치기 위해서는 양폴을 손에 잡고 고관절을 아래로 눌러주는 연습이 유효하다. 이러한 연습을 통해서 엉덩이를 내리고 상체를 들어주는 것은 물론이고, 상체가 앞으로 숙여지면서 하중이 스키 앞쪽에만 가해지는 것을 발바닥 전체로 분산시켜서, 스키의 탑부터 테일까지 하중이 골고루 전달되는 감각을 익힐 수 있다.

2. 상체가 지나치게 세워진 경우
⇨ 손으로 허리를 돌려주는 연습

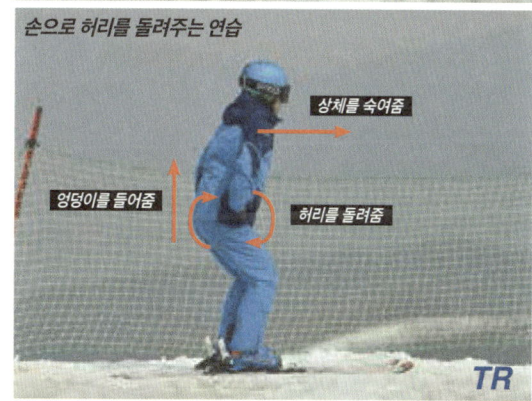

이렇게 고관절에 폴을 대고 눌러주는 연습은, 기본자세에서는 물론이고 업다운의 상하운동을 하면서도 실시하여, 상하운동에서 필수적인 허리와 상체의 업다운을 원활하게 해주는 연습으로도 효과가 있다.

앞의 경우와는 반대로 엉덩이가 내려가고 상체가 들리면서 지나친 후경자세가 만들어지는 경우이다. 이것은 초보자에게서 흔하게 일어나는 잘못된 자세로서, 주로 속도나 경사에 대한 두려움에 의한 심리적인 요인이 크다. 이러한 심리적인 요인은 스키를 타면서 점차 속도에 대한 무서움을 극복해 나가고, 경사에 대한 두려움을 버리면서 서서히 좋아질 수 있다.

또 다른 원인은 골반이 뒤쪽으로 누워버리며 '골반의 후경'이 만들어져서, 상체가 지나치게 세워지고 엉덩이가 내려가는 경우 쉽게 발생할 수 있는데, 이렇게 후경자세로 스키를 타면 일단 체력소모가 크고 무릎에 무리가 많이 가며, 스키에 끌려가는 상태가 되어버려서 스키를 제대로 컨트롤할 수 없게 된다. 또한 스키에 가해지는 하중이 주로 스키의 뒤쪽에만 집중되기 때문에, 테일이 무겁고 탑이 가벼워져서 회전을 시작하는 것이 어려워지게 된다.

이를 극복하기 위해서는 다양한 연습을 할 수 있는데, 일단 양손을 허벅지에 대면서 상체를 앞으로 숙여주는 연습도 좋은 방법이 될 수 있다. 또 하나의 연습은 양손을 골반에 대고 손을 앞으로 돌려서 뒤로 누운 골반을 앞으로 세워주는 연습을 하는 것이다. 이러한 연습을 통해서 골반의 전경이 만들어지면서 아래로 내려갔던 엉덩이가 들리고, 세워졌던 상체가 앞으로 숙여지는 효과를 얻을 수 있다.

3. 정강이가 뒤로 떨어진 경우
⇨ 양손으로 무릎을 눌러주는 연습

정강이가 부츠 앞에서 떨어져서 엉덩이가 뒤로 빠지는 자세는, 주로 하이힐을 많이 신어서 발목을 펴는 '까치발'이 습관이 된 여성 스키어나, 힘이 약한 어린이가 너무 빠른 속도나 급한 경사에서 스킹을 할 때 쉽게 나타나는 나쁜 자세이다.

이 자세는 발목이 구부러지지 못하고 펴져 있어서, 정강이가 부츠 앞에 기대지 못하고 뒤로 떨어져서 정강이의 전경각이 무너진다. 또한 정강이가 뒤로 떨어지면서 엉덩이도 뒤로 빠지게 되어 엉거주춤한 후경자세가 되고 마는데, 이를 극복하기 위해서 상체만을 지나치게 앞으로 숙이면, 더욱 나쁜 자세가 만들어지는 악순환을 겪는다.

이러한 자세가 만들어지면, 스키어의 하중이 발바닥 전체가 아닌 발가락 쪽에만 집중되기 때문에, 스키에 파워와 컨트롤을 제대로 전달할 수 없게 된다. 또한 스키가 활주하는 것에 버팅기는 자세가 만들어지기 때문에, 스키에 끌려다니며 스키를 억지로 몸으로 돌리는 '몸턴'이 습관이 되어버려서, 이미 스키는 즐거움이 아니라 힘든 중노동이 되어버린다.

이를 극복하기 위해서는, 평상시에 발목 스트레칭을 많이 하고, 발목을 위로 들어올리는 연습을 해서, 기본적으로 발목의 유연성과 정강이 근육을 미리 키워놓아야 한다. 또한 양손을 무릎에 대고 눌러주면서 정강이를 앞으로 기울여주는 기본자세 연습을 해야 한다. 이때 발목도 함께 위로 들어주어야, 스키에서 필수적인 '발목의 긴장감'을 동시에 느낄 수 있는데, 이러한 발목의 긴장감은 향후 스키를 앞뒤로 움직여서 전후운동을 이끌어내는 중요한 키포인트가 된다.

4. 상체가 둥글게 구부러진 경우
⇨ 상체에 폴을 대어주는 연습

상체가 둥글게 말려서 척추가 곧게 펴지지 못하고 구부정하게 휘어진 자세는, 주로 연령이 높은 실버 스키어에게서 많이 보이는 나쁜 자세이다. 하지만 최근에는 스마트폰을 많이 사용하는 어린이나 생활습관과 운전습관이 좋지 않은 성인 스키어에게서도 많이 보이는 자세이다.

이 자세는 스키를 타면서 발생한 것이 아니라 일상생활의 습관이 원인이 되는 경우가 대부분인데, 평상시에 등을 굽힌 상태로 생활하는 실버들은 물론이고, 스마트폰을 많이 사용하면서 거북목 증상이 생겨버린 어린이, 의자를 뒤로 많이 빼고 공부하거나 운전해서 등이 굽고 골반이 뒤로 누운 청소년이나 일반인들이, 자신도 모르게 이러한 구부정한 자세로 스키를 타는 경우가 많다.

이러한 자세로 스키를 타게 되면, 기본적으로 등과 허리 쪽의 근육들이 불필요하게 긴장을 해서 통증이 발생할 확률이 크다. 그리고 인체의 기둥이라고 할 수 있는 척추가 구부러져, 카빙 등의 고속기술에서 필요한 큰 힘을 사용하기가 어렵게 된다. 또한 골반이 뒤로 누우면서 상체가 자꾸 뒤로 넘어가는 후경자세가 만들어져서, 자신도 모르게 상체를 더욱 앞으로 구부리는 악순환이 반복된다.

이를 극복하기 위해서는 기본자세를 잡을 때 폴을 등 뒤쪽에 대어주면서, 기본자세를 반복적으로 교정하는 것이 필요하다. 이때 머리와 등 그리고 골반이 폴에서 떨어지지 않고 동시에 붙어 있어야 한다. 또한 팔 자세를 잡을 때 지나치게 팔을 앞으로 내밀면, 어깨 쪽이 둥글게 말리면서 등이 구부러질 수도 있으므로, 양팔은 가볍게 가슴 앞에 머물 정도로 적당하게 내밀어 주는 것이 좋다.

이러한 구부정한 자세는 스키연습만으로는 충분히 고치기 어렵고, 근본적으로 생활습관을 바꿔야 완벽한 교정이 가능한데, 구부정한 자세는 다양한 질병과 통증의 원인이 되므로 건강한 생활을 위해서라도 꼭 고치는 것이 좋다. 결국 건강한 생활이 건강한 스킹을 만든다.

느끼고 조작하는 것이 필수이다. 이러한 발바닥과 발목사용의 첫걸음이 바로 '기본자세에서 발목과 발바닥을 제대로 셋팅'하는 것이다.

플러스 알파

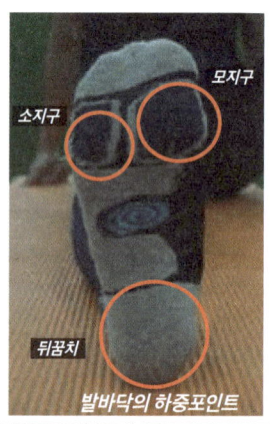

1. 발목 및 발바닥 감각

스키는 스키어의 근력을 이용해서 스키에 하중을 가하고 스키를 조종하는 스포츠이다. 이를 위해서는 스키어와 스키가 직접 맞닿는 컨택트 포인트(Contact Point/접점)와 스키어가 스키를 직접 움직이는 컨트롤 포인트(Control Point/조종점)를 파악해야 한다. 결론적으로 말하면, 스키어와 스키가 가장 직접적으로 맞닿는 접점은 바로 '발바닥'이고, 스키어가 스키를 가장 정확하게 움직일 수 있는 조종점은 바로 '발목'이다. 그러므로 이러한 발바닥과 발목의 감각을 정확하게 느끼고, 조작을 확실하게 하는 것이 스키를 잘 탈 수 있는 지름길이다.

이러한 발바닥과 발목은, 부츠 안에 숨겨져 있기 때문에 그 움직임을 제대로 파악하기 힘들고, 또한 부츠 안에 갇혀 있기 때문에 마음대로 움직이는 것도 쉽지 않다. 하지만 상급스키어가 되기 위해서는 스키를 정확하고 강력하게 컨트롤할 수 있어야 하고, 이를 위해서는 발목과 발바닥의 감각을 제대로

이러한 셋팅을 위해서는, 우선 기본자세를 잡았을 때 발바닥 전체가 부츠 바닥에 잘 닿도록, 다섯 발가락을 가볍게 위로 제쳐주는 것이 좋다. 만약 발가락을 아래로 오므리면 발앞꿈치 쪽이 들떠 버리는 것은 물론이고, 하중을 가할 때 발뒤꿈치 쪽에 큰 힘을 주는 것이 어려우므로 주의가 필요하다. 이렇게

해서 발바닥의 세 군데 하중 포인트인 '모지구(母指球/엄지발가락 아래 둥근부분)'와 '소지구(小指球/새끼발가락 아래 둥근부분)', 그리고 뒤꿈치가 부츠 바닥에 잘 밀착되어야 한다.

용하기가 어려워지고, 스키의 탑쪽에만 하중이 몰리게 되어서 테일의 안정성이 크게 떨어지는 원인이 된다. 반대로 발목이 펴지며 '까치발'이 되어 버리면, 정강이의 전경각이 무너져서 정확한 스키 조작이 힘들어지고, 엉덩이가 뒤로 빠지고 뒤꿈치가 들뜨게 되어 강력한 하중 전달이 어려워진다.

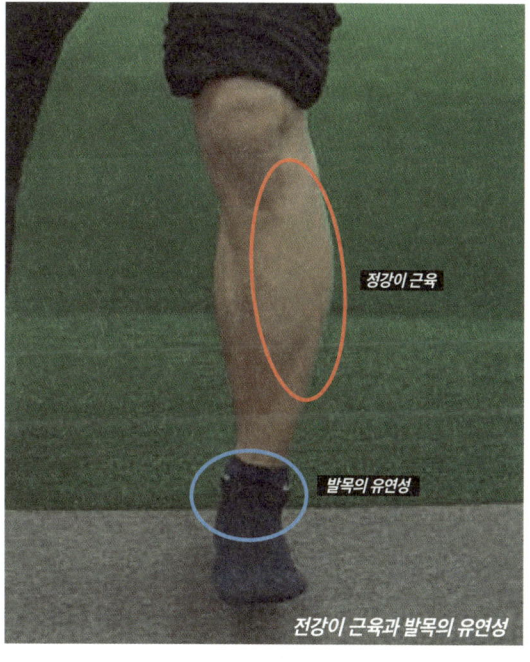

이 상태에서 정강이가 부츠 앞에 가볍게 기대어지도록 발목 관절을 살짝 구부려야 한다. 이때 뒤꿈치가 들뜰 정도로 과도하게 발목을 앞으로 굽히거나, 반대로 발목이 펴져서 정강이가 뒤로 넘어가지 않도록 주의해야 한다. 만약 지나치게 발목 관절이 앞으로 구부려지면, 발목을 섬세하고 정확하게 사

그러므로 부츠의 전경각에 맞도록 가볍게 발목 관절을 구부리고, 발바닥이 부츠 바닥에 골고루 닿을 수 있도록 발가락을 살짝 들어주며, 기본 자세에서 필요한 발바닥과 발목의 감각을 익힌다. 이때 필요한 것이 정강이의 근육(전경골근/ 前脛骨筋)과 발목의 유연성이다. 이를 위해서는 평상시에 정강이의 근육과 발목의 유연성을 미리 길러 놓아야, 기본 자세는 물론이고 앞으로 배울 기술들을 익히는 데 무리가 없다.

2. 높은 자세와 낮은 자세

스키는 다양하고 변화무쌍한 자연환경에서 즐기는 스포츠인 만큼, 상급자가 될수록 기술의 넓이와 깊이가 늘어나고, 깊어져야 한다. 그러므로 초보자 때 사용하는 기술과 이론을 상급자가 되었을 때도 그대로 사용하기보다는, 기술 수준과 스킹 환경이나 활주 목적에 따라서 적절하게 변화하고 응용하는 것이 필요하다.

그 변화와 응용의 첫걸음이 바로 기본 자세이다. 즉, 상급자가 되어서 활주 경사가 급해지고 활주 속도가 빨라지면 기본 자세를 적절하게 변화시키는 것이 보다 효과적이고 경제적이고 세련된 스킹을 위한 초석이라고 할 수 있다. 초보자 때는 보통 스키를 잘 돌려서 회전을 쉽게 시작하는 것이 스킹의 주된 목적이 되지만, 상급자가 되어서는 추가로 스키를 잘 되돌려서 다음 회전으로 원활하게 연결하는 것도 중요하게 된다.

그러므로 초보자 때는 우선 높은 자세를 취하는 것이 좋다. 높은 자세는 하체가 펴지고 상체가 서게 되므로 상대적으로 체력소모가 적고 근육의 피로가 덜해서, 아직 스킹을 위한 체력과 근력이 충분히 갖춰지지 않은 초보자가 편하고 쉽게 취할 수 있는 자세라고 할 수 있다. 또한 높은 자세에서는 신체중심과 머리 위치가 상대적으로 앞쪽에 위치하므로, 스키탑 쪽에 자연스럽게 많은 하중이 실려서 전경자세가 만들어진다.

이러한 전경자세에서는 스키의 탑이 무겁고 테일이 가벼워서, 회전 전반에 보다 쉽게 테일을 움직이며 회전을 시작할 수 있다. 그러므로 완사면이나 저속에서는 상대적으로 외력이 적어서 스키를 돌리기 어려워지는데, 이러한 상황에서 패러렐턴 등의 기본 기술을 구사할 때는, 높은 자세를 취하는 것이 회전을 원활하게 시작하고 스키를 잘 돌릴 수 있는 선택이다.

의 높은 자세를 잘 취하는 것이 중요하지만, 추가적으로 후경의 낮은 자세도 잘 활용할 수 있어야 한다. 특히 회전성이 높은 회전용 카빙스키를 신으면, 오히려 스키가 과도하게 회전해서 문제가 되는 경우도 있다. 이때는 후경의 낮은 자세를 적절하게 사용해서 스키의 과회전을 막고, 스키를 안정되게 컨트롤하는 응용기술도 필요하다.

3. 외향자세와 외경자세

반대로 상급자가 되면, 자연스럽게 활주하는 슬로프의 경사도 급해지고 활주 속도도 빨라진다. 이렇게 외력이 강한 조건에서는 스키가 비교적 쉽게 회전한다. 특히 카빙턴을 구사하면 스키의 휘어짐만으로도 회전을 할 수 있게 되므로, 이러한 상황에서는 중심의 위치를 낮게 유지하고 상, 하체를 적극적으로 움직일 수 있는 낮은 자세를 취하는 것이 좋다. 자세가 낮아지는 만큼 하체를 더 많이 사용하며, 보다 강한 하중을 스키에 실어줄 수 있고 또한 불필요한 외력을 흡수할 수도 있는 장점이 있다.

또한 낮은 자세에서는 신체 중심과 머리의 위치가 조금 뒤쪽에 위치하므로, 스키 테일 쪽에 자연스럽게 많은 하중이 실려서 후경자세가 만들어진다. 이러한 후경자세에서는 테일그립이 강해져서 스키가 안정되며 탑이 가벼워져서 추진력이 강해진다. 그러므로 회전의 후반부에 이렇게 낮은 자세를 잘 활용하면, 스키가 과도하게 밀리지 않고 리바운드가 살아나서, 다음 회전으로 보다 원활하고 샤프하게 연결할 수 있게 된다.

국내에서는 낮은 후경자세를 '잘못된 자세'라고 하며 금기시하는 경향이 있는데, 진정한 상급자가 되기 위해서는 전경

스키를 타다 보면 자세에 대한 용어들이 자주 등장하는데, 그중에서 대표적인 용어가 바로 외향자세와 외경자세 그리고 이 두 자세가 합쳐진 외향경자세이다. 이러한 외향자세와 외경자세는 스키기술의 기본이면서 핵심이 되는 자세이므로, 초보자 때부터 정확하게 개념을 알아두고 확실하게 연습을 해두는 것이 좋다.

외향자세(外向姿勢/Counter Position)는 신체의 방향이 스키의 방향보다 회전의 바깥쪽을 향한 자세를 말한다. 즉 신체의 방향과 스키의 방향이 어긋나서, 스키가 바라보고 있는 방향

보다 신체가 조금 더 바깥쪽으로 비틀어진 자세이다. 이렇게 외향자세가 만들어지면 어깨, 골반, 무릎, 발목 등이 평행을 이룬 상태에서 스키에 대하여 비스듬한 방향을 바라보게 된다.

외향자세의 가장 큰 목적은 바로 스키에 가해지는 힘의 방향을 조절하는 것이다. 즉 외향의 크기에 따라서 스키에 가해지는 힘의 방향이 바뀌는데, 이때 신체의 중심에 있는 골반의 방향을 조절하는 것이 중요하다. 골반은 신체의 무게중심이 있는 곳이고 상, 하체를 연결하는 역할을 하면서, 스키에 가해지는 힘의 방향을 직접 결정하게 되므로, 외향자세를 잡을 때는 특히 골반의 방향을 의식해야 한다.

만약, 외향이 커져서 상체와 스키의 방향이 어긋나게 되면 스키에 대해 비스듬한 방향으로 힘이 가해져서, 스키가 옆으로 많이 밀리면서 앞으로는 덜 미끄러지게 된다. 이 경우 스키의 감속요소가 커지고 가속요소가 작아져서 활주속도가 느려져, 스키의 회전성은 커지고 활주성은 작아지게 된다. 그러므로 스키딩 턴(Skidding Turn)과 같이 높은 컨트롤을 추구하는 회전에서 주로 필요한 자세라고 할 수 있다.

반대로 외향이 작아져서 상체와 스키의 방향이 비슷해지면 스키가 바라보는 방향대로 힘이 가해져서, 스키가 옆으로 덜 밀리면서 앞으로는 많이 미끄러진다. 이럴 경우 스키의 감속요소가 작아지고 가속요소가 커져서 활주속도가 빨라져, 스키의 회전성은 작아지고 활주성은 커진다. 그러므로 주로 카빙 턴(Carving Turn)과 같이 빠른 스피드를 추구하는 회전에서 필요한 자세라고 할 수 있다.

한편, 외경자세(外傾姿勢/Angulation)는 신체의 각도가 회전의 바깥쪽으로 기울어진 자세를 말한다. 즉 하체의 각도와 상체의 각도가 어긋나게 되어서, 하체가 기울어진 각도보다 상체가 조금 더 바깥쪽으로 꺾어진 자세를 말한다. 이렇게 외경자세가 만들어지면, 어깨, 골반, 무릎, 발목이 바깥쪽으로 기울어지며, 마치 '바나나'처럼 몸 전체가 휘어진다.

절들을 고르게 꺾어주며 외경자세를 만들어야 한다. 특히 발목, 무릎, 어깨를 꺾어주는 것에 맞춰서 골반도 함께 기울이는 것이 매우 중요하다. 골반은 무게중심이 위치한 곳이므로, 골반을 잘 기울여야 스키어의 힘이 원하는 곳에 쉽게 전달된다. 또한 골반은 상하체를 연결하는 역할을 하므로, 골반이 잘 기울어야 상하체의 꺾임이 잘 유지된다. 만약 골반이 무너지면 외경자세도 쉽게 무너져 버리므로 주의한다.

외경자세의 가장 큰 목적은 바로 스키에 가해지는 힘의 비율을 조절하는 것이다. 즉 외경의 크기에 따라서 안쪽발과 바깥쪽발에 가해지는 힘의 비율이 바뀌는데, 이때 신체의 각 관

이러한 외경자세는 활주 상황에 맞도록 적절하게 조절하는 것이 필요한데, 완사면이나 저속에서 얕은 회전을 구사할 때는 회전의 안정성을 추구해야 하므로, 이때는 외경자세를 크게 드는 것이 좋다. 이렇게 외경이 커져서 상하체가 많이 꺾이면, 바깥쪽발에 힘이 많이 가해지고 안쪽발에는 힘이 덜 가해진다. 따라서 바깥스키의 그립력이 높아지고 안쪽스키의 저항력이 줄어들어서 회전의 안정성이 높아진다. 하지만 상황에 맞지 않는 지나친 외경자세는 몸에 무리를 줄 수 있고, 부드러운 설질에서 과도하게 외경자세를 취하면, 바깥스키의 저항이 커져서 자칫 활주성이 떨어질 수 있다.

반대로 급사면이나 고속에서 깊은 회전을 구사할 때는, 원심력이나 중력 등의 외력이 커지므로, 스키어의 내력보다는 외력을 활용하여 회전을 만들고 유지하는 것이 효율적이라고 할 수 있다. 이때는 신체가 안쪽으로 기우는 내경(內傾/inclination/Banking)을 많이 사용하고, 외경은 덜 사용하는 것이 좋다. 이렇게 외력이 큰 상황에서 너무 외경을 크게 하면, 체력소모가 심하고 신체에도 무리가 가기 때문에, 비경제적이고 무리한 스킹이라고 할 수 있다. 이렇게 내경을 많이 사용하고 외경을 적게 사용하면, 원심력에 잘 버티면서 회전하고, 중력을 잘 이용해 낙하하면서도 신체에는 무리가 적은, 효율적인 회전이 가능하다.

하지만 신체의 내경이 과도하고 외경이 부족하면, 몸이 일자처럼 회전 안쪽으로 기울어버리거나 혹은 몸 자체가 안쪽으로 꺾여버린다. 이 경우 바깥쪽발에 가해지는 힘이 모자르게 되어서, 바깥스키의 그립력과 회전의 안정성이 떨어진다. 또한 안쪽발에 과도한 힘이 가해지고 안쪽스키의 저항력이 커져서, 자칫 밸런스를 잃거나 넘어질 수 있다.

이러한 외향자세와 외경자세는 활주 상황과 회전 목적에 따라서 적절한 비율로 조합되며 외향경자세가 만들어지는데, 이렇게 외향과 외경을 다양하게 섞어서 사용할 수 있는 것이, 바로 '스키기술의 깊이와 넓이'라고 할 수 있다. 또한 외향과 외경은 마치 바늘과 실처럼 함께 움직이며 '시너지 효과'를 발휘하므로, 초보자 때부터 정확하고 확실하게 개념을 알아두고, 연습을 반복하도록 하자.

BEGINNER SKI TECHNIQUE

Lesson 12

활주하기

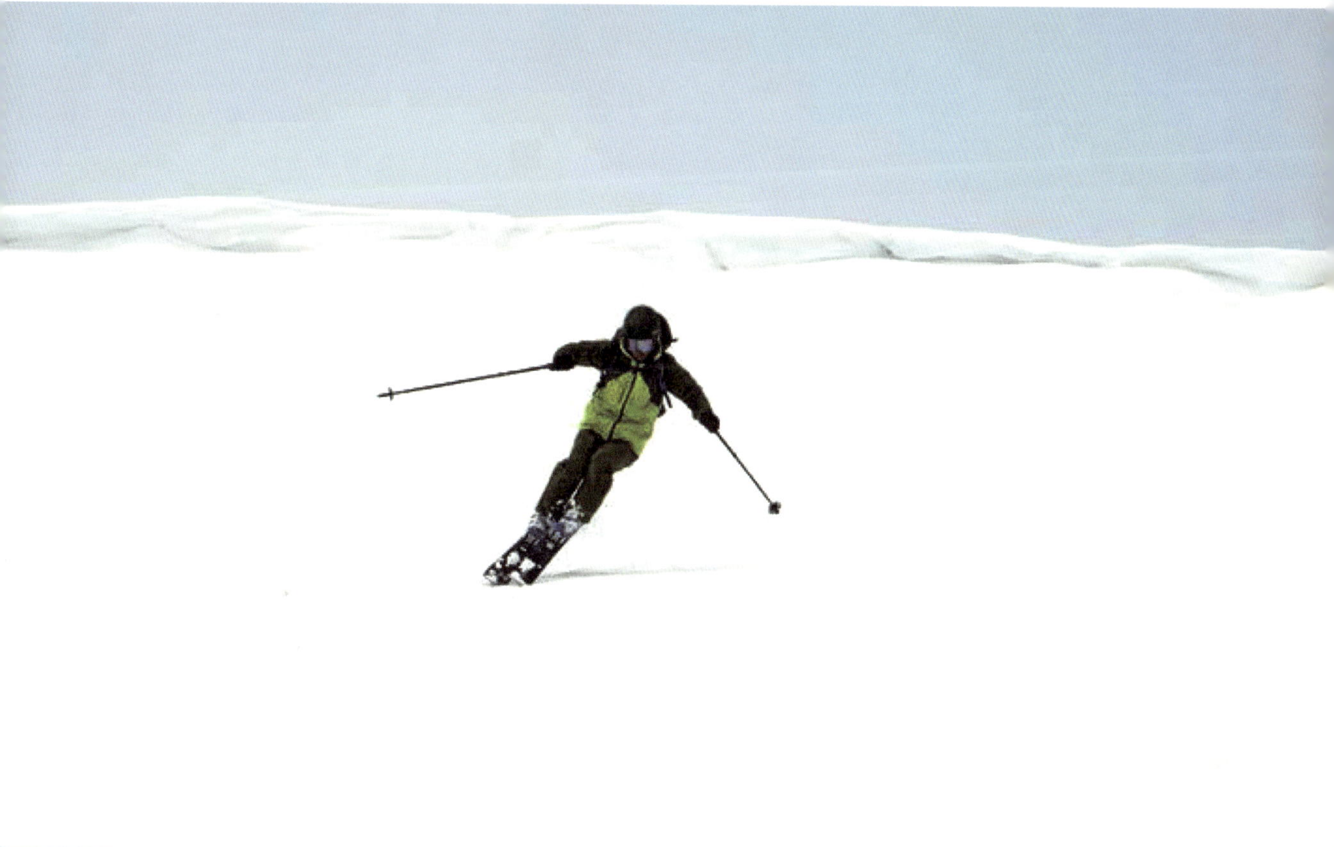

평지에서 기본자세를 확실하게 연습하였다면, 이제는 A자의 플루그 자세를 만들어서 경사면을 미끄러지며 활주를 시작할 차례이다. 경사면을 미끄러지는 것은 일상생활에서는 쉽게 체험할 수 없는 것이므로, 즐겁고 스릴 있는 경험일 수도 있지만, 반대로 두렵고 어색한 체험일 수도 있다.

이렇게 두려운 경험을 즐거운 것으로 바꾸기 위해서는, 활주를 시작하기 전에 미리 넘어졌다 일어나기, 기본자세 및 플루그 자세 등의 필수기술들을 제대로 익혀야 한다. 또한 처음부터 너무 급한 경사를 미끄러지면, 지나치게 속도가 붙어서 무섭기도 하고, 밸런스를 잡기가 어려워서 스키 위에 제대로 서기도 힘들며, 자칫 넘어지거나 부딪혀서 큰 부상의 위험이 있다.

그러므로 처음 활주를 시작할 때는 우선 완만하고 넓고 한산한 슬로프에서 활주를 시작해야 하며, 미리 평지에서 플루그 자세를 충분히 연습한 다음 활주를 해야 한다. 또한 지나치게 속도가 많이 붙거나 장애물이나 사람과 부딪힐 것 같으면, 과감하게 넘어져서 안전하게 멈추는 것이 현명한 방법이다. 이렇게 양스키를 A자로 만든 상태에서 미끄러지는 것을 전문용어로는 플루그화렌(Pflug Farhen)이라고 한다.

방법

경사가 완만하고 넓은 슬로프에서 플루그 스탠스를 만들고 서서히 활주를 시작한다. 플루그를 만들기 위해서는 양스키를 'A자'로 넓혀주는데, 스키의 탑은 주먹 하나 정도의 넓이로 벌리고, 테일은 어깨 넓이 두 배 정도로 충분히 넓혀 준다. 처음에는 플루그를 크게 만들어서 천천히 미끄러지고, 익숙해지면 플루그의 크기를 줄여서 활주속도를 빠르게도 해보고, 반대로 최대한 넓혀서 활주 속도를 아주 느리게도 하면서, 다양한 경사와 속도에서 활주 감각과 속도 감각을 익혀본다.

활주속도를 조절하기 위해서는 플루그의 크기에 맞춰서 스키의 엣지도 다양하게 세우기도 하고 풀어지기도 해야 하는데, 활주가 익숙해질수록 플루그의 크기 조절과 엣지의 각도 조절을 동시에 수행할 수 있어야 한다. 이때 중심의 위치도 함께 이동시켜 보는데, 플루그의 크기를 줄여서 빠르게 활주할 때는 중심을 조금 앞쪽으로 이동시키면, 보다 원활하게 활주할 수 있다. 반대로 크기를 넓혀서 느리게 활주할 때는 중심의 위치를 조금 뒤쪽으로 이동시키면, 보다 확실하게 속도를 줄일 수 있다.

플루그 자세로 활주를 시작하면 스키어가 가하는 하중에 의해서, 엣지가 설면을 파고들며 스키가 휘어지는 것이 느껴진다. 또한 엣지가 설면을 파고들면 설면에서의 저항도 느낄 수 있는데, 이렇게 설면에서 오는 저항은 스키에서 느낄 수 있는 대표적인 외력중 하나인데, 이러한 저항력은 향후 회전을 만들어내기 위한 중요한 외력 중 하나이다.

체크 포인트

어느 정도 활주 감각을 익혔다면 이제는 플루그 스탠스를 넓게도 해보고, 좁게도 하면서 다양한 활주 및 속도감각을 익혀본다. 만약 빠른 활주를 하고 싶다면, 플루그의 크기를 줄이고 스키의 엣지도 풀어주며 몸의 중심을 앞으로 이동시켜서 전경자세를 만들어주는 것이 좋다. 반대로 느린 활주를 하고 싶다면, 플루그의 크기를 넓히고 스키의 엣지도 함께 세워주면서 몸의 중심을 조금 뒤로 빼서 약간의 후경자세를 만들어야 제동이 잘 걸리린다.

1. 신체와 슬로프는 수직을 유지한다

스키에 익숙하지 않은 초보자나 겁이 많은 여성 스키어는 물론이고 스키에 익숙한 중, 상급 스키어의 경우에도, 슬로프의 경사에 대해서 신체를 수직으로 유지하는 것은 어려운 일이다. 스키는 경사를 미끄러지면서 끊임없이 균형을 유지하는 스포츠인데, 그 시작과 끝은 바로 슬로프와 신체를 수직으로 유지하는 것이다. 신체를 슬로프와 수직으로 유지하기 위해서는 우선 경사와 스피드에 대한 두려움을 이길 수 있어야 한다.

경사면에서 스키가 미끄러지기 시작하면 신체를 더욱 경사 아래쪽으로 기울이며, 스키를 적극적으로 이끈다는 의식을 가지고 활주해야 한다. 이때 상체만 지나치게 아래로 숙인다거나 혹은 무릎만 과도하게 앞으로 누르는 것이 아니라, '몸 전체를 경사 아래쪽으로 기댄다'는 느낌으로 활주 자세를 만들어주는 것이 좋다.

2. 양발에 같은 하중을 가한다

경사를 미끄러질 때, 슬로프에 대하여 수직으로 서는 것만큼 중요한 것이 바로 양발에 같은 하중을 가하는 것이다. 양발에 같은 하중을 가하는 것은 의외로 어려운 과제인데, 일상생활에서 척추나 골반이 비뚤어지거나 혹은 어깨나 다리가 틀어져 있다면 양발에 같은 하중을 가하는 것은 쉽지 않다.

그러므로 평상시에 바른 자세로 생활을 하는 것은 물론이고, 스키를 타기 전에 거울을 보면서 자신의 자세를 꼼꼼하게 확인하는 것이 필요하다. 만약 척추가 비뚤어져 있다면 자연스럽게 한쪽 발에 더 많은 하중이 가해지고, 골반이 돌아가 있다면 스키가 직진하지 못하고 자꾸 한쪽으로 비뚤어진다. 또한 발목이 틀어졌거나 무너져 있다면 양쪽 스키의 엣지 각도가 다르게 되어, 스키가 옆으로 밀리는 원인이 된다.

경사에서 미끄러질 때는, 상체를 똑바로 세워서 몸이 한쪽으로 기울거나 돌아가지 않도록 주의하고, 하체를 똑같이 기울여서 양발에서 느껴지는 하중감과 저항감이 같도록 다리의 각도를 맞추는 것이 중요하다. 만약 사면이 좌우로 수평이 맞지 않고 한쪽으로 비뚤어진 경우에는, 상체와 하체를 조절하여 양발에 같은 하중이 가해지고 스키가 똑바로 활주하도록 컨트롤하는 응용력이 필요하다.

3. 스키탑은 주먹 하나의 간격으로 유지한다

경사면에서 안전하게 미끄러지기 위해서는, 스키가 저항을 받으면서 속도가 조절되어 천천히 활주하는 것이 필요하다. 스키가 활주하며 저항을 받기 위해서는 양스키를 A자의 플루그 스탠스로 만들어야 하는데, 이때 스키의 테일을 넓혀주는 것만큼 중요한 것이, 바로 탑이 지나치게 벌어지거나 겹쳐지지 않도록 만드는 것이다.

플루그 스탠스에서 스키탑이 지나치게 벌어지게 되면, 결과적으로 스키가 넓은 11자의 패러렐 스탠스에 가까운 모양이 되어 버려서, 스키가 저항을 받지 못하고 빠른 속도로 폭주하게 된다. 반대로 스키탑이 너무 가까워서 겹치게 되면 컨트롤이 불가능하거나 혹은 양스키가 걸려서 넘어지는 자칫 위험한 상황이 벌어질 수 있으니 주의한다.

그러므로 탑의 간격은 주먹 하나 정도로 유지하고, 테일을 넓히거나 좁히며, 스키엣지를 세우거나 풀어주면서 활주 속도를 조절하는 것이 필요하다. 여기에 맞춰서 스키에 가하는 하중의 양도 조절해야 하는데, 활주 속도를 빠르게 하기 위해서는 하중을 조금 줄여주고, 반대로 활주를 느리게 하려면 큰 저항을 만들 수 있는 강한 하중이 필요하게 된다.

4. 허벅지를 안쪽으로 비틀어준다

플루그 스탠스로 경사면을 활주하면 설면에서 저항이 느껴지는데, 이 저항은 경사가 급하거나 속도가 빠르거나 혹은 플루그가 커지면 더 커진다. 이러한 저항에 버티면서 플루그를 유지하기 위해서는, 하체의 근력과 더불어 다리를 안쪽으로 충분히 비틀 수 있는 유연성이 필요하게 된다.

스키기술에서 하체를 비틀어서 스키를 돌려주는 조작을 피봇팅(Pivoting)이라고 하는데, 피봇팅은 마치 자동차의 핸들을 돌려주는 조작이라고 할 수 있으며, 스키의 회전을 만들어 내는 중요한 기술 요소 중 하나이다. 이러한 '피봇팅을 경사면에서 처음 시도하는 것'이 바로 플루그로 활주하는 것이다. 이것은 향후 스키기술에 있어서 중요한 열쇠를 쥐고 있으므로 확실하게 익혀주는 것이 좋다.

허벅지를 잘 비틀어주기 위해서는 기본적으로 고관절의 유연성이 필요하며, 더불어 발목과 무릎의 유연성도 좋아야만 피보팅과 동시에 스키의 엣지도 쉽게 세울 수 있다. 만약 활주할 때 지나친 전경자세나 과도한 후경자세가 되어버리면, 스키의 탑과 테일이 걸리거나 들떠서 원활한 피봇팅이 어렵기 때문에, 적절한 전후 밸런스를 유지하며 미끄러지는 것이 필요하다.

플러스 알파

1. 발바닥의 하중라인

플루그 자세부터는 스키의 엣지가 세워지고, 여기에 스키어의 하중과 조작이 가해지면서 엣지가 설면을 파고들며 저항이 발생한다. 이러한 일련의 움직임을 엣징(Edging)이라고 하는데, 이 엣징이야말로 스키를 조작하고 회전을 시작하는 원동력이 된다.

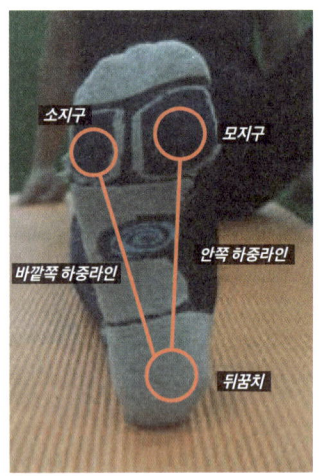

이렇게 엣징을 할 때는, 스키어가 가하는 파워와 컨트롤이 정확하게 스키까지 전달되어야 하는데, 이때부터는 발바닥의 하중 라인(Weighting Line)을 의식해야 한다. 하중 라인이란 '발바닥의 모지구/소지구부터 뒤꿈치까지 이어지는 가상의 선'으로서, 스키어의 하중과 조작이 가해지며 직접적으로 스키를 움직이는 곳이라 할 수 있다.

앞서 기본자세를 잡았을 때는 발바닥의 3군데의 하중 포인트(모지구, 소지구, 뒤꿈치)에 모두 하중이 실리도록 기본자세를 만들었다. 하지만 플루그로 활주를 시작하면, '발바닥 안쪽의 모지구부터 뒤꿈치까지의 하중라인'을 통해서 스키에 하중과 조작이 가해지므로, 이제부터는 하중라인에서 느껴지는 엣징감각과 활주감각을 느끼면서 미끄러지는 것에 익숙해져야 한다.

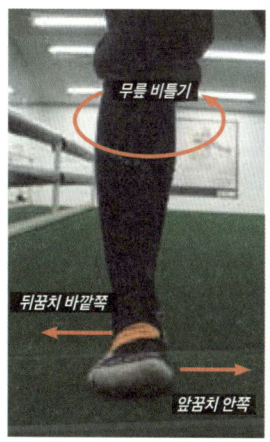

이러한 하중라인에 제대로 파워와 컨트롤이 전달되기 위해서는, 하체 전체가 안쪽으로 비틀리고 하체 관절이 안쪽으로 꺾여야 하고, 특히 부츠에서 가장 가까운 발앞꿈치가 안쪽으로 비틀리고 발목이 안쪽으로 꺾이는 것이 중요한데, 이를 통해서 양스키가 안쪽으로 비틀어지며 플루그가 만들어지고, 양스키가 안쪽으로 기울어지며 엣지가 세워진다. 이렇게 하체 전체가 제대로 움직이기 위해서는 하체의 근력과 유연성이 꼭 필요하므로, 비시즌에 미리 신체를 단련해 놓아야 겨울 시즌에 비약적인 기술 향상이 가능하다.

2. 하체의 긴장감

양스키를 플루그로 유지하며 원활하게 미끄러지기 위해서는 하체의 긴장감이 필요하다. 하체의 긴장감이란 고관절, 무릎, 발목이 안쪽으로 가볍게 꺾여서, 하체의 안쪽 근육이 살짝 긴장한 상태를 말하는 것이다. 이렇게 하체의 긴장감이 있어야, 스키어가 가하는 하중이 발바닥 안쪽의 하중 라인을 거쳐서, 스키의 안쪽 엣지까지 정확하게 전달될 수 있다.

플루그에서 적절한 하체의 긴장감이 유지되기 위해서는, 하체관절들의 비틀어짐과 하체의 꺾임이 조화를 이루어야 한다. 특히 어느 하나의 관절만이 지나치게 비틀어지거나 혹은 꺾이는 것이 아니라, 모든 관절들이 고르게 비틀리고 꺾이는 것이 좋다. 특히 '무릎과 발목의 방향과 각도'가 일치해야 조화로운 긴장이 가능하므로, 무릎이 바라보는 방향과 기울어진 각도가 발목의 방향과 각도와 비슷해야 한다. 이렇게 하체의 긴장감이 조화를 이루게 되면, 스키의 그립력과 활주력이 조화를 이루며 미끄러질 수 있다.

만약, 하체의 긴장감이 과도해서, 발목에 비해서 무릎만이 지나치게 비틀리고 꺾이게 되면 , 다리가 X자 모양이 되어서 무릎의 방향과 각도가 발목에 비해서 과도하게 안쪽으로 향하게 된다. 이 경우 지나치게 엣지만이 세워지고 스키의 회전성이 떨어질 수 있다.

반대로 하체의 긴장감이 부족해서, 발목에 비해서 무릎의 비틀림과 꺾임이 부족하게 되면, 다리가 O자 모양이 되어서 무릎의 방향과 각도가 발목에 비해서 지나치게 바깥으로 향하게 된다, 이 경우에는 엣지가 제대로 세워지지 못해서 스키의 그립력이 저하될 수 있다.

하지만 카빙턴처럼 엣지 그립이 많이 필요한 경우에는, 하체 관절을 충분히 긴장시켜서, 엣지를 많이 세우며 그립력을 극대화하는 경우도 있다. 반대로 스키딩턴처럼 활주력이 많이 필요한 경우는, 하체 관절의 긴장을 줄여서, 엣지를 많이 풀고 활주력을 극대화하는 경우도 있으므로, 스키기술이 향상될수록 다양한 응용과 변화가 필요하다. 이러한 응용과 변화가 바로 '스키기술의 깊이와 넓이'라고 할 수 있다.

3. 경사면에서 출발하기

초보자가 경사면에서 능숙하게 출발하는 것은 의외로 쉽지 않은 일이다. 하지만 스키를 타다 보면, 언제나 경사면에 섰다가 출발하는 상황이 생기므로, 초보자 때부터 제대로 된 방법을 배우고 익혀서, 안전하고 즐거운 스킹을 하도록 하자. 특히 경사면에서 출발할 때는 반드시 위쪽에서 활주해서 내려오는 다른 스키어나 스노보더를 확인하고 출발해야 한다. 이러한 확인 없이 출발하면, 갑자기 다른 사람의 활주라인을 본인이 침범하게 되므로 충돌사고 시 본인의 과실이 크고, 단독사고에 비해서 치명적이고 큰 부상을 당할 위험이 있다. 경사에서 출발할 때는 다음과 같은 순서를 지키는 것이 필요하다.

01 경사에 대해서 옆으로 선다.

02 양폴을 아래쪽에 찍어서, 손바닥과 양팔로 단단하게 지지하고 버텨서, 스키가 갑자기 미끄러지지 않도록 준비한다.

03 ~ 05 양스키를 플루그로 크게 넓혀준 상태에서 조금씩 움직여서 아래쪽으로 향하게 만든다. 이때 플루그가 작아지면 갑자기 스키가 미끄러져 내려갈 수 있으니 주의한다.

06 위쪽에서 활주하는 다른 스키어나 스노보더를 확인하고 출발한다.

니세코, 이제는 보이는 것 그 이상의 것을 만나보세요.
전문 스키강사/정식 백컨트리 가이드를 통해 니세코 구석구석을 즐기세요.
스키 강습, 백컨트리 가이딩 그리고 니세코만의 특별한 에프레 스키까지!
니세코의 겉만 보고 가지 마세요. 로컬처럼 진짜 니세코를 즐기세요.

www.trueniseko.com
trueniseko@gmail.com
www.facebook.com/trueniseko

BEGINNER SKI TECHNIQUE

Lesson 13

활주하다가 멈추기

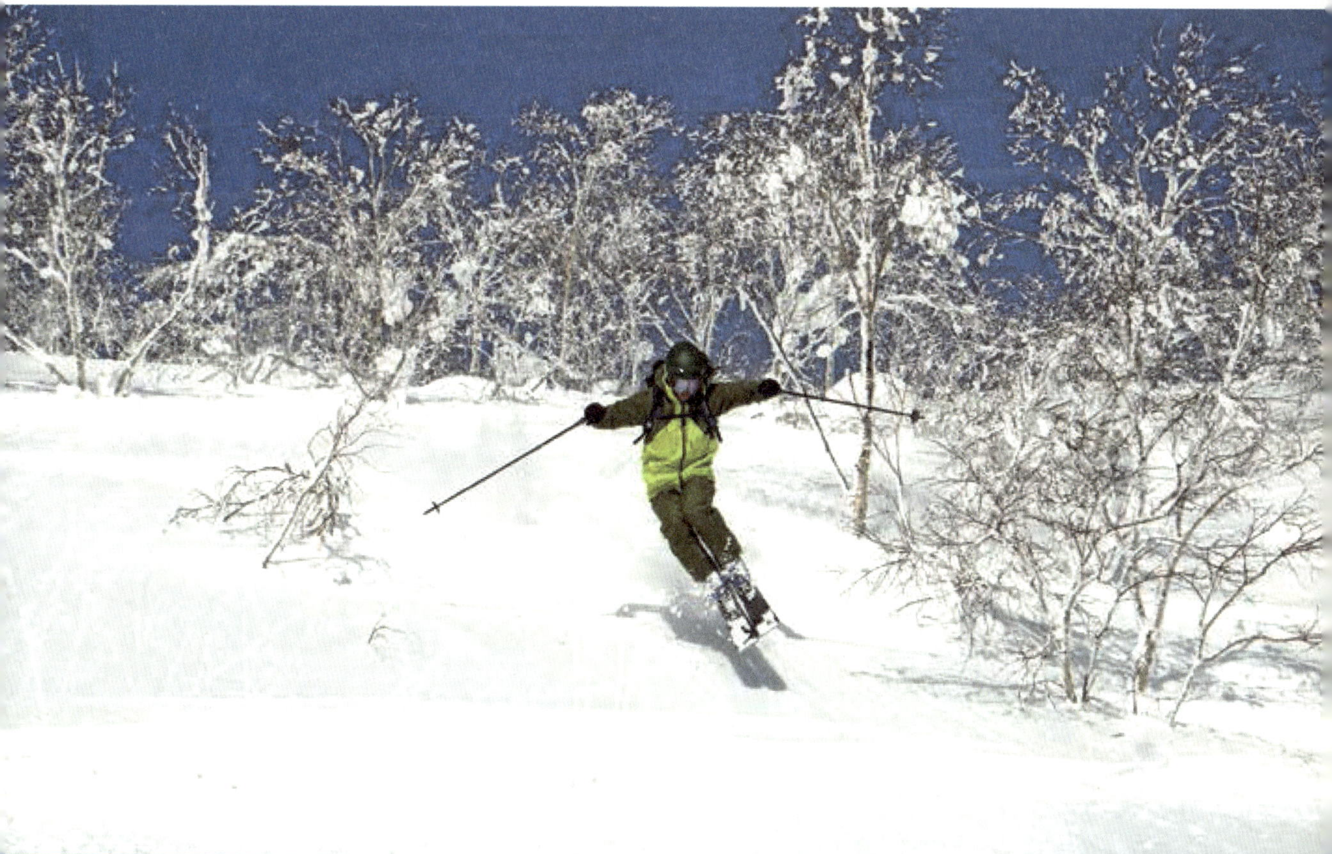

경사를 미끄러지는 것에 익숙해졌다면, 이제는 경사를 미끄러지다가 멈추는 것을 익힐 차례이다. 멈추는 방법에는 여러 가지가 있지만, 가장 기본적인 방법은 패러렐 스탠스에서 플루그 스탠스로 양스키의 테일을 넓히면서 'A'자를 크게 만드는 것이다. 이렇게 A자를 크게 만들면 설면에서 받는 저항이 커져서 자연스럽게 정지할 수 있다.

이렇게 양스키의 테일을 밀어내는 가장 기본적인 목적은 바로 활주하다가 멈추는 것이다. 또한 '몸 밑에 위치했던 양스키를 몸 밖으로 밀어내면서 스키를 돌리는 기본적인 회전 메카니즘'을 익히는 첫걸음으로서의 의미도 크다고 하겠다. 이처럼 양스키의 테일을 밀면서 A자를 만들어주는 것을 전문용어로는 테일 슬라이드 플루그화렌(Tail Slide Pflug Fahren)이라고 한다.

양스키를 A자로 넓혀줄 때는 플루그의 크기와 엣지의 각도를 조절하는데, 여기에 맞춰서 신체 중심을 앞뒤로 이동시키는 것이 빠르고 확실하게 멈출 수 있는 요령이다. 즉 양스키가 패러렐로 모아진 상태에서는 약간의 전경자세를 취해서 저항을 줄이고, 플루그로 스키를 넓힐 때에서는 적당하게 후경자세를 만들어서 테일 쪽의 저항을 늘려주어야 제동이 잘 걸린다. 이렇게 양스키를 넓히면서 전후운동을 하는 것은, 향후 '샤프하고 둥근 턴을 그리는 밑거름'이 되므로 잘 익혀두어야 한다.

또한 양스키를 넓힐 때는 적극적으로 상하운동을 하며 하중을 가하게 된다. 즉 패러렐에서는 상체를 위로 들어주며 높은 자세(Up/업)를 유지하였다가, 플루그로 스키를 넓힐 때는 하체를 굽혀주면서 낮은 자세(Down/다운)를 만들어주면서 하중을 가한다. 또한 패러렐에서는 편안하고 릴렉스한 상태를 유지하다가, 플루그로 만들면서 하체를 긴장시켜야 강한 설면 저항에도 잘 버틸 수 있다.

방법

경사가 완만하고 넓은 슬로프에서 패러렐 스탠스로 서서히 활주를 시작한다. 이때 온몸의 힘 뺀 편안한 상태에서, 양 발의 간격은 허리 넓이 정도로 유지하며 높은 자세를 만들어 준다. 속도가 붙기 시작하면 하체를 구부리며 하중을 가하고, 양 발의 뒤꿈치를 바깥쪽으로 밀어내어 플루그를 만들며 제동을 시작한다.

이를 위해서는 양다리를 안쪽으로 비틀어주며 테일을 넓혀주어야 하는데, 이때 탑은 주먹 하나 정도의 간격을 유지하는 것이 좋다. 또한 양스키에 하중을 가하는 것에 맞춰서, 발앞꿈치에 있던 하중을 적극적으로 발뒤꿈치 쪽으로 이동시키며, 약간의 후경자세를 만들어줘야 보다 강력한 제동이 걸린다.

이렇게 활주하다가 멈출 때에는 높은 자세와 낮은 자세가 각각 나오는데, 항상 상체와 정강이의 각도가 일정하게 유지되는 것이 중요하다. 이렇게 상체와 정강이 각도가 유지되어야 정확한 파워와 컨트롤을 스키에 전달할 수 있고, 하중의 포인트도 자연스럽게 전후로 이동하며, 보다 강력하고 확실한 제동이 가능하다.

또한 양스키를 밀어낼 때는 발목, 무릎, 고관절을 안쪽으로 꺾어주며 '하체의 긴장감'을 유지해야 하는데, 이때 힘을 가하고 다리를 비틀고 엣지를 세워주는 것이 동시에 이루어져야 한다. 이러한 세 가지를 '회전의 3요소'라고 할 수 있는데, 이 회전의 3요소를 잘 조합해서 사용하면, 다양한 상황에서 폭넓은 회전을 만들어 낼 수 있다.

체크 포인트

1. 패러렐에서는 높은 전경자세를 만든다

높은 전경자세

스키가 활주하다가 정지하기 위해서는 일단 원활하게 스키를 움직이는 것이 첫 단계이다. 이를 위해서는 양다리를 모아서 스키를 패러렐로 했을 때, 높은 자세를 만들며 중심이 앞쪽에 있는 전경자세를 만드는 것이 중요하다. 이렇게 높은 자세를 만들어주어야 스키에 하중을 가하기 쉬운 준비자세가 갖춰진다.

또한 스키어의 중심이 앞쪽에 있는 전경자세를 만들어야 하는데, 이렇게 전경자세를 만들어야 스키의 탑 쪽이 무거워져서 설면을 잘 파고들며 스키를 확실하게 움직일 수 있게 되고, 스키의 테일 쪽이 가벼워져야 잘 움직여서 양스키를 플루그로 넓혀주기가 쉽다.

이렇게 높은 전경자세를 만들 때는 온몸의 힘을 빼서 릴렉스한 상태가 되어야, 원활하게 양스키를 넓히며 하중을 가하기 쉽다. 전경자세를 취할 때는 지나치게 몸을 앞으로 숙이는 것이 아니라, 발앞꿈치에 하중이 오도록 과도하지 않는 전경자세를 만들어줘야, 양스키를 넓히면서 강한 제동을 하기가 수월하다.

2. 플루그에서는 낮은 후경자세를 만든다

낮은 후경자세

스키가 활주하다가 정지하기 위해서는 많은 저항이 만들어지며 강한 제동이 걸려야 한다. 이를 위해서는 우선 다리를 굽히고 자세를 낮추면서 많은 압력이 스키에 가해져야 한다. 스키기술에서 높은 자세와 낮은 자세를 오가며 스키에 압력을 가하거나 빼는 것이, 스키의 필수적인 동작인 상하운동이고, 이를 흔히 '업다운(Up Down)'이라고 한다.

정지 시 강한 제동이 걸리기 위해서는 스키의 테일 쪽에 많은 압력이 가해져야 하는데, 이를 위해서는 약간의 후경자세를 만들어주어야 보다 쉽게 멈출 수 있다. 이렇게 약간의 후경자세를 만들 때는 발뒤꿈치 쪽을 강하게 누르는 감각이 필요하고, 정강이의 전경각은 유지되는 것이 중요하다. 특히 정강이가 뒤로 넘어가지 않도록 '정강이의 전경각 유지'에 신경 써야 한다.

이렇게 높은 전경자세에서 낮은 후경자세로 이동하며 하중이 가해지면, 결과적으로 하중포인트가 발앞꿈치에서 발뒤꿈치 쪽으로 이동하는 것이 느껴진다. 이러한 전후운동의 감각이 앞으로 익힐 중상급 기술에서 '스키를 부드럽고 정확하게 회전시킬 수 있는 열쇠'가 되므로 잘 익혀주도록 한다.

이렇게 플랫한 자세를 만들기 위해서는, 양스키가 정확하게 패러렐로 만들어져야 하고, 동시에 설면에 평평하게 놓여야 한다. 양스키를 패러렐로 유지하는 것은 외관상 확실하게 보이므로 큰 어려움 없이 확인이 가능하지만, 양스키를 설면에 플랫하게 셋팅하는 것은 의외로 어려운 조작이다. 정확한 플랫 자세를 만들기 위해서는 양 무릎을 벌려서 약간의 'O 다리'를 만들어주고, 동시에 새끼발가락과 엄지발가락이 설면에 닿아있는 느낌이 들어야 한다.

만약, 하체가 'X 다리'가 되어버리면 과도하게 안쪽 엣지가 서서 스키를 넓히기 어려워지므로 주의가 필요하다.

3. 패러렐에서는 플랫한 자세를 만든다

스키가 경사면에서 미끄러지다가 멈추기 위해서는 우선 스키가 잘 미끄러지는 활주 자세가 만들어져야 한다. 스키가 원활하게 미끄러지기 위해서는 저항을 적게 받는 활주 자세가 만들어져야 하는데, 이를 위해서는 불필요하게 엣지가 세워지지 않고, 스키가 설면에 평평하게 맞닿아 있는 플랫(Flat)한 자세가 만들어져야 한다.

4. 플루그에서는 꺾인 자세를 만든다

경사면에서 스키가 미끄러지다가 멈추기 위해서는 강하게 저항이 걸리는 제동 자세를 만들어야 한다. 이를 위해서는 강한 압력과 큰 플루그 스탠스와 많은 엣지 각도가 동시에 필요하다. 이렇게 엣지를 많이 세우기 위해서는 하체의 발목과 무릎과 고관절이 안쪽으로 구부러지며 엣지를 세우는 '꺾인

(Angulated) 자세'가 만들어져야 한다. 이렇게 꺾인 자세에서는 마치 신체가 바나나처럼 구부러지게 되는데, 이렇게 신체가 바깥쪽으로 꺾인 자세를 외경자세(Angulation)라고 한다.

제동을 위한 꺾인 자세가 만들어지면, 하체 안쪽에 긴장감이 생기면서 보다 단단하고 강하게 엣지를 걸어줄 수 있다. 이를 위해서는 발바닥과 발목의 감각이 특히 중요한데, 제동을 걸어줄 때 발목을 안쪽으로 꺾어주며 발바닥 안쪽의 하중 라인에 하중이 집중되도록 해야, 보다 빠르고 쉽게 멈추는 것이 가능하다.

이렇게 플루그에서 꺾인 자세를 유지하기 위해서는, 저항에 버틸 수 있는 근력과 더불어 하체의 유연성이 필수이다. 특히 고관절과 무릎, 발목을 유연하게 사용할 수 있어야, 보다 정확하고 강력한 엣징이 가능하며, 불필요한 체력 소모가 줄어서 더욱 경제적인 스킹을 할 수 있다.

양스키를 패러렐에서 플루그로 만들며 효과적으로 제동을 걸기 위해서는, 스키어가 가하는 강한 하중이 스키의 안쪽 엣지에 정확하게 전달되어야 한다. 이렇게 강한 하중이 스키에 가해지면 설면에서의 큰 저항이 느껴지는데, 이 저항에 잘 버틸 수 있는 자세를 유지하는 것도 중요한 포인트이다.

스키어의 하중이 정확하게 안쪽 엣지에 가해지기 위해서는, 상하운동을 할 때 상체와 정강이의 각도가 평행하게 유지되는 것이 중요하다. 만약 정강이에 비해서 상체를 지나치게 앞으로 숙이면, 스키에 강한 하중을 가할 수 없는 자세가 만들어져 버린다. 반대로 상체에 비해서 정강이만 지나치게 앞으로 꺾으면, 상하운동이 원활하게 이루어지기 힘들고 하중이 탑에만 가해지며 테일이 가벼워져서, 효과적인 제동이 어렵게 된다.

또한 하중을 가할 때 발목이 까치발이 되면서 정강이가 뒤로 넘어가버리면, 발뒤꿈치가 아닌 발앞꿈치로 설면저항에 버티는 자세가 만들어져 버린다. 이 결과 '엉덩이가 뒤로 빠지는 어정쩡한 자세'가 만들어져서 강한 저항에 버티기 어렵게 되므로 주의가 필요하다.

5. 상체와 정강이 각도를 평행하게 유지한다

6. 하중의 전후이동을 의식한다

활주하는 스키를 멈추기 위해서는 제동이 필요하고, 이러한 제동을 만들기 위해서는 하중이 필요하다. 스키에 하중을 가하는 방법은 여러 가지가 있는데, 가장 많이 사용하는 방법은 단연 상하운동을 이용한 업다운이라고 할 수 있다. 이러한 상하운동은 전후운동과 매칭되었을 때 비로소 큰 효과를 발휘하는데, 상급자가 되기 위해서는 전후운동을 익히는 것이 필수라고 할 수 있다.

이러한 전후운동은 발바닥 내에서 미묘하게 일어나는 것인데, 지나치게 크게 하면 오히려 역효과가 일어나므로 주의가 필요하다. 즉, 업에서 높은 자세가 되었을 때는 발앞꿈치 쪽에 가벼운 하중이 셋팅되도록 적당한 전경을 만들어야 한다. 만약 전경이 부족하면 스키를 넓히거나 회전시키기 어렵게 되고, 반대로 전경이 지나치면 균형을 잃기 쉽고, 스키가 지나치게 밀려서 안정성과 조종성이 떨어진다.

반대로 다운에서 낮은 자세가 되었을 때는 발뒤꿈치 쪽에 강한 하중이 가해지도록 적절한 후경이 만들어져야 한다. 만약 후경이 부족하면 강한 제동이 걸리지 않아서 스키가 지나치게 밀리게 되고, 반대로 후경이 지나치면 체력소모가 심해지며 테일을 넓히기 힘들고 회전을 연결하기도 어려워진다.

그러므로 업을 했을 때는 약간의 전경, 다운을 했을 때는 조금의 후경을 만들어주는 것이 좋다. 이러한 '전후이동의 양이나 비율'은 목적이나 상황에 따라서 다양하게 달라지므로, 상급자가 될수록 '다양한 비율과 크기로 상하운동과 전후운동을 매칭'시킬 수 있어야 한다.

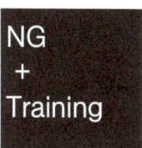

NG + Training

1. 스키탑이 벌어지는 경우 ⇨ 테일 점프 연습

　스키를 플루그로 넓히면서 정지할 때 가장 흔하게 일어나는 실수는, 바로 스키의 탑과 테일이 함께 벌어지는 것이다. 이렇게 탑과 테일이 함께 벌어지면 설면에서 받는 저항이 줄어들어서, 스키가 멈추지 않고 오히려 폭주할 수 있으니 주의가 필요하다.

　이렇게 탑이 벌어지는 이유는 여러가지가 있지만, 우선 고관절의 유연성이 떨어지는 경우를 들 수 있는데, 이는 꾸준한 스트레칭으로 개선할 수 있다. 다른 이유는 아직 스키를 넓히면서 다리를 함께 비틀어주는 조작이 익숙하지 않은 경우인데, 이를 고치기 위해 평지에서 미리 하체를 비틀어주는 피봇팅을 꾸준하게 연습하면 좋아진다. 또 다른 이유로 몸이 뒤로 빠지면서 지나치게 후경자세가 만들어진 경우에도, 스키탑에 하중이 잘 전달되지 않아서 탑과 테일이 동시에 벌어질 수 있다.

　이를 개선하기 위해서는, 일단 스트레칭과 사전연습을 미리 충분하게 반복하여야 하고, 활주를 하면서는 양스키의 테일로 점프하면서 플루그를 넓히는 연습이 효과적이다. 이렇게 테일 점프를 하면 상체가 앞으로 기울어지며 자연스럽게 전경자세가 만들어져, 스키의 탑이 설면을 파고들면서 쉽게 벌어지지 않는다. 또한 테일이 가벼워지기 때문에 상대적으로 테일을 넓히기 쉬워져서, 큰 설면 저항을 만들며 멈추기 쉽다.

　테일점프를 연습할 때는, 처음에는 점프를 크게 하면서 다소 과장되게 연습을 실시하다가, 플루그 자세가 익숙해지면 점프를 작게 하면서 테일을 넓히는 연습을 하고, 최종적으로는 점프 없이 테일만을 넓힐 수 있어야 한다.

2. 까치발이 되는 경우 ⇨ 발목을 들어올리는 연습

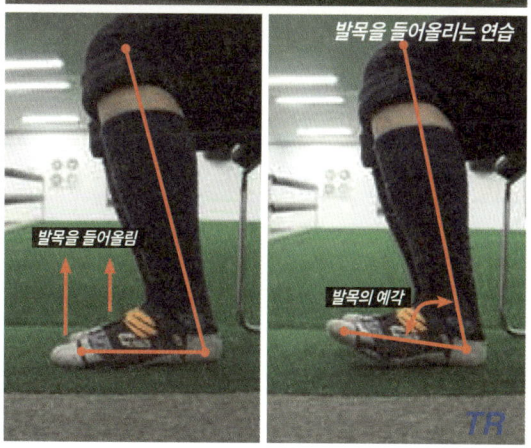

스키가 활주하다가 멈추는 단계부터는, 스키에 적극적으로 하중을 가하고 설면저항에 버틸 수 있는 '강인한 자세'를 만드는 것이 필요하다. 이러한 자세에서 흔하게 발생하는 오류가 바로 '까치발'이 되는 것이다. 하중을 가하는 자세에서 까치발이 되어 버리면, 발앞꿈치 쪽에 하중이 가해지면서 큰 힘에 버티기 어려워지고, 또한 정강이가 뒤로 넘어가면서 스키의 테일이 설면에 걸려, 스키를 움직이기 어려워진다.

이러한 까치발 현상은, 평상시 하이힐을 자주 신어서 까치발이 습관이 된 여성 스키어나, 발목의 유연성이 안 좋은 실버 스키어나, 혹은 어린이들이 지나치게 급한 경사나 빠른 속도에서 스킹을 할 때 방어적으로 나올 수 있다. 이를 고치기 위해서는 평상시에 발목의 유연성을 늘리는 스트레칭과 더불어, 발목을 위로 당겨서 정강이 앞쪽 근육(전경골근)을 단련하는 훈련이 필요하다.

이처럼 까치발을 고치는 훈련은, 의자에 앉아서 정강이의 전경각을 유지한 상태에서, 발목을 최대한 들어 올리며 뒤꿈치를 눌러주는 연습을 반복하는 것이 효과적이다. 처음에는 발목의 가동범위도 적고, 발목이 쉽게 움직이지도 않고, 발가락만 들리기도 하며, 정강이가 뒤로 넘어가며 후경이 되기도 한다. 하지만 꾸준한 연습을 통해서 발목의 가동범위와 정강이 근육을 늘릴 수 있다. 이것이 가능해지면 발목을 들어 올리면서 동시에 옆으로 비틀고 꺾어주는 필수적인 발목 조작을 추가로 연습할 수 있다.

플러스 알파

1. 회전 메카니즘의 첫걸음

양스키를 패러렐로 출발해서 플루그로 만드는 것의 첫 번째 목적은 바로 '활주하다가 멈추는 것'이다. 그렇게 활주하다가 멈추는 것은 초보자가 처음 배워야 할 가장 기본기술이고, 중상급자가 되어서도 자주 사용하는 필수기술이라고 할 수 있다.

하지만 이 단순하고 쉬운 기술이야말로 스키의 회전 메카니즘(Mechanism)이 숨어있는 '회전의 첫걸음'이라고 할 수 있다. 그러므로 초보자가 양스키를 넓히는 것만으로도, 회전을 위한 기본기술을 미리 터득하는 예습 효과가 있다. 그리고 상급자가 되어서도 스키를 누르고 넓히는 것을 다양하게 조합하며, 회전기술을 다시 재확인할 수 있는 것이 바로 '활주하다가 멈추기'이다.

스키가 활주하다가 멈추기 위해서는 우선 설면 저항이 필요하다. 이 저항은 '스키어가 가하는 하중'과 '스키를 돌려주고 엣지를 세워주는 조작'을 통해서, 스키의 엣지가 설면을 파고 들면서 비로소 생긴다. 이 세 가지 요소가 회전을 만들어내는 '회전의 3요소'라고 할 수 있다. 이 세 가지 요소가 처음으로 동시에 수행되며, 회전의 메카니즘이 나타나는 것이 바로 '활주하다가 멈추기'이다.

활주하다가 멈추기 위해서는 우선 기본자세로 활주를 시작한다. 이렇게 기본자세로 활주할 때는 양스키가 몸 아래쪽에 위치하는데, 이것은 패러렐턴의 전환구간에서 나타나는 '중립자세'와 같은 개념이라고 할 수 있다. 이때는 몸이 좌우 방향의 가운데에 놓이고, 신체에 힘이 들어가지 않아서 릴렉스해지며, 또한 스키의 엣지가 세워지지 않은 플랫한 상태가 된다.

이렇게 활주하다가 멈추기 위해서는, 우선 자연스럽게 상체의 위치가 낮아지면서 양스키에 하중이 가해져야 한다. 이때 가볍게 다리를 굽히고 중심위치를 낮추면서 발바닥의 안쪽 하중 라인에 힘이 가해지는데, 이것이 바로 '회전에 필요한 하중을 스키에 가하는 첫경험'이라고 할 수 있다.

이때 활주 경사나 속도에 따라서 하중의 양을 조절해야 하는데, 빠른 속도와 급한 경사에서 강하게 멈추기 위해서는 큰 하중이 필요하고, 반대로 느린 속도와 완만한 경사에서 천천히 멈추기 위해서는 작은 하중이 요구된다. 이렇게 제동하면서 하중의 강약을 조절하는 것은, 회전하면서 슬로프 경사나 활주 속도, 회전 목적 등에 따라서 하중의 강약을 조절하는 것과 일맥상통한다.

그리고 제동 자세에서는 양스키가 몸 바깥쪽으로 밀려나는데, 이것은 패러렐턴의 회전자세와 같은 개념이라고 할 수 있다. 이때는 몸이 긴장한 상태로 회전의 안쪽에 놓이고, 또한 양스키의 방향이 비틀려서 신체와 스키방향이 엇갈리며 '외향자세'가 나타나고, 엣지가 세워지면서 상하체가 꺾이며 '외경자세'가 만들어진다.

이렇게 스키를 돌려주고 엣지를 세워주는 것도 다양하게 조합되며 수행되는데, 강한 제동을 위해서는 스키를 많이 벌려주고 엣지도 크게 세워야 하고, 반대로 약한 제동을 위해서는 스키를 조금 벌려주고 엣지도 작게 세워야 한다. 또한 스키를 덜 벌리면서도 강한 제동을 위해서는 보다 엣지를 많이 세워야 하고, 엣지를 작게 세우면서도 큰 제동을 하기 위해서는 스키를 많이 벌려야 한다. 반대로 스키를 많이 벌린 상태에서 약한 제동을 위해서는 엣지를 많이 풀어야 하며, 엣지를 크게 세운 상태에서 약한 제동을 위해서는 스키를 적게 벌려야 한다.

이렇게 다양한 스키 조작에 추가적으로 하중의 강약을 섞어주면 보다 여러 가지 제동방법이 가능한데, 이것을 회전에 적용하면 마찬가지로 다양한 회전 방법을 구사할 수 있다. 이것이 바로 '스키기술의 깊이와 넓이'라고 할 수 있으므로, 상급자가 되어서도 스키의 기본 원리를 제대로 파악하기 위해서는, 활주하다가 멈추는 '단순한 기술' 속에서 '심오한 원리'를 찾아낼 수 있어야 한다.

CUSTOM SKI BOOT LINERS KOREA

따뜻함 , 편암함 , 가벼움

최고의 커스텀 스키부츠 라이너

BEGINNER SKI TECHNIQUE

Lesson 14

플루그화렌 탑테일돌리기

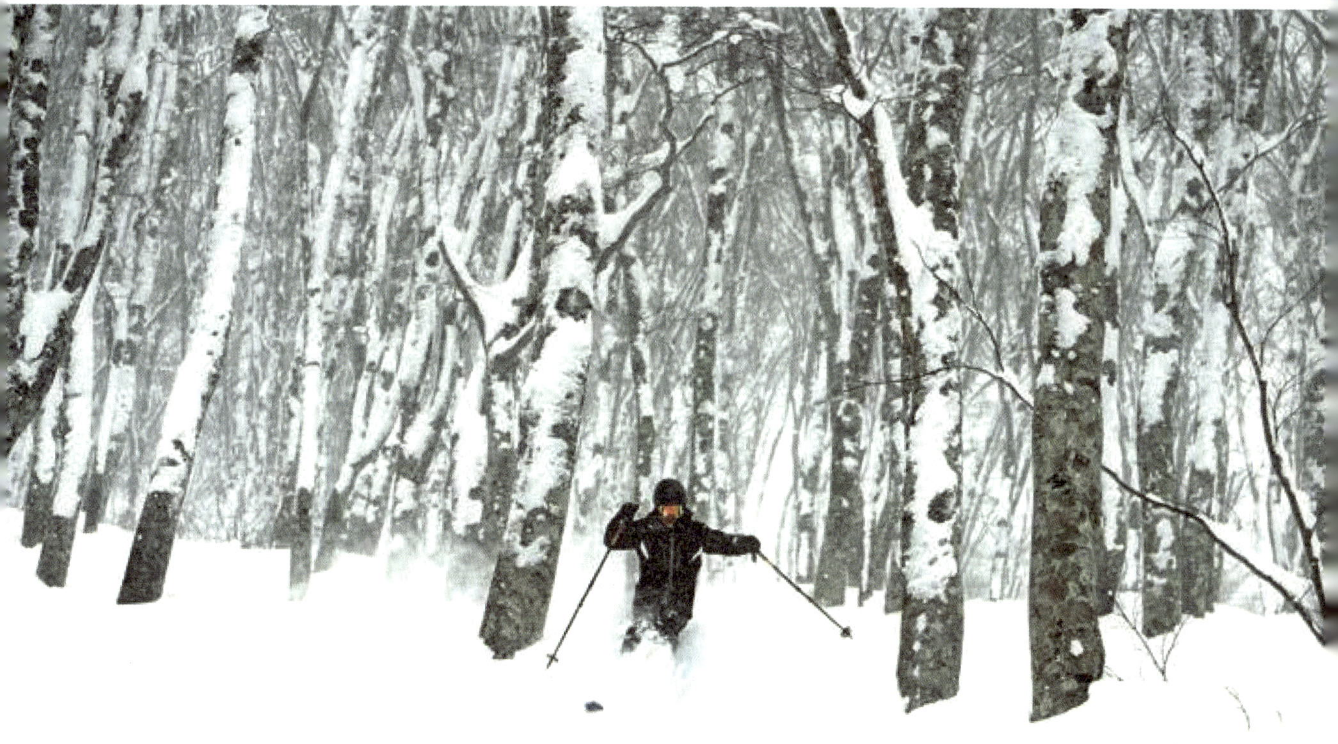

경사를 활주하다가 멈추는 것이 익숙해졌다면, 이제는 경사에서 보다 섬세하고 정확하게 스키를 돌리며 계속해서 미끄러지는 것을 연습할 단계이다. 이 단계에서 중요한 것은 크게 두 가지라고 할 수 있다. 첫 번째는 스키가 멈추지 않고 계속해서 활주할 수 있도록, 과도하거나 부족하지 않는 하중과 조작을 가하는 것이고, 두 번째는 스키의 탑과 테일을 동시에 돌리는 조작을 익히는 것이다.

특히, 스키의 탑과 테일을 동시에 돌리는 조작이 중요한데, 탑은 안쪽으로 모아주고 테일은 바깥쪽으로 밀어내야 하므로, 보다 섬세하고 수준 높은 기술이 필요하고 신체의 유연성 또한 필수라고 할 수 있다. 이렇게 탑과 테일을 동시에 돌리는 조작은 하중을 가하는 상하운동에 맞춰서 동시에 실시해야 한다. 또한 하중의 포인트도 전후로 이동시키며 탑과 테일을 돌려야 하므로, 보다 정확하고 복잡한 운동과 조작이 필요하게 된다.

이렇게 플루그화렌의 탑테일돌리기를 하면서 미끄러질 때는, 한 가지 패턴으로만 연습하는 것이 아니라 여러 가지 경사에서 다양한 속도로 연습하며, 스키기술의 폭을 넓혀가는 의미도 크다고 할 수 있다. 처음에는 완만한 경사에서 저속으로 미끄러지며 약한 하중과 작은 비틀림을 익히고, 익숙해질수록 급한 경사에서 빠른 속도로 미끄러지며 강한 하중과 큰 비틀림을 익히게 된다. 이것은 향후 '저속의 완사면 기술'과 '고속의 급사면 기술'의 차이를 느끼기 시작하는 첫 단계이므로, 확실하게 연습하여 경사와 속도에 잘 적응하고 하중과 비틀림에도 익숙해져야 한다.

이렇게 플루그화렌 탑테일돌리기는 전문용어로 탑테일 슬라이드 플루그화렌(Top-Tail Slide Pflug Fahren)이라고 하는데, 보다 수준 높은 탑테일 슬라이드 회전들의 기초가 되는 중요한 기술이다.

한적하고 긴 완중사면을 찾아서, 넓은 패러렐 스탠스를 만든 상태에서 서서히 활주를 시작한다. 이때 양 발의 간격을 충분히 넓혀 주어야, 양스키의 탑이 모일 공간이 확보된다. 또한 출발할 때는 높고 릴렉스한 전경자세를 만들어서, 스키가 원활하게 미끄러지고 신체를 수월하게 움직일 수 있는 자세를 만들어야 한다.

스키가 활주를 시작하여 속도가 붙으면, 자세를 낮추고 하중을 가하면서 양스키의 탑과 테일을 동시에 움직여주며, 플루그 스탠스를 만들면서 계속해서 활주한다. 만약 하중을 과도하게 가하거나 플루그를 너무 크게 만들거나 엣지를 지나치게 세우면, 스키가 활주를 못하고 멈춰 버린다. 반대로 하중과 플루그와 엣지가 너무 작으면 활주 속도가 지나치게 빨라진다. 그러므로 스키가 잘 미끄러질 수 있는 하중의 양과 피봇팅과 엣지 각도의 크기를 스스로 터득하여야 한다.

이때 탑과 테일을 원활하게 돌려주려면, 상하운동을 할 때 하중이 앞뒤로 움직이는 '전후운동'도 함께 실시해야 한다. 다만, 활주하다가 멈출 때와 비교하면 전후운동의 양은 줄어들어야 한다. 왜냐하면 활주하다가 멈출 때는 제동을 많이 걸어주어야 했지만, 이번에는 스키를 멈추는 것이 아니라 활주를 지속하는 것이기 때문이다. 그러므로 전후운동을 적당하게 사용하여 스키를 신중하게 움직이면서, 설면에서 오는 저항력과 스키가 가지는 활주력의 균형을 잘 맞춰야 한다.

이렇게 활주하면서 탑과 테일을 동시에 움직이기 위해서는, 보다 정확한 발바닥 감각과 부드러운 하체의 유연성이 필요하다. 특히 스키에서 가장 가까운 관절인 발목을 '전후좌우상하'로 원활하고 능숙하게 움직일 수 있어야, 나중에 상급기술을 쉽고 빠르게 익힐 수 있다. 그러므로 플루그화렌 탑테일돌리기는 앞으로 배울 상급기술을 미리 예습하고 체험해 볼 수 있는 중요한 단계라고 할 수 있다.

플루그화렌 탑테일돌리기에서 익혀야 할 가장 큰 과제는, 바로 스키의 탑과 테일을 동시에 돌리는 탑테일 슬라이드(Top-tail slide) 조작을 익히는 것이다. 이렇게 탑과 테일을 동시에 돌려주는 조작이야말로, 스키에서 가장 많이 사용하는 스키조작의 핵심이라고 할 수 있다.

탑과 테일을 동시에 돌리기 위해서는 스키의 센터를 중심으로, 탑은 안쪽으로 그리고 테일은 바깥쪽으로 동시에 돌려주어야 한다. 이를 위해서는 복숭아뼈 아래를 중심으로 발바닥을 비벼주는 감각을 가지고 스키를 조작해야 한다. 이때 스키가 플랫한 상태에서 돌리는 것이 아니라, 엣지가 서서히 세워지면서 돌려야 하므로, 보다 정확하고 정교한 조작이 필요하다.

또한 엣지가 설면을 파고들기 위해서는 하중이 필요하게 되므로, 적극적으로 상하운동을 하면서 스키를 눌러주어야 한다. 또한 하체는 펴져있을 때보다 구부러졌을 때, 가동범위가 늘어나며 더 쉽고 크게 비틀어지는 경향이 있다. 그러므로 상하운동은 하중을 가하고 피봇팅을 쉽게 하는 것은 물론이고 전후운동을 위해서도 꼭 필요한 신체운동이라 할 수 있다.

체크 포인트

1. 스키탑은 안쪽으로, 테일은 바깥쪽으로 움직여준다

2. 준비자세에서 넓고 플랫한 스탠스를 취한다

활주하면서 양스키의 탑을 모아주려면 비교적 넓은 와이드(wide) 스탠스를 취하는 것이 필요하다. 만약 스탠스가 너무 좁으면, 탑을 모을 수 있는 공간이 모자르게 되어서 결국 테일만이 움직이게 되어 버린다. 이렇게 탑이 움직이지 못하고 테일만이 움직이게 되면, 스키를 억지로 밀어서 회전시키는 소위 '찍찍이 턴'에서 벗어나기 힘들어진다.

그러므로 스키를 움직일 때는 주로 탑을 움직인다는 의식이 중요한데, 탑을 움직이면 부츠가 축(Axis)의 역할을 하면서, 테일은 자동적으로 움직이는 장점이 있다. 만약 탑과 테일이 고르게 움직이지 않고, 탑이나 테일의 한쪽만이 과하게 움직이는 경향이 있다면, 전경이나 후경자세가 지나치지 않은지를 체크해봐야 한다. 즉, 너무 전경이면 테일의 움직임만이 커지게 되고, 반대로 지나친 후경이면 탑의 움직임만이 커지게 된다.

이렇게 탑과 테일을 움직이는 것만큼 중요한 것이 바로 '엣지를 세워주는 조작'이다. 이를 위해서는 준비자세에서 엣지가 서지 않고 설면에 평평한 플랫(Flat)자세를 만들어야 한다. 이렇게 플랫한 자세에서 엣지를 세우기 시작해야 보다 쉽고 편하게 스키를 돌릴 수 있고, 또한 다리를 비틀어주는 조작과 엣지를 세워주는 조작을 동시에 연습할 수 있다.

만약 플랫한 자세가 만들어지지 않으면, 처음부터 엣지가 지나치게 세워진 상태에서 스키를 돌려야 하므로, 엣지가 걸려서 스키를 돌리기 어렵게 된다. 또한 엣지가 많이 서면 설면 저항에 의해서 스키가 자동으로 모여지게 되므로, 효과적인 피봇팅 연습에 적합하지 않다.

3. 활주자세에서는 적절하게 플루그를 조절한다

패러렐에서 출발하여 플루그로 활주를 시작하면, 스키어의 하중과 스키의 엣지에 의해서 저항이 발생하기 시작한다. 이때 슬로프의 경사나 활주속도에 맞춰서 플루그를 조절하여야 매끄럽게 활주할 수 있다. 이렇게 플루그를 조절하면 다양한 활주가 가능해지는데, 이러한 컨트롤 능력이 향후 여러 가지 회전을 만들어내는 밑거름이 된다.

플루그를 조절하기 위해서는 스키어의 하중과 엣지의 각도와 스키의 비틀림을 동시에 컨트롤할 수 있어야 한다. 이 세 가지는 회전을 만들어내는 '회전의 3요소'이므로, 이들을 잘 조절할 수 있다면 자연스럽게 회전을 컨트롤하는 능력도 향상될 수 있다.

만약 완사면에서 활주를 한다면 스키가 쉽게 멈춰버릴 수 있으므로, 활주속도를 유지하기 위해서 저항을 줄이는 것이 필요하다. 이를 위해서는 하중을 많이 가하지 않고, 엣지를 크게 세우지 않고, 플루그를 작게 유지하여 저항을 줄여야만 원활한 활주가 가능하게 된다.

반대로 중급사면에서 활주를 한다면 스키가 쉽게 폭주해버리 수 있으므로, 활주속도를 유지하기 위해서는 저항을 높이는 것이 필요하다. 이를 위해서는 하중을 많이 가하고, 엣지를 많이 세우고, 플루그를 크게 유지하여 저항을 늘려야만 활주 속도를 유지하며 활주가 가능하다.

4. 양부츠의 간격을 일정하게 유지한다

플루그화렌 탑테일돌리기에서 중요한 요소중 하나가 바로 '양부츠의 간격을 일정하게 유지'하며 활주하는 것이다. 이렇게 양부츠의 간격을 일정하게 유지되어야 스키의 탑과 테일이 동시에 움직일 수 있기 때문이다. 하지만 부츠의 간격을 일정하게 유지하는 것은 생각보다 쉽지 않으며, 많은 연습과 유연성이 필요하게 된다.

이를 위해서는 일단 패러렐에서 적당한 전경자세를 만들어서 스키 위에 바르게 서야 하는데, 과도한 전경이나 후경자세가 되어 버리면, 스키의 탑이나 테일만이 움직여서 부츠간격도 변하게 된다. 이 자세에서 하체를 구부리며 하중의 포인트를 앞꿈치에서 뒤꿈치까지 섬세하게 이동시키며 스키를 돌려주어야 탑과 테일이 골고루 움직이게 되며, 결과적으로 부츠의 간격도 비슷하게 유지된다.

만약 너무 전경자세에서 활주하게 되면, 테일만이 움직이며 부츠의 간격이 넓어지게 된다. 반대로 너무 후경자세가 되어 버리면, 탑만이 움직이며 부츠의 간격이 좁아지게 되므로 주의가 필요하다. 하지만 스키기술이 향상되면서 의도적으로 부츠의 간격을 넓히며 테일을 많이 밀어서, 제동을 많이 걸어주는 경우도 있다. 반대로 의식적으로 부츠의 간격을 좁히며, 탑을 많이 좁히며 가속을 해주는 기술도 향후에는 필요하게 된다.

5. 상하운동, 전후운동, 비틀림운동을 조합한다

6. 발바닥과 발목감각을 익힌다

플루그화렌 탑테일돌리기부터는 복잡하고 섬세한 신체의 움직임이 필요하게 된다. 가장 기본적인 것은 보통 업다운이라고 부르는 '상하운동', 그리고 피봇팅이라고 부르는 '비틀림운동'을 생각할 수 있다. 여기에 스키의 움직임을 보다 섬세하고 부드럽게 만들기 위해서는 '전후운동'이 추가되어야 한다.

이러한 3가지 운동은 동시에 수행해야 하므로, 초보자에게는 비교적 난이도가 높은 기술이라고 할 수 있다. 이러한 운동들의 사용비율을 조절함으로써 다양한 회전들을 만들어낼 수 있게 된다. 이 3가지를 다양하게 구사하기 위해서는 높은 기술과 강한 근력은 물론이고 부드러운 유연성이 필요하게 된다.

처음에는 상하, 전후, 비틀림운동을 모두 크고 과장되게 행하는 것이, 초보자가 새로운 기술을 익히는 첫걸음이다. 이후에는 상하운동을 작게 실시하면서 비틀림운동을 해보는데, 이때 전후운동을 잘 사용하면 비틀림이 쉬워진다는 것을 깨달을 수 있다. 반대로 전후운동을 작게 하면서 비틀림을 크게 하기 위해서는 큰 상하운동이 필요하다는 것도 느낄 수 있다. 이렇게 신체운동들을 다양한 비율로 섞어주는 것이 향후 여러가지 회전을 이끌어내는 밑거름이 될 수 있다.

스키를 잘 타기 위해서는 다양한 신체감각이 필요하게 된다. 처음에는 무딘 감각만으로도 활주하거나 회전할 수 있겠지만, 속도가 빨라지고 회전이 복잡해지면 보다 섬세하고 미묘한 감각이 필요하게 된다. 이러한 감각을 느끼기 위해서는, 스키에서 가장 가까운 신체부위인 발바닥과 발목의 감각을 익히는 것이 필요하다.

발바닥은 스키에서 가장 가까운 신체부위로서, 설면의 상황을 파악할 수 있는 레이더의 역할은 물론이고, 스키가 설면을 활주할 때 생기는 엣징감각을 느끼는 센서의 역할을 하게 된다. 초보자때는 설면의 감각을 모른채 일방적으로 활주하지만, 중상급자가 되면서 점차 설면의 감각을 느끼게 되고, 상급자가 되면 설면과 대화하는 수준높은 스킹이 가능해진다.

또한 발목은 스키에서 가장 가까운 관절로서, 목이나 손목처럼 360도 방향으로 자유롭게 움직일 수 있다. 스키를 섬세하고 미묘하게 컨트롤하기 위해서는 전후, 좌우, 상하, 회전방향으로 입체적으로 움직여야만 한다. 발목은 다양한 방향으로 자유롭게 움직일 수 있으므로, 이러한 입체적인 컨트롤에 가장 적합하다고 할 수 있다. 또한 발목은 스키에서 가장 가까운 관절이므로, 파워와 컨트롤의 손실없이 직접적으로 스키를 조종할 수 있다.

보통 초보자가 스키를 컨트롤할 때는 주로 무릎을 의식하는 경향이 있는데, 발목이 함께 움직이지 않은 상태에서 과도하게 무릎만을 움직이게 되면, 컨트롤의 효과가 크게 떨어지고 신체에도 무리가 올 수 있다. 스키기술이 향상될수록 활주 속도가 빨라지고 신체에 가해지는 힘도 커지게 되므로, 초보자때부터 신체에 무리가 가지 않는 자연스럽고 효율적인 움직임을 익히는 것이 좋다.

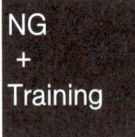

1. 상체만 숙이는 경우
⇨ 다운하면서 양손 허리

플루그화렌을 연습할 때 가장 흔하게 일어나는 실수는 바로 상하체가 고르게 상하운동을 하지 못하고, 몸만 앞으로 숙여지며 인사하듯 다운을 하는 경우이다. 이렇게 상체만 숙여지면 스키어가 가하는 하중이 스키에 제대로 가해지지 못해서, 파워와 컨트롤의 손실이 생기게 된다.

이렇게 상하운동시 상체만 숙여지는 원인은, 일단 기본자세를 잡을 때 상체가 지나치게 숙여진 경우가 가장 많고, 또한 활주할 때 스키어의 시선이 너무 발 아래만 보기 때문이다. 이

것은 초중급자에서 많이 보이는 실수이지만, 스키를 잘 타는 상급스키어에게서도 의외로 많이 나타나는 잘못된 자세이다.

이를 고치기 위해서는, 일단 제대로 된 기본자세를 잡는 것이 가장 중요하다. 기본자세는 스키기술의 뿌리가 되는 중요한 요소이고, 스키를 타다보면 쉽게 흐트러지는 경향이 있으므로, 항상 확인하고 연습하여야 한다. 활주할 때의 연습방법으로는 폴을 잡지 않고 활주를 하면서, 다운을 할 때 양손을 허리에 대주며 적극적으로 앉아주는 연습을 하는 것이 좋다. 이렇게 허리가 위아래로 움직이며 상하운동을 해야만, 신체의 무게중심인 몸통이 정확하게 업다운을 하며, 스키에 확실한 파워와 컨트롤을 가할 수 있다.

이때 시선이 발 아래가 아니라 멀리 봐야 하는데, 이를 위해서는 우선 설면이 평평하고 경사가 부담스럽지 않는 슬로프를 고르는 것이 좋다. 이 연습이 익숙해지면 다시 폴을 잡고 정확한 활주자세에서 상하운동을 실시하며, 실전감각에 가까워지도록 노력한다.

2. 상체가 뒤로 넘어간 경우
⇨ **다운하면서 양손 무릎**

앞의 경우와는 반대로, 다운을 할 때 몸이 뒤로 넘어가는 것도 역시 문제가 될 수 있다. 이때는 스키어가 가하는 하중이 테일쪽으로만 집중되므로, 스키를 원활하게 움직이기 어려워진다. 또한 상하운동시 발목을 움직이지 못하고 무릎만이 구부러지게 되므로, 체력소모가 심하고 정확한 컨트롤을 익히기 힘들어진다.

이러한 실수의 주된 원인도, 역시 기본자세에서 뒤로 넘어가는 버릇이 그대로 남아 있을 때 가장 많이 발생한다.

또 하나 상체가 뒤로 넘어가는 원인은, 경사나 속도에 대한 공포심이 큰 경우 많이 발생할 수 있다. 스키실력이 향상되기 위해서는, 이러한 공포심을 이기는 것이 반드시 필요하므로, 상체를 경사 아래쪽으로 던져주는 연습은 무척 중요하다.

이를 고치기 위해서는, 앞선 경우와 마찬가지로 우선 '기본자세를 제대로 잡아주는 것'이 일단 중요하다. 추가적으로 폴을 잡지 않고 맨손으로 출발하여, 양손으로 무릎을 잡아주고 지긋하게 누르면서, 상체의 전경각을 만들어준다. 보통 상체가 뒤로 넘어가면 발목이 펴지는 증상도 함께 발생하므로, 양손으로 무릎을 눌러줄 때는 정강이와 발목도 함께 구부려서, 정강이의 전경각을 만들어 주어야 한다.

3. 스키탑이 벌어지는 경우
⇨ 양손으로 허벅지 돌리기

초중급자가 플루그화렌을 할 때 흔하게 발생하는 실수는, 바로 스키의 탑과 테일이 함께 벌어지는 것이다. 이 경우, 스키 모양이 플루그가 되지 못하고 패러렐이 되어버리므로, 스키가 저항을 충분히 받지 못해서 스피드를 조절하기가 어려워진다.

이렇게 탑이 벌어지는 원인은 비교적 다양한데, 우선 스키어의 유연성이 부족한 경우가 많고, 아직 스키를 돌리는 기술이 미숙한 경우도 있고, 상체가 후경으로 빠져서 탑에 충분한 하중이 실리지 않는 때도 발생할 수 있다. 이러한 원인들이 따로 일어나는 경우도 있지만, 한꺼번에 일어날 수도 있으므로, 충분하고 반복적인 연습을 통해서 이를 극복해 나가야 한다.

이러한 실수를 고치기 위해서는 일단 고관절과 하체의 스트레칭을 충분히 실시하여, 신체의 유연성을 기르는 것이 필요하다. 또한 활주를 시작하기 전에 테일만 넓혀주는 사전연습을 충분히 해야 한다. 그 다음은 폴을 놓은 상태로 활주하면서 양손으로 양허벅지를 안쪽으로 비틀어주며, 적극적으로 피봇팅을 만들어내는 훈련을 해야 한다.

이렇게 피봇팅을 할 때는, 발목이나 무릎관절의 하나만이 과도하게 움직이는 것이 아니라, 각각의 관절들이 골고루 움직일 수 있도록 릴렉스한 상태에서 충분히 연습하여야 한다.

플러스 알파

1. 탑테일슬라이드에서의 발목조작

탑테일슬라이드부터는 스키의 활주속도가 빨라지게 되고, 슬로프의 경사도 심해지게 된다. 여기에 맞춰서 스키어의 하중도 커져야 하고, 엣지의 그립력도 높아져야 한다. 이러한 조건에서 스키를 돌리려면 보다 섬세하고 샤프한 하체조작이 필요하게 된다.

이러한 섬세하고 샤프한 하체조작의 첫번째가 바로 '발바닥의 하중포인트를 앞뒤로 움직이는 전후운동'이다. 이 전후운동을 잘 사용할 수 있어야, 난이도가 높은 어려운 활주여건에서도 확실하게 스키를 돌릴 수 있다. 이렇게 전후운동을 하며 스키를 잘 돌리기 위해서는, 특히 발목을 중심으로 한 하체전체를 잘 움직일 수 있어야 하는데, 이러한 전후운동에 스키를 돌리고 엣지를 세우기 위한 하체조작이 추가로 필요하게 된다.

<항공기의 3차원적인 움직임>

탑테일슬라이드에서 필요한 발목의 움직임은, 항공기가 비행할 때의 3차원적인 움직임과 개념이 비슷하다. 항공기의 움직임은 좌우축을 중심으로 한 피칭(Pitching), 전후축을 중심으로 한 롤링(Rolling), 그리고 상하축을 중심으로 한 요잉(Yawing)이 있다. 이렇게 3차원의 3방향으로 동시에 움직이기 때문에, 항공기의 거동은 더욱 섬세하고 조작은 훨씬 어려워진다.

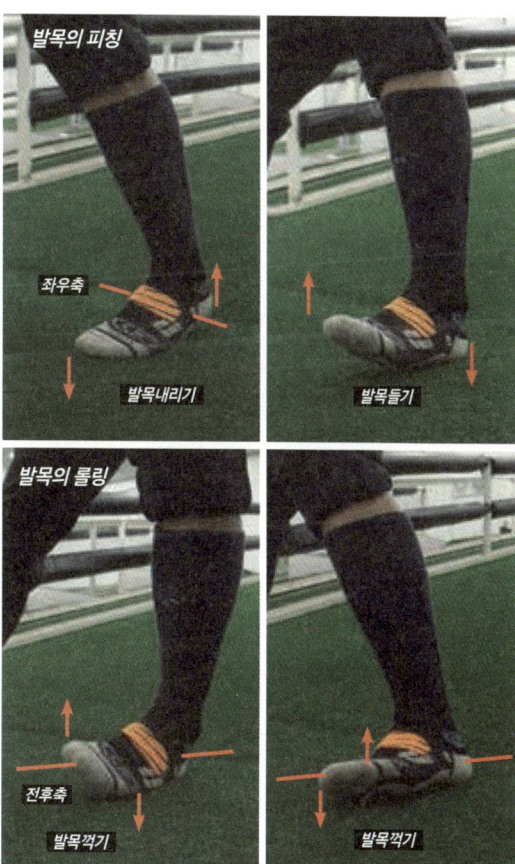

<발목의 3차원적인 움직임>

마찬가지로 발목이 움직임도 크게 3가지로 생각해볼 수 있다. 우선 좌우축을 중심으로 해서 발목을 아래위로 내리거나 들어올리며 하중포인트를 앞뒤로 움직이는 피칭, 전후축을 중심으로 발목을 좌우로 꺾어주며 엣지를 세우고 풀어주는 롤링, 그리고 상하축을 중심으로 발목을 안팎으로 비틀며 스키를 돌려주는 피봇팅이 있다. 여기에 하체를 굽히거나 펴면서 스키에 하중을 가하거나 빼주는 하중(Weighting)이 더해지면, 그야말로 스키조작은 섬세하면서도 복잡한 '3차원적인 입체조작'이 된다.

플루그화렌 탑테일슬라이드로 출발할 때는 높은 자세의 넓은 패러렐스탠스에서, 발목을 뒤로 당겨서 전경자세를 취하고, 스키의 방향을 정면으로 향한 상태에서, 엣지를 플랫하게 셋팅한 상태로 출발한다. 플루그스탠스를 만들기 위해서 낮은 자세를 취하며 하중을 가하고, 발목을 위로 끌어올리며 뒤꿈치에 하중을 가하고, 발목을 안쪽으로 비틀며 스키를 돌려주고, 또한 발목을 안쪽으로 꺾으며 엣지를 세워주는 3가지 하체조작을 동시에 하게 된다. 이렇게 3차원적인 입체조작을 할

수 있어야만, 급한 경사의 빠른 활주속도에서 보다 샤프하고 섬세하게 스키를 조작할 수 있다.

그러므로 수준 높은 스키조작을 익히기 위해서는, 비시즌이나 일상생활에서 미리 발목조작을 연습해두고, 발목의 유연성과 하체의 근력을 충분하게 길러놓아야 한다. 이런 의미에서 스키엑스퍼트가 되는 길은 멀고도 험하다고 할 수 있다.

2. 산쪽과 계곡쪽

스키를 타다 보면, 가장 많이 듣는 용어중의 하나가 바로 '산쪽(Uphill)'과 '계곡쪽(Downhill)'이다. 이러한 산쪽과 계곡쪽은 스키가 경사에 대해서 옆으로 서 있는 정지 시나, 혹은 옆으로 미끄러지는 사활강(斜滑降/Traverse)시에 사용하는 용어이다.

이렇게 옆으로 서 있거나 비스듬하게 미끄러질 때는, 경사에 대하여 높은 쪽을 산쪽 혹은 위쪽이라고 부르고, 낮은 쪽을 계곡쪽 혹은 아래쪽이라고 표현한다. 또한 높은 쪽의 스키를

산쪽 스키(Uphill Ski), 낮은 쪽의 스키를 계곡쪽 스키(Downhill Ski)라고 부르며, 높은 쪽에 위치한 발을 산쪽 발(Uphill Foot), 그리고 낮은 쪽에 있는 발을 계곡쪽 발(Downhill Foot)이라고 부른다. 이러한 산쪽과 계곡쪽은 스키가 회전할 때 부르는 '바깥쪽(Outside)'과 '안쪽(Inside)'과는 구분되어야 한다.

3. 최대경사선

스키를 타면서 자주 듣는 또 하나의 용어가 바로 '최대경사선(最大傾斜線)'이다. 최대경사선이란 슬로프에서 가장 경사가 심한 곳을 연결한 가상의 선으로서, 슬로프에서 공을 굴리면 이 최대경사선을 따라서 구르기 때문에 '폴라인(Fall Line)'이라고도 부른다.

이러한 최대경사선이 중요한 이유는, 첫 번째 최대경사선 방향으로 중력이 작용하기 때문이다. 스키는 중력을 이용해서 낙하하는 스포츠이므로, 중력의 방향은 '스키에 작용하는 낙하력'과 '스키어에 전달되는 외력(外力)'을 결정하는 중요한 요인이고, 이러한 외력들에 버틸 수 있는 '스키어가 가하는 내력(內力)'을 써야만 한다.

처음에 스키를 배울 때는, 이러한 낙하력이나 외력을 거의 활용하지 못하고, 스키어의 내력만으로 스킹을 하게 된다. 하지만 실력이 향상될수록 외력과 내력의 균형을 맞추며 '경제적인 활주'를 하게 되고, 최상급자가 되면 최대경사선에서 생기는 낙하력을 활용하고 내력의 사용을 줄이는 '효율적인 활주'에까지 이르게 된다. 그러므로 슬로프의 최대경사선을 잘 파악하고 낙하력을 인식하는 것이, 최상급자가 되는 요건 중의 하나라고 할 수 있다.

최대경사선이 중요한 또 하나의 이유는, 회전을 할 때 최대경사선을 기준으로 슬로프의 경사와 스키어의 자세가 달라지기 때문이다. 즉, 회전을 시작해서 스키가 최대경사선에 이르기까지는, 점차 슬로프의 경사가 심해지고 스키어의 자세는 슬로프에 거꾸로 선 상태가 된다. 반대로 스키가 최대경사선을 지나서 회전을 마무리할 때까지는, 슬로프의 경사가 점점 약해지고 스키어의 자세는 슬로프에 바로 선 상태가 만들어지게 된다. 그러므로 최대경사선을 기준으로 스키어의 동작과 스키의 조작을 다르게 사용해야만, 경사에 잘 적응하며 외력을 많이 활용하는 안정적이고 경제적인 스킹을 할 수 있다.

숏턴과 모글의 귀재 – 김창근 프로의 스키강습 전문카페
스키포시즌(Ski 4 Season)

cafe.naver.com/ski4season

문의 : 김창근프로(010-5377-3013)

BEGINNER SKI TECHNIQUE

Lesson 15

비기너 스키테크닉

플루그보겐 테일밀기

front

경사에서 플루그화렌으로 미끄러지고 멈추는 것에 익숙해지고, 어느 정도 활주 속도를 조절할 수 있게 되었다면, 이제는 드디어 스키를 회전시키는 것에 도전할 차례이다. 스키를 회전시키기 위해서 가장 중요한 것은, 스키어의 체중을 바깥쪽스키에 확실하게 실어주는 '하중동작'과 스키를 회전방향으로 돌려주는 '피봇팅조작'이라고 할 수 있다.

이제 플루그스탠스에서 바깥발에 하중을 가하고 바깥 스키를 돌리며 회전을 시작하자. 하중을 실어주는 방법은 여러 가지가 있는데, 우선 가장 쉽고 단순한 방법인 '상체를 바깥쪽으로 기울여서 하중을 실어주는 방법'을 사용한다. 또한 스키를 돌리는 방법도 다양한데, 마찬가지로 가장 간단한 방법인 '스키의 테일을 바깥쪽으로 밀어내는 방법'을 사용하도록 한다.

이렇게 양스키를 플루그로 유지하고 회전하는 기술을 '플루그보겐(Pflug Bogen)'이라고 하는데, 이것은 스키기술의 가장 근본적인 뿌리가 되는 기술이다. 플루그보겐은 초보자 때는 상급 기술을 익히는 발판이 되는 것은 물론이고, 상급자가 되어서도 자신의 기술을 되돌아볼 수 있는 좋은 거울이 되기도 한다. 이처럼 스키의 테일을 밀어내며 회전하는 플루그보겐을 전문용어로 '테일 슬라이드 플루그보겐(Tail Slide Pflug Bogen)'이라고 하는데, 여기에서는 쉽고 편하게 '플루그보겐 테일밀기'라고 표현하였다.

플루그보겐 테일밀기는 가장 기초적인 회전의 첫 단계라고 할 수 있다. 이것은 엣지가 설면을 단단하게 파고들지 않고 설면 위를 밀리면서 회전하므로, 주로 고속보다는 저속에 적합한 기술이다. 그리고 테일을 밀어내며 회전하므로, 섬세하고 정확한 조작이라기보다는 다소 거칠고 부정확한 조작이다. 또한 스키에 하중을 가할 때도, 스키를 직접적으로 눌러주는 것이 아니라, 스키어의 체중을 간접적으로 스키에 실어주므로, 주로 상급자보다는 초보자에게 적합한 회전이라고 할 수 있다.

비교적 경사가 완만하고 부담스럽지 않은 슬로프를 찾아서, 스키를 플루그로 만든 상태에서 활주를 시작한다. 이때 슬로프의 옆 방향으로 비스듬히 출발하는 것이 스피드를 조절하기가 유리하다. 서서히 속도가 붙기 시작하면 회전의 바깥쪽으로 상체를 기울이고, 스키의 테일을 밀어내면서 회전을 시작한다.

상체를 기울일 때는, 우선 어깨를 기울이고 허리도 회전의 바깥쪽으로 꺾어서, 몸통의 무게가 바깥쪽 다리를 거쳐서 바깥 스키까지 확실하게 실리도록 만들어준다. 이때 허리를 양 스키의 가운데에 위치시키고 골반도 함께 기울여주어야, 스키의 엣지가 제대로 세워지고 설면의 저항에도 잘 버틸 수 있는 자세가 만들어진다.

이렇게 회전이 시작되면 설면에서의 저항이 느껴지기 시작하는데, 이때 바깥발 안쪽의 긴장감을 높여주어야 하체가 무너지지 않고 원활하게 회전할 수 있다. 그리고 하중이 실리는 동시에 바깥발의 뒤꿈치를 밀어내며 스키를 회전시켜야 하는데, 스키탑이 벌어지지 않도록 허벅지를 동시에 비틀어줘야 정확한 회전이 가능하다. 이때 안쪽발도 함께 돌아가며 바깥발을 따라가야 하는데, 바깥발의 긴장감이 높아진 만큼 안쪽 발은 긴장감이 줄어들어야, 보다 원활하게 회전할 수 있다.

스키가 회전을 마치면, 기울어졌던 상체를 다시 가운데로 세워주며 중립자세로 돌아와야 한다. 이때 체중을 다시 양다리에 똑같이 분배하는 것은 물론이고, 바깥 다리의 비틀림도 풀어주고 뒤꿈치를 밀었던 것도 되돌려 줘야, 정확하게 다음 회전의 준비 자세로 돌아올 수 있다. 이렇게 중립자세로 되돌아온 다음, 다시 반대쪽으로 몸통을 기울이고 반대쪽 뒤꿈치를 밀어내면서 다음 회전을 연결하게 된다.

스키는 몸을 움직여서 회전을 만들어내는 스포츠이다. 이렇게 몸을 움직일 때는 어느 하나의 관절만 과도하게 움직이는 것이 아니라, 각각의 관절들이 균형 있게 움직이는 것이 중요하다. 그래야만 몸에 무리가 덜 가고, 더 작은 움직임과 더 적은 힘으로도 큰 효과가 나타나기 때문이다.

플루그보겐 테일밀기를 하기 위해서는, 몸통을 바깥쪽으로 기울이며 스키어의 체중을 스키에 실어주어야 한다. 이때 어깨는 기울였지만, 골반이 함께 꺾이지 못해서, 옆구리가 찌그러진 형태로 억지로 하중을 가하거나, 혹은 골반이 옆으로 빠진 상태에서 회전을 하는 경우가 많다.

이렇게 '무게중심이 위치한 골반'이 제대로 움직이지 못하면, 오히려 어깨만 더욱 억지로 기울여서 옆구리가 찌그러진 자세가 되어버리는데, 이 경우 제대로 된 하중을 가하기가 어렵게 된다. 또한 골반이 옆으로 빠지고 하체의 긴장감이 부족하여, 엣지가 제대로 서지 못하고 원활한 회전도 어려워지게 된다.

그러므로 하중을 가할 때는, 머리와 어깨, 골반, 무릎, 발목이 함께 움직이며 균형 잡힌 자세로 회전을 하는 것이 중요하다. 결과적으로 각각의 관절들이 평행해야 하중도 잘 가해지고 엣지도 잘 세워지게 된다. 이렇게 신체 부위가 불균형을 이루는 것은 양쪽이 다 문제인 경우도 있지만, 척추 측만 등으로 골반이 비뚤어지거나 하체의 불균형이 클 때는, 한쪽만 심한 경우가 대부분이다.

그러므로 스킹 시 안 되는 방향을 집중적으로 연습해야 하고, 평상시에 몸의 불균형을 초래하는 습관은 미리 고치는 것이 좋으며, 불균형이 심한 쪽의 발목이나 무릎 등은 보다 많이

체크 포인트

1. 어깨, 골반, 무릎, 발목을 평행하게 유지한다

연습해서 좌우의 대칭과 신체의 균형을 맞추는 것이 필요하다.

2. 바깥발의 긴장감을 유지한다

플루그보겐에서 회전을 할 때, 바깥발에 하중을 가하면 자연스럽게 설면에서 오는 저항이 증가하게 되는데, 여기에 버티기 위해서는 바깥발의 긴장감을 높일 필요가 있다. 바깥발의 긴장감이란 고관절, 무릎, 발목이 살짝 안쪽으로 꺾여서 바깥발 안쪽의 근육이 가볍게 긴장해 있는 상태를 말한다.

이러한 긴장감이 있어야 바깥발이 무너지지 않고 안정감 있게 회전을 계속할 수 있다. 만약 긴장감이 부족하면 하체가 바깥쪽으로 무너지며 스키가 지나치게 밀려버린다. 반대로 긴장감이 과도하면 하체가 안쪽으로 너무 꺾여서 엣지가 지나치게 서버린다. 이 경우 스키가 원활하게 회전하지 못하게 되므로 주의가 필요하다.

또한 바깥발의 긴장감을 유지하는 것만큼 중요한 것이 바로 고관절, 무릎, 발목이 균형 있게 긴장감을 나누는 것이다. 즉 각각의 관절들이 비슷하게 꺾여야 하고, 어느 하나의 관절만 과도하게 꺾이거나 풀어져 버리면 스키가 원활하게 회전할 수 없다.

이러한 하체의 긴장감은 처음 플루그를 만들 때부터 있어야 하고, 회전을 시작하게 되면 바깥발의 긴장감은 높아지고, 안쪽발의 긴장감을 낮아지게 된다. 또한 회전을 마치고 중립자세로 되돌아오면, 다시 양발에 똑같은 긴장감을 유지하다가, 다시 회전을 시작하면 긴장감의 분배가 이루어져야 한다.

3. 안쪽발은 릴렉스하게 유지한다

바깥발의 긴장감을 유지하는 것만큼 중요한 것이, 바로 안쪽발의 긴장감을 풀어주어 릴렉스하게 유지하는 것이다. 플루그는 패러렐과 다르게 양스키의 엣지가 안쪽으로만 서기 때문에, 안쪽발이 지나치게 긴장하고 있으면, 오히려 회전에 방해가 되어버린다.

특히, 사람들은 오른발잡이가 흔하므로, 왼발에 하중이 들어가는 오른쪽 턴을 할 때, 안쪽발이 되는 오른발이 과도하게 긴장하는 경우가 많다. 이럴 경우 오른발이 바깥발인 왼발을 방해하여 오른쪽 회전이 잘되지 않을 수 있다. 또한 안쪽발이 릴렉스하지 못하면 바깥발을 충분히 따라가지 못해서, 결과적으로 플루그의 크기가 커져버린다. 만약 회전 시에는 플루그가 커지고 다시 회전이 끝나면 플루그가 작아져서, 플루그의 크기 변화가 심한 스키어라면, 안쪽발을 풀어주는 연습이 반드시 필요하다.

이렇게 안쪽발은 바깥발에 동조하기 위해 릴렉스한 상태가 유지되어야 하는데, 릴렉스한 상태에서는 엣지 각도도 조금 줄어들고 불필요한 하중이 걸리지 않아서, 보다 원활한 회전을 만들어 낼 수 있다. 하지만 안쪽발을 풀어주는 것이 과도하면, 안쪽 엣지가 지나치게 무너지면서 허리의 위치가 너무 회전 안쪽으로 이동한다. 이 경우에는 바깥발의 엣지가 지나치게 서버려서, 오히려 회전이 어려워지는 경우가 있으므로, 허리 위치를 가운데에 유지할 정도로만 안쪽발을 풀어주어야 한다.

피봇팅 조작이다. 플루그보겐 테일밀기에서는 뒤꿈치를 바깥쪽으로 밀어내는 초보적인 피봇팅을 사용하여, 스키의 테일을 바깥쪽으로 밀어내며 회전한다.

이렇게 테일을 밀어낼 때는 뒤꿈치를 움직이면서 허벅지를 안쪽으로 비트는 감각이 필요한데, 만약 다리를 비틀지 못하고 뒤꿈치만을 밀어내면, 탑과 테일이 함께 벌어져서 스키가 저항을 충분히 받지 못하고, 원활한 회전이 어려워지게 된다.

그러므로 뒤꿈치를 밀어낼 때는, 다리 전체를 안쪽으로 비틀어서 탑은 모으고 테일을 밀어내는 조작이 필요하다. 이때 테일 쪽이 가벼운 것이 뒤꿈치를 밀어내기에 유리하므로, 약간의 전경자세를 만드는 것이 좋다. 만약 테일밀기가 익숙해지면 전경자세뿐만 아니라, 후경자세에서도 실시하며 다양하게 응용연습으로서 실시할 수 있다.

4. 다리 전체를 비틀며, 뒤꿈치를 밀어낸다

플루그보겐에서 상체를 기울이며 바깥발에 하중을 실어주는 것만큼 중요한 것이, 바로 다리를 비틀며 스키를 돌려주는

5. 바깥발에 맞춰서 안쪽발도 함께 돌린다

스키의 회전은 바깥발이 중심이 되어 이루어진다. 플루그보겐에서도 바깥발이 회전의 원동력이 되고, 안쪽발은 바깥

발을 따라가는 보조적인 역할을 한다. 플루그에서는 양 엣지가 모두 안쪽으로 세워져 있으므로, 바깥쪽스키는 '회전방향'으로 엣지가 서 있지만, 안쪽스키는 '회전의 반대방향'으로 엣지가 서 있다.

그러므로 안쪽발의 처리가 미숙하면 안쪽발이 자칫 회전을 방해해 버릴 수 있다. 특히 고관절의 유연성이 떨어지는 스키어나, 스키기술이 미숙한 초급 스키어, 그리고 슬로프의 경사가 심한 경우에 안쪽스키가 걸리면서 자주 나타난다.

만약 안쪽스키가 원활하게 회전하지 못하면, 플루그의 크기가 커지면서 저항이 증가하게 되어, 활주성과 회전성이 동시에 떨어진다. 따라서 플루그보겐에서 회전할 때는 바깥발에 맞춰서 안쪽발도 함께 회전시키며, '플루그의 크기를 일정하게 유지하는 노력'이 필요하게 된다. 안쪽스키를 함께 돌릴 때는 다소 힘을 빼고 엣지를 풀어주는 것이 유리하므로, 앞에서와 같이 안쪽발을 릴렉스하게 유지해야 한다.

6. 중립자세는 정확하고 여유있게 만들어준다

회전을 연속하게 되면 반드시 양쪽 회전을 연결하는 중간자세가 발생하게 된다. 이 자세는 오른쪽 회전이나 왼쪽 회전에도 치우치지 않은 자세이기 때문에 '중립자세(Neutral Position)'라고 칭한다. 이러한 중립자세는 회전자세를 만드는 밑거름이 되므로, 보다 확실하고 정확하게 만들어줘야 하고, 보다 여유롭고 길게 만들어주어야, 다음 회전을 원활하게 이끌어낼 수 있다.

그러므로 첫 단추를 잘 꿰야 한다는 마음가짐으로, 플루그보겐부터 중립자세를 정확하고 여유롭게 만드는 버릇을 가지는 것이 좋다. 플루그보겐의 중립자세는 양스키가 A자인 상태로 만들어지는 것이 패러렐과는 다르지만, 양스키의 가운데 방향으로 상체가 향해야 하고, 양다리에 같은 양의 하중이 실려야 한다. 또한 양다리의 각도가 같아야만, 다음 회전을 보다 편하고 쉽게 시작할 수 있다.

또한 중립자세는 다소 길게 유지하면서 여유 있게 다음 회전을 준비하는 것이 좋은데, 특히 '경사면에 대해서 수직하게 서는 것'이 중요하다. 이렇게 경사면에 대해서 수직으로 설 수 있어야, 다음 회전의 바깥발에 정확하게 하중을 가할 수 있다. 또한 상급 기술에서 스피드가 빨라졌을 때, 무게중심을 안쪽으로 이동하여 외력에 버티는 자세를 쉽고 정확하게 만들 수 있다.

NG + Training

1. 몸이 안쪽으로 기우는 경우

⇨ 양팔 벌려 바깥쪽으로 기울이기

회전을 하기 시작할 때 가장 흔하고 쉽게 보이는 실수가, 바로 몸이 회전의 안쪽으로 기울어지는 것이다. 이는 아직 경사면에 대한 두려움을 극복하지 못한 초보자나 여성 스키어에게 많이 보이는 실수로서, 상체를 아래쪽인 계곡쪽으로 던지지 못하고 위쪽인 산쪽으로 기댈 때 쉽게 나타나게 된다.

이렇게 상체가 안쪽으로 기울어져 버리면, 바깥쪽스키에 하중이 전달되지 않아서 회전의 안정성이 떨어지고, 또한 스키가 설면의 그립력을 잃어버려서 조종력을 잃는다. 이렇게 바깥 스키의 안정성과 조종력이 떨어지면, 상체를 돌리면서 억지로 스키를 회전시키게 되어, 더욱 통제 불능의 악순환이 반복된다.

이를 극복하기 위해서는 바깥발에 확실하게 하중이 실리도록 만들어주어야 하는데, 여러 가지 방법 중에서 가장 쉽고 간단하게 실시할 수 있는 연습법인 양팔을 비행기처럼 벌려서 바깥쪽으로 기울이는 것이 효과적이다. 플루그보겐에서 폴 없이 양팔을 옆으로 벌려서 활주를 시작하고, 회전을 위해서 양팔을 바깥쪽으로 기울이며 바깥발에 하중이 실리도록 만들어준다.

양팔은 회전이 완전히 끝날 때까지 계속해서 기울여주고, 회전이 끝나면 중립자세에서는 다시 수평으로 되돌렸다가, 다음 회전에 들어가면서 반대쪽으로 기울여서 반대쪽 발에 하중을 실어준다. 이런 연습으로 바깥발에 하중이 정확하게 실리면 스키가 설면을 잡아주는 것이 느껴지는데, 여기에 맞춰서 피봇팅을 사용하며 적극적으로 스키를 컨트롤해야 한다.

2. 몸이 안쪽으로 돌아가는 경우
⇨ 양손 모아 바깥쪽 허리에 대주기

몸을 안쪽으로 기울이는 것만큼 쉽게 발생하는 실수는, 바로 몸을 안쪽으로 돌리며 회전하는 것이다. 이러한 실수의 원인은 아직 하체의 조작능력이 익숙하지 않은 상태에서 억지로 회전을 하기 때문이다. 즉 하체의 피봇팅 조작이 익숙하지 않은 상태에서 회전을 하기 때문에, 하체를 사용하지 못하고 상체를 돌리면서 억지로 회전을 만들어 내는 것이다.

이렇게 상체를 돌리면 중심이 흔들리기 때문에, 회전의 안정성이 크게 떨어진다. 또한 상체에 의지해서 회전을 만들어 내기 때문에 하체의 조작 능력은 더욱 떨어져서, 향후 스키기술을 배우는 데 큰 방해가 되어버린다. 그리고 상체를 돌리는 만큼 바깥발에는 하중이 모자르고, 안쪽발에 하중이 많이 실리므로, 밸런스를 잃거나 자칫 넘어지는 원인이 될 수 있다.

이를 고치기 위해서는 상체를 바깥쪽으로 향하게 해 주어야 한다. 양폴을 잡지 않고 연습을 실시하는데, 회전을 시작할 때 양손을 포개어 바깥쪽 허리에 대주며, 상체가 돌아가는 것을 방지하고 상체가 바깥쪽을 바라보는 외향자세를 만들어준다.

이렇게 양손을 바깥쪽 허리에 댄 상태에서 상체를 바깥쪽으로 기울이며 회전을 하고, 회전이 끝나면 다시 양팔을 앞으로 되돌리며 상체가 정면을 향하게 하였다가, 다음 회전에 들어가면서 양손을 포개서 반대쪽 허리에 대어서, 상체가 다시 바깥쪽을 향하게 해준다. 이때 평상시보다 조금 더 하체를 비틀며 피봇팅을 하는 감각에 집중하여야 더욱 연습 효과가 좋아진다.

3. 골반이 바깥쪽으로 빠지는 경우

⇨ 바깥쪽 손으로 허리 꺾어주기

몸이 안쪽으로 기울어지는 것과 비슷한 실수가 바로 회전 시 골반이 바깥쪽으로 빠지는 경우이다. 이것은 몸이 안쪽으로 기우는 것과 비슷하지만, 바깥쪽 골반이 빠져서 엣지가 제대로 서지 못하고, 외력에 버틸 수 있는 자세가 만들어지지 못하게 된다.

이렇게 골반이 빠진 상태에서는 바깥발에 하중을 가하기가 어렵기 때문에, 옆구리를 쥐어짜듯이 꺾어주며 억지로 하중을 가하게 되어, 몸에 무리가 많이 간다. 또한 상체도 쉽게 돌아가기 때문에, 하체를 제대로 비틀며 피봇팅을 하기가 어렵게 된다. 더욱이 엣지가 제대로 서지 못하므로 스키가 안정성 있게 회전하지 못하게 된다.

이렇게 골반이 빠지는 원인은 스키기술이 미숙하기 때문이기도 하지만, 생활습관이 안 좋아서 척추가 삐뚤어지고 골반이 틀어졌을 때, 한쪽 회전에서만 집중적으로 일어나는 경우가 많다. 그러므로 이러한 실수를 고치기 위해서는 '근본적으로 생활습관'을 바르게 하고, '몸의 정렬'을 똑바로 맞추어야 한다.

스키를 타면서 골반이 빠지는 것을 수정하기 위해서는, 회전의 바깥쪽 허리에 손을 대고 직접 꺾어주는 것이 효과적이다. 즉 양폴 없이 회전을 시작하고, 회전에 들어가면서 바깥 손을 바깥쪽 허리에 대고 안쪽으로 꺾어주며 회전을 한다. 회전이 끝나면 양손을 앞으로 뻗어주며 꺾었던 몸을 다시 가운데로 되돌리고, 다음 회전에 들어가면서 반대쪽 손으로 반대쪽 허리를 꺾어주며, 골반이 빠지지 않도록 노력한다.

1. 플루그보겐 테일밀기의 하중타이밍

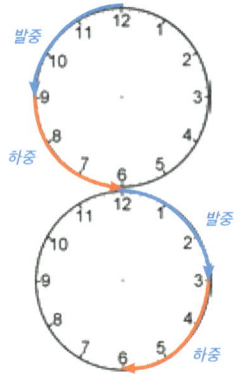

플루그보겐 테일밀기부터는 스키가 좌우 방향으로 돌아가며 회전을 시작한다. 이를 위해서는 상체를 기울이며 바깥쪽 발에 하중을 가하는 하중동작(Weighting)과, 상체를 세우며 하중을 빼주는 발중동작(Unweighting)을 연속해야 한다. 이때 원만하게 회전을 연속하기 위해서는, 스키에 하중을 가하고 빼주는 하중과 발중의 타이밍을 잘 조절하는 것이 필요하다.

플루그보겐 테일밀기에서 사용하는 '상체를 기울여서 하중을 가하는 방법'은, '스키어의 체중'을 중력을 이용하여 하중으로 바꿔서, '간접적'으로 스키에 힘을 가하는 방법이다. 그러므로 상체를 기울이는 타이밍은 조금 더 빠를 수 있지만, 실제로는 중력이 작용하는 최대 경사선부터 본격적으로 스키에 하중이 가해진다.

따라서 플루그보겐 테일밀기에서 하중이 들어가는 타이밍은, 스키가 최대경사선에 이르는 '3시나 9시' 근처가 된다. 이 때부터 본격적으로 하중이 가해지고 테일을 밀면서 회전을 지속하여, '6시나 12시' 근처에서 회전이 마무리될 때까지, 계속해서 바깥쪽스키에 하중을 실어주고 바깥쪽 발을 돌려준다.

회전이 마무리되면, 기울어졌던 상체를 다시 일으키며 하중을 빼주고, 비틀어졌던 하체를 풀어주며 다시 중립자세에 되돌아간다. 이때 상체의 외향이 풀리면서 생기는 '해방력'에 의해서, 스키가 자연스럽게 최대경사선 방향으로 떨어지며 다음 회전이 시작된다. 다시 스키가 최대경사선인 '3시나 9시' 근처에 이르면, 반대쪽 스키에 하중이 가해지며 테일이 바깥쪽으로 밀리고, 본격적으로 회전을 계속한다.

이렇게 스키에 하중을 가하고 빼는 타이밍은, 항상 일정한 것이 아니라 활주경사나 속도 그리고 목적 등에 따라서 달라지므로, 상황에 맞게 적절한 타이밍으로 하중과 발중을 실시하면서, 다양한 회전을 만들어 낼 수 있어야 한다.

2. 안쪽과 바깥쪽

스키를 타다 보면, 가장 많이 듣는 용어 중 다른 하나가 바로 '안쪽(Inside)'과 '바깥쪽(Outside)'이다. 이러한 안쪽과 바깥쪽은 스키가 경사에서 회전할 때 사용하는 용어로서, 정지 시나 혹은 사활강 시 사용하는 산쪽이나 계곡쪽과는 구분되어야 한다. 왜냐하면, 정지 시나 사활강 시는 스키의 위아래 쪽이 바뀌지 않지만, 회전을 하면 시작할 때와 마무리할 때 스키의 위아래 쪽이 바뀌기 때문이다.

그러므로 산쪽과 계곡쪽으로 부르는 것은 적절치 않고, 회전의 '안쪽'과 '바깥쪽'으로 부르는 것이 올바른 명칭이다. 즉, 스키가 왼쪽으로 돌아가는 왼쪽 회전을 한다고 가정하면, 회전을 시작할 때는 오른발이 산쪽에 그리고 왼발이 계곡쪽에 위치하지만, 회전을 마무리할 때는 왼발이 산쪽 그리고 오른발이 계곡쪽으로 바뀐다.

그러므로 회전을 할 때는, 회전호를 기준으로 중심부 쪽을 안쪽, 그리고 외부 쪽을 바깥쪽이라고 표현한다. 또한 중심부 쪽의 스키를 안쪽스키(Inside Ski), 외부 쪽의 스키를 바깥쪽스키(Outside Ski)라고 부르며, 중심부 쪽에 위치한 발을 안쪽발(inside Foot), 그리고 외부에 있는 발을 바깥쪽 발(Outside Foot)이라고 부른다.

3. 계곡돌기와 산돌기

스키 실력이 향상되어 중상급자가 되면서부터 자주 듣는 용어 중 하나가 바로 '계곡돌기(Downhill Turn)'와 '산돌기(Uphill Turn)'이다. 계곡돌기는 사선 방향으로 출발하여 최대 경사선을 넘어서지 않도록 회전하는 구간을 말하고, 산돌기는 최대 경사선 방향으로 출발하여 사선 방향을 넘어서지 않도록 회전하는 구간을 지칭한다.

이러한 계곡돌기와 산돌기는 각각 별도로 연습하기도 하지만, 대부분 하나의 회전에서 계곡돌기와 산돌기가 동시에 나타난다. 즉 회전을 시작하여 최대 경사선까지가 계곡돌기 구간이고, 최대 경사선부터 회전의 마무리까지가 산돌기 구간이다. 계곡돌기와 산돌기가 중요한 이유는 '중력이 작용하는 최대경사선'을 기준으로 힘과 경사가 바뀌기 때문이다.

즉 계곡돌기에서는 중력이 커지고 경사가 심해지기 때문에 스키의 낙하력과 활주력이 증가한다. 반대로 산돌기에서는 중력이 작아지고 경사가 약해지기 때문에 스키의 낙하력과 활주력이 감소한다. 따라서 계곡돌기에서는 주로 가속이 이루어지고, 산돌기에서는 주로 감속이 생기므로, 속도를 내는 활주에서는 계곡돌기를 길게 하고, 속도를 줄이는 활주에서는 산돌기를 길게 만드는 것이 좋다.

또한 계곡돌기에서는 경사에 거꾸로 서서 회전이 이루어지므로, 정확하고 안정된 회전자세를 만들어줘야 한다. 이를 위해서는 회전 시작부터 바깥발에 확실한 하중을 가해야 하는데, 처음에는 자신의 내력을 주로 사용하지만, 익숙해질수록 원심력과 활주력 등의 외력을 활용하여 계곡돌기의 회전자세를 셋팅하게 된다.

그리고 산돌기에서는 중력에 거슬러 올라가며 회전을 하므로, 저항과 압력을 줄이는 회전 자세를 만들어줘야 한다. 이를 위해서는 외력에 맞게 과도하지 않은 하중을 가해야 하고, 하체의 벤딩(Bending) 조작 등을 사용해서 불필요한 외력을 흡수하면, 낙하력을 활용하고 활주력을 만들며 저항력을 줄여서 경제적이고 효율적인 회전을 할 수 있다.

BEGINNER SKI TECHNIQUE

Lesson 16

플루그보겐 탑테일돌리기

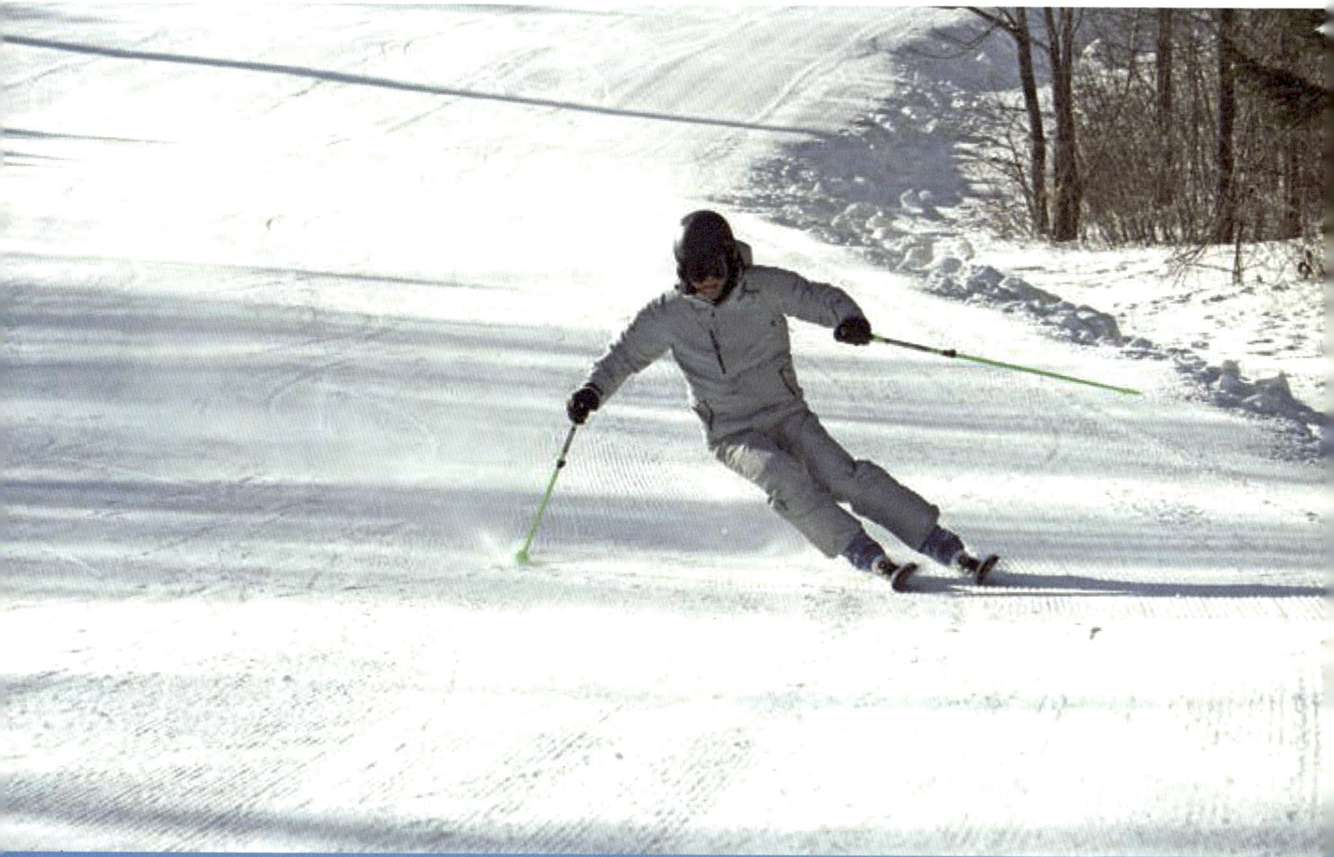

front

플루그보겐 테일밀기를 통해서 기본적인 회전감각과 체중이동을 익혔다면, 이제는 보다 섬세하고 수준 높은 엣징을 구사하며, 본격적이고 실전적인 탑테일돌리기 회전에 도전할 차례이다. 플루그보겐 테일밀기에서 상체를 바깥쪽으로 기울이며 초보적인 하중 방법을 익히고, 테일을 밀면서 기초적인 스키조작을 연습했다면, 이제는 활주 속도와 엣징의 질을 높여서, 보다 수준 높은 활주를 시작한다.

보다 활주 속도가 빠르고 수준 높은 회전을 하기 위해서는, 우선 상하운동을 이용하여 보다 강하고 단단하게 하중을 가하고, 엣지를 많이 세우고 스키의 탑과 테일을 동시에 돌려서, 보다 날카롭고 섬세한 엣징을 구사해야 한다. 상하운동을 이용한 하중 방법은, 단순하게 몸을 기울이는 방법에 비해서 큰 하중을 가할 수 있고, 또한 하중 포인트를 앞뒤로 움직이면서 보다 섬세한 하중을 가할 수 있다.

그리고 탑테일돌리기 회전은 단순하게 테일만 미는 것에 비해서, 보다 다양하고 수준 높은 회전을 할 수 있고, 또한 바깥쪽스키의 엣지도 많이 세울 수 있어서 스키의 그립력이 커진다. 그러므로 보다 빠른 속도에서도 안정성 높은 회전이 가능해진다. 이렇게 스키의 탑과 테일을 동시에 돌리는 기술을 '탑테일 슬라이드(Top-Tail Slide)'라고 하는데, 여기에서는 편의상 '탑테일돌리기'라고 표현하였다. 탑테일 슬라이드 회전은 스키조작의 중심을 이루는 중요한 기술이다.

플루그보겐 탑테일돌리기에서 '바깥쪽스키의 움직임'은 나중에 패러렐로 스키를 모았을 때도 거의 같고, 단지 안쪽스키만 모아지면서 플루그에서 패러렐로 바뀐다. 그러므로 플루그보겐 탑테일돌리기에서 확실하게 '바깥쪽스키의 완성도'를 높이는 것이 보다 빠르고 확실하게 '상급자가 되는 지름길'이라고 할 수 있다.

비교적 경사가 완만하고 한적한 초중급 슬로프를 골라서 활주를 시작한다. 활주를 시작할 때는 본인이 자신있는 쪽의 회전을 먼저 시작하는 것이 스피드 컨트롤에 유리하다. 양스키는 너무 크지 않은 적당한 플루그 스탠스를 만들어주며, 서서히 속도가 붙기 시작하면 하중과 조작을 가하면서 회전을 시작한다.

하중을 가할 때에는 상체 각도가 변하지 않도록 다운을 해야 하는데, 상체를 약간 바깥쪽으로 기울이면서 다운을 해야, 바깥발에 하중이 잘 전해지고 엣지를 세우는 것도 유리하다. 이렇게 스키에 하중을 가할 때는, 발바닥의 하중 포인트를 발 앞꿈치에서 뒤꿈치 쪽으로 이동시켜야, 보다 원활하고 섬세한 회전이 가능하다.

또한 하중을 가하면서 하체의 피봇팅을 실시하여 스키의 탑과 테일을 함께 돌린다. 이때 회전을 시작할 때는 약간의 전경자세이기 때문에 테일의 움직임이 크고, 회전의 마무리에서는 약간의 후경자세가 나오므로, 테일의 움직임이 작아지고 탑의 움직임은 커진다.

스키가 회전을 하면, 자연스럽게 원심력과 반발력과 저항력 등의 외력이 느껴지는데, 이러한 외력에 적절하게 버티기 위해서는, 중심의 위치를 회전의 안쪽으로 조금 이동시키는 것이 좋다. 그러므로 바깥쪽스키의 엣지각은 더욱 세워지고, 안쪽스키의 엣지각은 조금 풀어진다.

이렇게 바깥쪽스키는 하중과 엣지각이 증가하고, 안쪽스키는 하중과 엣지각이 감소하면, 결과적으로 안쪽스키의 저항이 감소하여 보다 원활하게 회전할 수 있다. 하지만 지나치게 안쪽스키의 엣지가 풀어지면 무게중심이 과도하게 안쪽으로 이동하면서, 오히려 바깥스키의 엣지각이 너무 세워져서 원활한 회전을 방해할 수도 있으므로 주의가 필요하다.

회전을 마무리하면, 다시 업을 하면서 상체를 일으키고 높은 자세로 되돌아온다. 이 자세에서는 양다리에 같은 하중이 실리고, 중심위치가 가운데에 놓이면서 중립자세가 만들어진다. 이렇게 높은 자세에서는 약간의 전경이 만들어지며 테일이 가벼워지므로, 또다시 바깥 스키의 테일을 밀어내면서 다음 회전에 쉽게 들어갈 수 있게 된다.

심력도 커진다. 이렇게 증가한 외력에 맞도록 신체를 적응시켜야 몸에 무리가 가지 않는 경제적인 스킹이 가능해진다.

테일밀기 조작에서는 스키의 그립력도 크지 않고 회전의 원심력도 작았기 때문에, 상체를 회전의 바깥쪽으로 기울이며 하중을 주어도, 신체에 가해지는 부담이 크지 않았다. 하지만 탑테일돌리기에서는 신체에 작용하는 외력이 늘어나므로, 지나치게 상체를 바깥쪽으로 기울이면, 오히려 원심력에 버티기가 어렵게 되고 몸에도 무리가 갈 수 있다.

그러므로 상하운동을 하며 하중을 가할 때도, 과도하게 몸을 바깥쪽으로 꺾는 것보다는 어깨, 골반, 무릎, 발목 등이 슬로프와 평행하도록 살짝 기울여 주는 정도가 좋다. 또한 신체의 무게중심도 약간 안쪽으로 이동하여야만, 보다 원심력에 잘 대응할 수 있게 되어 경제적인 스킹이 가능하다.

만약 신체각도가 지나치게 바깥쪽으로 꺾이게 되면, 바깥쪽스키가 설면을 과도하게 파고들어서, 저항이 커지고 활주력이 떨어지게 된다. 반대로 신체가 안쪽으로 기울며 무너지게 되면, 바깥쪽스키에 하중이 덜 전달되서 회전성과 안정성이

체크 포인트

1. 신체각도를 슬로프와 평행하게 유지한다

스키 조작이 탑테일돌리기로 바뀌면, 스키가 설면을 움켜쥐는 그립력이 커지고 스키가 미끄러지는 활주 속도도 빨라진다. 그러므로 설면에서 오는 저항이 늘어나고 회전에서 생기는 원

떨어지게 되고, 자칫 안쪽스키가 걸려서 넘어질 수도 있으므로 주의해야 한다.

2. 회전 시작에는 높은 자세와 발앞꿈치 하중을 만든다

탑테일돌리기부터는 스키에 많은 하중이 가해지고 엣지각도 커지게 되므로, 스키가 설면을 파고들면서 그립력이 좋아지게 되지만, 오히려 스키를 돌리는 피봇팅 조작은 조금더 어려워지게 된다. 그러므로 테일밀기에 비해서 보다 정확한 자세와 정교한 조작이 필요하게 된다.

탑테일돌리기는 스키의 탑과 테일을 함께 돌리는 조작이지만, 항상 탑과 테일이 같은 비율로 회전하는 것이 아니라, 회전을 시작할 때는 탑에 설면에 박히면서 테일이 많이 움직이고, 회전을 마무리할 때는 테일이 설면을 잡으며 탑의 움직임이 커져야, 샤프하게 스키를 회전시킬 수 있다.

그러므로 회전을 시작할 때는 스키에 하중을 가하기 쉬운 높은 자세를 만들어야 하며, 스키의 탑이 쉽게 설면을 파고 들고 테일이 잘 움직일 수 있도록, 발바닥 앞꿈치쪽에 하중이 실리는 전경자세를 취해야만 한다.

하지만 과도한 전경자세를 만들어 버리면, 상하운동이 원활하지 못해서 하중이 잘 가해지지 않게 되고, 테일이 지나치게 밀려서 오히려 스키의 안정성이 떨어진다. 반대로 회전시작에서 후경자세가 만들어져 버리면, 탑이 설면을 잘 파고들지 못하고 테일이 쉽게 움직이지 않아서, 스키의 회전성이 떨어지므로 주의가 필요하다.

3. 회전 마무리에는 낮은 자세와 발뒤꿈치 하중을 만든다

회전을 시작할 때는 스키의 원활하게 돌려주는 것에 촛점을 맞추었다면, 반대로 회전을 마무리할 때는 지나치게 스키가 돌아가는 것을 막고, 다음 회전을 미리 준비해야 한다. 그러므로 테일 쪽으로 하중을 이동시키며 테일그립을 만들어서 지나치게 밀리지 않도록 해야만, 다음 회전을 위한 준비를 원활하게 수행할 수 있다.

그러므로 하중이 잘 가해지도록 낮은 자세를 취하고, 스키의 테일 쪽에 하중이 전달되도록 발뒤꿈치를 눌러주어야 한다. 이렇게 낮은 자세에서 발뒤꿈치 하중을 만들어주면 약간의 후경자세가 만들어지는데, 스키를 샤프하게 회전시키고 스키의 반발력을 이끌어내기 위해서는 후경자세도 필요하다.

만약 회전의 마무리에서 오히려 전경자세를 만들어버리면, 스키의 테일이 지나치게 밀려서 안정감이 떨어지고, 다음 회전을 원활하게 연결하기 어렵게 된다. 반대로 지나치게 후경자세가 만들어지면 테일이 너무 걸려서 스키의 회전성이 떨어지고, 다음 회전의 전경자세로 되돌아가는 것이 어렵게 되므로 주의가 필요하다.

4. 상하운동 시 상체와 정강이 각도를 평행하게 유지한다

스키를 탈 때 중요한 원칙 중 하나가 바로 '상체각도'와 '정강이각도'를 평행하게 유지하는 것이다. 이는 기본자세를 만들 때는 물론이고, 회전을 위해서 상하운동을 할 때도 반드시 지켜야 한다. 상하운동은 스키에 하중을 가하는 역할은 물론이고, 하중이 전후로 이동하는 전후운동과, 하체를 비틀어주는 피봇팅조작도 함께 만들어지기 때문에, 스키에서 매우 중요한 기본동작 중 하나이다.

이렇게 하중동작과 전후운동과 피봇팅조작이 제대로 발휘되려면, 상체와 정강이를 평행하게 유지하며 상하운동을 해야 한다. 만약 다운을 하면서 상체만 숙이거나 무릎만 굽히면, 중심의 위치가 제대로 낮아지지 않아서 하중이 확실하게 전달되지 못한다. 또한 탑에 하중이 집중되며 테일이 너무 밀리게 되어, 회전의 안정감이 떨어진다. 반대로 다운을 하면서 상체나 무릎만이 뒤로 넘어가면, 스키의 테일 쪽에만 하중이 집중되게 되므로, 회전을 시작하기가 어려워지고 불필요한 체력소모가 커지므로 주의가 필요하다.

그러므로 상체와 정강이 각도를 평행하기 유지하는 것은 매우 중요한데, 이를 위해서는 상하운동을 할 때 시선의 높이를 일정하게 유지해서, 머리가 위아래로 움직이지 않아야 한다. 또한 신체중심이 위치한 허리를 움직인다는 의식을 가지고 상하운동을 해야 한다. 추가적으로 발목도 함께 움직여야 하는데, 다운을 할 때는 발목을 위로 젖혀주고 업을 할 때는 발목을 뒤로 당겨주어야, 정강이 각도를 일정하게 유지하며 제대로 된 하중과 전후운동을 할 수 있다.

5. 고관절을 기준으로 상하체가 분리되어야 한다

탑테일돌리기부터는 스키를 정교하고 섬세하게 돌려주는 것이 필요하다. 이를 위해서는 하체 전체를 비틀어주면서 보다 수준 높은 피봇팅을 구사해야 한다. 이때 상체는 고정되고 하체만 회전하여야 하는데, 이것을 '상하체의 분리(Separation)'라고 한다. 이처럼 상하체가 분리되는 것은 회전이 짧아지는 숏턴에서, 더욱 중요한 '핵심포인트'라고 할 수 있다.

이렇게 상체를 고정하고 하체만을 회전하는 분리의 기준점은 바로 상하체가 연결되는 '고관절'이다. 이를 위해서는 많은 연습을 통해서 상체를 고정시키고 하체만을 움직이는 것에 익숙해져야 하고, 또한 고관절이 유연하고 가동범위도 넓어야 한다. 특히 급사면 숏턴처럼 극단적으로 하체를 비틀어야 하는 상황에서는, 특히 고관절의 유연성이 필수라고 할 수 있다.

만약, 고관절이 뻣뻣하거나 분리연습이 충분하지 못하면, 피봇팅 시 골반이 함께 돌아가버려서, 스키의 테일이 밀리고 회전의 안정성이 떨어져 버린다. 또한 골반이 돌아가면 상체가 회전의 안쪽으로 쉽게 기울어져 버려서, 바깥쪽스키의 회전성이 떨어진다.

6. 회전 시 중심위치를 안쪽으로 이동시킨다

탑테일돌리기부터는 활주 속도가 빨라지면서 스키와 스키어에게 작용하는 외력도 커지기 시작하는데, 이러한 외력에 잘 대응해야만, 보다 경제적인 스킹이 가능하고 신체에도 무리가 덜 간다. 이렇게 외력에 잘 대응하기 위해서는, 원심력에 버틸 수 있는 자세를 만드는 것과 불필요한 저항을 줄여주는 것이 동시에 필요하다.

그러므로 신체의 무게중심이 위치한 골반의 위치를 조금 회전의 안쪽으로 이동하는 것이 중요하다. 이렇게 무게중심이 안쪽으로 이동하면, 일단 원심력에 쉽게 대응할 수 있는 자세가 만들어진다. 또한 중심이 안쪽으로 이동한 만큼, 바깥쪽스키의 엣지각도가 커져서 보다 강한 하중과 빠른 속도에 버틸 수 있는 그립력이 만들어진다.

그리고 중심이동으로 인하여, 안쪽스키의 엣지각도는 조금 줄어들어 회전을 방해하지 않고, 바깥쪽스키를 따라서 원활하게 회전한다. 즉, 플루그보겐에서 안쪽스키는 회전 방향의 반대쪽으로 엣지가 서있으므로, 결과적으로는 회전을 방해하는 힘이 작용할 수 있는데, 안쪽스키의 엣지 각도가 작아진 만큼 회전을 방해하는 힘이 줄어들어, 보다 수월하게 회전을 할 수가 있다.

이렇게 중심을 이동시키는 것은 속도, 경사, 회전호에 따라서 달라지는데, 상황에 맞지 않게 지나치게 안쪽으로 이동시키는 것은, 오히려 회전을 방해하므로 주의가 필요하다.

7. 하중은 서서히 증가시키고, 뒤꿈치에서 최대치가 가해진다

스키의 회전은 여러 가지로 '자동차의 운전'과 비슷한 면이 많다. 운전에서도 운행속도가 빨라질수록 급한 핸들조작을 하지 않듯이, 스키에서도 활주 속도가 빨라질수록 '급조작은 금물'이라고 할 수 있다. 특히 스키를 누르는 하중을 가할 때, 급격하게 많은 양의 하중을 가하는 것은 피하는 것이 좋다.

중립자세에서는 하중이 별로 가해지지 않은 상태였다가, 회전을 시작하면서 서서히 하중이 가해진다. 이때 '0%'부터 '100%'까지의 하중을 조금씩 증가시키며 천천히 가해야 한다. 특히 초보자의 경우는, 회전의 시작부터 갑자기 많은 하중을 급하게 가하는 경향이 있는데, 이는 자동차에서 핸들을 급하게 돌리는 것만큼 안 좋은 버릇이라고 할 수 있다.

그러므로 하중은 천천히 증가시키며 서서히 가해야 하고, 특히 발뒤꿈치에서 최대 하중이 가해지도록 해야 스키의 회전성과 안정성도 좋아진다. 왜냐하면 회전의 시작부는 계곡 아래쪽으로 떨어지는 구간이기 때문에 큰 외력이 작용하지 않아서 큰 하중이 필요하지 않지만, 회전의 마무리에서는 산 위쪽으로 올라가는 구간이기 때문에 큰 외력이 작용해서, 여기에 버티려면 큰 하중이 필요하기 때문이다.

이렇게 큰 외력에 버티려면 정강이뼈가 붙어있는 '복숭아뼈 아래쪽의 뒤꿈치'에 가장 큰 하중이 작용해야만 한다. 또한 뒤꿈치에 큰 하중이 가해진 상태로 버티려면 정강이의 전경각이 유지되어야 하는데, 이를 위해서는 하중을 가할 때 발목 전체를 위로 들어주면서 '발목의 긴장감'을 만들어주어야 한다.

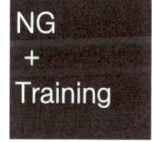

1. 상체를 앞으로 숙이는 경우
⇨ 양손 허리에 대주기

상하운동을 하면서 가장 흔하게 발생하는 실수가 바로 상체를 앞으로 숙이는 것이다. 이것은 기본자세부터 상체를 숙이는 버릇이 그대로 플루그보겐까지 이어지는 경우가 많은데, 반드시 고쳐야 하는 '악습 중 하나'라고 할 수 있다. 이러한 실수는 초보자나 여성 스키어에게서 흔하게 보이는 것으로, 스키를 확인하려고 시선이 너무 발아래만 바라보며 회전을 할 때 쉽게 발생한다.

이렇게 인사하듯이 상체를 숙이면, 스키어의 하중이 발바닥의 하중포인트에 제대로 전달되지 못해서 하중의 손실이 크게 발생한다. 또한 신체의 무게중심이 앞으로 쏠리기 때문에, 스키에서 가장 중요한 '전후 밸런스'가 무너지기 쉬워진다. 이렇게 전후 밸런스가 무너지면, 스키의 안정성이 크게 떨어져서 제대로 된 회전을 할 수 없게 된다.

이를 고치기 위해서는 일단 제대로 된 기본자세를 갖추는 것이 급선무인데, 특히 시선의 높이를 높게 유지하고 상하운동을 할 때도 높고 멀리 바라봐야 한다. 또한 상하운동 시 상체를 숙이지 않기 위해서는 골반이 아래위로 움직여야 하는데, 다운을 할 때 양손을 허리에 대고 아래쪽으로 눌러주는 연습을 하는 것이 좋다.

이렇게 시선을 높게 유지해서 상체가 안정되면, 전후밸런스가 개선되어 회전의 안정성이 높아지게 되고, 하중이 스키의 스윗스팟에 잘 전달되어 보다 경제적인 회전이 가능하다. 또한 하중의 전후운동이 원활해져서, 보다 부드럽고 수준 높은 회전이 가능해진다.

2. 상체가 뒤로 젖혀지는 경우

⇨ 양손으로 무릎 눌러주기

상체를 앞으로 숙이는 것과는 반대로 상체가 뒤로 젖혀지면서 후경자세가 되기도 하는데, 마찬가지로 기본자세가 잘못된 상태에서 회전을 할 때 흔하게 발생할 수 있다. 또한 초보자들이 경사에 대한 두려움을 가질 때 많이 보이는 실수라고 할 수 있다.

이렇게 상체가 뒤로 젖혀지면서 상하운동을 하면, 스키어가 가하는 하중이 테일 쪽에만 집중되어, 테일이 걸려서 원활한 회전이 어렵게 된다. 또한 중립자세에서도 후경이 되면서 '스키에 끌려가는 형태'가 되는데, 이 경우 스키를 제대로 컨트롤할 수 없게 된다. 그리고 발목이 펴지고 정강이가 뒤로 넘어가서 피봇팅에도 문제가 생기고, 허벅지 근육과 무릎 관절에도 과도한 부담이 되는 비효율적인 활주가 되어버린다.

이를 고치기 위해서는 일단 기본자세를 제대로 잡는 것이 가장 중요하다. 기본자세는 쉽게 흐트러지는 경우가 많으므로, 매번 첫 스킹 시에는 기본자세를 다시 체크하는 것이 좋다. 그리고 회전을 할 때 양손으로 무릎을 지긋하게 눌러주는 연습을 하는 것이 효과적이다. 이 연습으로 상체가 뒤로 젖혀지는 것을 막을 수 있고, 또한 가볍게 무릎을 눌러줌으로써 발목이 펴지며 정강이가 뒤로 넘어가는 실수도 줄일 수 있다.

하지만 무릎을 너무 강하게 앞으로만 눌러주면, 하중이 뒤꿈치로 전후이동하는 것이 어려울 수 있으니, 적당하게 눌러주는 것이 필요하다. 그러므로 다운을 할 때는 어디까지나 '부츠 앞에 가볍게 기대는 느낌'으로 하중을 가하는 것이 좋다.

3. 스키탑이 벌어지는 경우

⇨ 양손으로 바깥쪽 허벅지 돌려주기

플루그보겐을 할 때 흔하게 발생하는 실수 중 또 하나가 바로 스키탑이 벌어지는 것이다. 회전 시 탑이 벌어지는 원인은 '바깥쪽스키가 제대로 회전하지 못하기 때문'인데, 이것은 후경자세로 활주를 하거나 피봇팅 기술이 부족하거나 혹은 고관절이 뻣뻣한 것이 원인이다.

스키기술에서는 바깥쪽스키의 역할이 매우 중요하다. 만약 바깥쪽스키의 피봇팅이 부족하다면 제대로 된 회전호를 그릴 수 없게 되고, 특히 급사면에서의 스피드 컨트롤에 큰 문제가 발생하게 된다. 그러므로 초보자는 물론이고 상급자라도 바깥쪽스키를 확실하게 회전시키는 연습은 반복적으로 숙달할 필요가 있다.

스키탑이 벌어지는 것을 고치기 위해서는, 일단 기본자세를 확실하게 잡는 것이 필수이다. 이러한 기본자세에서 회전을 시작할 때는 전경자세를 만들어주고, 회전의 마무리에서는 약간의 후경자세를 만들어주는 것이, 바깥쪽스키를 원활하고 샤프하게 돌려주는 선행조건이다.

또한 양손을 모아서 바깥쪽 허벅지에 댄 상태에서 의도적으로 허벅지를 돌려주는 연습이 효과적인데, 이렇게 양손을 모아서 바깥쪽 허벅지에 대주면, 후경자세를 고치는 것에도 큰 도움이 된다. 양손으로 허벅지를 돌려줄 때는 발목부터 허벅지까지의 다리 전체가 원활하게 돌아가며 피봇팅이 만들어지는 것이 좋다.

또한 활주를 시작하기 전에 스트레칭을 충분히 해서, 관절과 신체의 가동범위를 늘려주는 것이 좋고, 비시즌과 일상생활에서 미리 고관절을 비롯한 신체의 유연성을 길러 놓아야, 기술 향상은 물론이고 부상 방지에도 큰 도움이 된다.

1. 플루그보겐 탑테일돌리기의 하중타이밍

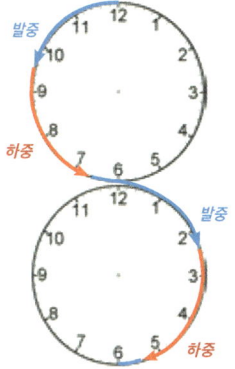

플루그보겐 탑테일돌리기는 테일밀기에 비해서 활주 속도가 조금씩 빨라지면서, 중상급 기술로 발전하기 위한 디딤돌을 마련한다. 이렇게 활주속도가 빨라진 만큼 스키의 안정성도 높아져야 하는데, 이를 위해서는 스키엣지의 그립력도 커져야 하고 그립 시간도 길어져야 한다.

그러므로 테일밀기에 비해서 조금 더 일찍 스키에 하중을 가해야 하기 때문에, 스키가 최대 경사선에 이르기 전인 '9시 반'과 '2시 반' 근처에서 스키에 하중을 가하기 시작한다. 이때 하체를 구부리면서 상하운동을 하며 스키를 직접적으로 눌러주고, 하체를 비틀면서 피봇팅 조작을 하며 적극적으로 스키를 돌려준다.

탑테일돌리기부터는 활주 속도와 엣지그립이 커진 만큼, 스키가 지나치게 산쪽으로 말려 올라가지 않고 다음 회전방향으로 잘 떨어지기 위해서는, 테일밀기에 비해서 조금 더 일찍 하중을 마무리하는 것이 좋다. 그러므로 테일밀기보다 약간 이른 타이밍인 '5시반'과 '6시반' 근처에서 하중동작을 마치고, 업을 하며 하중을 빼주고 비틀어졌던 하체도 풀어주며 중립자세로 되돌아간다.

다음 회전을 시작할 때는, 이전 회전에서 발생하는 '비틀림의 해방력'과 중력에서 생기는 '스키의 낙하력'을 이용하며, 다음 회전방향으로 스키가 자연스럽게 떨어질 때까지 발중 상태를 유지하며 끈기있게 기다려준다. 그리고 스키가 최대경사선에 이르기 전인 '9시반'과 '2시반' 근처에 오면, 다시 하중과 피봇팅을 시작하며 본격적으로 회전을 하게 된다. 탑테일돌리기도 테일밀기와 마찬가지로 상황에 따라서 발중과 하중타이밍을 조절하게 되는데, 이를 통해서 기술의 깊이와 넓이를 점점 늘려가며, 중급자가 되기 위한 초석을 마련하게 한다.

2. 스킹 시 작용하는 힘

스키를 타다 보면, 많은 외력(外力)들이 스키어의 외부로부터 작용하게 되고, 이러한 힘들과 균형을 맞추기 위하여 스키어는 내력(內力)을 사용하며 활주를 하게 된다. 우선 스키어의 활주를 일으키는 근본적인 힘은 지구가 스키어를 중심방향으로 끌어당기는 '중력(重力)'이라 할 수 있다.

이러한 중력에 의해서 스키가 경사 위에서 아래쪽으로 미끄러지며, 스키어는 회전을 시작한다. 그리고 회전을 시작하려면, 스키어는 '근력'을 사용하여 스키에 하중을 가하고, 이 결과 설면에서 '반발력'이 발생한다. 또한 스키가 미끄러지기 시작하면, 스키의 '활주력'이 생겨나고 설면에서 '저항력'이 발생한다. 그리고 회전이 시작되면, 스키어가 바깥쪽으로 밀려나는 '원심력'이 발생하는데, 여기에 버티기 위해서는 중심을 안쪽으로 이동시키며 '구심력'을 만들어주어야 한다.

스키의 회전은 이러한 '힘의 균형을 무너뜨리고 다시 맞추는 과정의 반복'이라고 할 수 있는데, 회전을 시작하기 위해서는 의도적으로 균형을 무너뜨려서 '회전의 원동력'을 만들어준다. 이렇게 무너진 힘의 균형을 회복하기 위하여 스키가 움직이며 회전이 시작된다. 이렇게 무너졌던 힘의 균형이 다시 맞춰지면서 회전이 마무리되고, 중립자세에서는 일시적인 힘의 균형이 발생한다. 다음 회전을 하기 위해서 다시 반대 방향으로 움직이며 힘의 균형을 무너뜨리고, 다음 회전을 이끌어낸다.

스키를 처음 시작하는 초보자 때는, 이러한 외력이나 힘의 균형과 상관없이 '스키어의 근력'만을 이용해서 회전을 하지만, 점점 스키기술이 향상될수록 내력의 사용비율은 줄이고 외력의 이용비율을 높이게 된다. 또한 처음에는 힘의 균형을 조금 무너뜨리고 조금 맞추며 회전하지만, 기술이 늘어갈수록 힘의 균형을 크게 무너뜨리고 크게 맞추는 '다이나믹하고 스릴 넘치는 회전'으로 발전한다.

BEGINNER SKI TECHNIQUE

Lesson 17

슈템턴 후반모으기

front

플루그보겐 탑테일돌리기를 통하여 스키의 활주속도를 높이고, 섬세하게 회전하는 감각을 익혔다면, 이제는 양스키를 모아주면서 초보적인 패러렐 감각을 익힐 차례이다. 양스키를 플루그로 넓혔다가 다시 패러렐로 모아주며 회전하는 기술을 '슈템턴(Stem turn)'이라고 하는데, 슈템턴은 양스키를 모아서 회전하는 것은 물론이고, 엣지를 안팎으로 바꿔주는 것도 처음으로 익힐 수 있는 중요한 기술이라고 할 수 있다. 이제부터는 스키를 돌려주는 방법은 모두 '탑테일돌리기'로 실시한다.

슈템턴에서 양스키를 모아주는 타이밍은 다양한데, 우선 가장 쉬운 방법인 회전의 후반부에 양스키를 모아주도록 한다. 이를 위해서는 보다 정확한 바깥발 하중과 확실한 외향경 자세가 필요해진다. 스키를 모을 때는 단순하게 스키의 스탠스만을 플루그에서 패러렐로 바꿔주는 것이 아니라, 스키의 엣지를 함께 바꿔주어야 한다. 즉, 스키를 모을 때는 안쪽스키의 엣지를 '안쪽에서 바깥쪽'으로 바꿔야 하고, 스키를 넓혀줄 때는 바깥쪽스키의 엣지를 '바깥쪽에서 안쪽'으로 바꿔줘야 정확한 슈템턴이 가능해진다.

또한 양스키가 플루그인 상태에서는 신체중심이 양스키 사이에 위치하고 있다가, 패러렐로 모아주면서 양스키의 안쪽에 위치하게 된다. 이렇게 신체중심이 회전의 안쪽에 위치하려면 큰 원심력이 필요하게 된다. 이를 위해서는 보다 빠른 활주속도와 안정된 그립력과 높은 조작능력이 필요하게 된다.

슈템턴의 전환구간에서는 신체의 중심이 일정하게 유지된 상태에서 양스키를 넓히거나 모으면서 회전을 하게 된다. 이렇게 '중심이 안정된 상태에서 양스키를 움직이며 전환하는 슈템턴'의 특성은, 패러렐턴의 '양스키를 움직이지 않으면서 신체의 중심을 회전의 안쪽으로 이동시키는 전환방법'과는 상반된 것이다. 이러한 슈템턴의 전환방법은 나중에 배울 패러렐턴의 전환방법을 위한 밑거름이 되므로 잘 익혀두어야 한다.

경사가 부담스럽지 않은 초중급 경사의 슬로프를 찾아서 회전을 실시한다. 슈템턴부터는 어느 정도 속도가 필요하므로 적절하게 가속을 붙여서 회전을 시작하는 것이 좋다. 일단 패러렐로 출발하여 플루그로 스키를 넓혀주며 회전에 들어가게 된다. 이때 경사에 비스듬하게 사선으로 출발하여 적당하게 스피드를 조절하면서 회전하는 것이 편리하다.

다음 회전의 바깥쪽스키를 플루그로 넓히며 중립자세를 만들면서 회전을 시작한다. 이때 업을 하면서 스키를 가볍게 만들어 줘야, 보다 쉽고 편하게 플루그를 만들 수 있다. 이렇게 스키를 넓힐 때는 경사 아래쪽에 있는 스키에 완벽하게 체중이 실리고, 엣지가 설면을 단단하게 잡고 있어야 한다.

양스키가 플루그로 넓혀졌다면, 이제는 하체를 구부리며 다운을 하면서 스키에 하중을 가하고, 하체를 비틀며 피봇팅을 하면서 스키를 회전시켜야 한다. 이때 플루그보겐 탑테일돌리기와 동일한 방법으로 바깥발을 누르며 스키를 돌려줘야 하는데, 하중포인트를 앞꿈치에서 뒤꿈치로 이동시키며 하중과 피봇팅을 가해야만, 보다 부드럽고 샤프한 회전이 가능해진다.

회전이 충분히 이루어질 때까지 바깥스키를 누르고 돌려준 다음, 회전의 후반부가 되면 안쪽스키를 모으며 다시 패러렐를 만들어 준다. 이를 위해서는 플루그보겐보다 더 확실한 바깥발 하중과 바깥스키의 그립력이 필요하게 되므로, 더욱 수준 높은 회전기술과 조작능력이 필요하게 된다.

패러렐로 회전을 마무리하게 되면, 다시 업을 하면서 스키를 플루그로 넓히고 중립자세로 되돌아가며, 다음 회전을 준비한다. 이렇게 상하운동을 하면서 동시에 양스키를 모으거나 넓혀주며 회전을 만들어내기 위해서는, 플루그보겐에 비해서 수준 높은 기술이 필요하므로, 더욱 꾸준하고 반복적인 훈련이 필요하게 된다.

슈템턴의 핵심포인트는 바로 '플루그에서 양스키를 모아서 패러렐로 만들어주는 것'이다. 스키를 모을 때는 회전의 안쪽스키를 움직여서 바깥쪽스키에 붙여야 한다. 이때 안쪽스키는 가볍게 만들어서 움직이기 쉽게 해주어야 하고, 반대로 바깥쪽스키는 무겁게 만들어서 설면에 단단하게 고정시켜 주어야 한다.

이렇게 바깥쪽스키를 무겁게 만들기 위해서는, 보다 확실한 다운동작으로 스키어의 하중을 바깥쪽스키에 집중되게 만들어줄 수 있어야 한다. 이를 위해서는 상체각도를 유지하면서 다운을 해야 하고, 회전의 바깥쪽으로 상체를 조금 기울이면서 어깨, 골반, 무릎, 발목 등이 설면에 대하여 평행하게 유지되어야 한다.

또한 정확한 다운동작을 위해서는 발목, 무릎, 고관절이 적절하게 구부러져야 하고, 발바닥 앞꿈치부터 뒤꿈치까지의 하중포인트에 순차적으로 힘이 가해져야 한다. 이렇게 바깥발에 하중이 잘 전달되고 상체가 바깥쪽으로 적절하게 기울어지면, 바깥발부터 안쪽 어깨까지 외력에 버티는 '파워라인(Power Line)'이 만들어진다.

슈템턴에서 스키를 모을 때는, 스키를 설면에 붙인 상태에서 끌어당기며 모을 수도 있고, 혹은 공중에 들어올려서 보다 적극적으로 모을 수도 있다. 특히 스피드가 빠르거나 급사면인 경우에는 스키를 들어서 모으는 것이 유리한데, 이를 위해서는 바깥쪽스키에 거의 100%의 하중이 가해져야 하므로, 경사가 급해지거나 속도가 빨라질수록 바깥발 하중이 더욱 중요해진다.

체크 포인트

1. 보다 확실한 바깥발 하중을 만들어준다

2. 안쪽발의 발목과 발바닥 감각을 의식한다

초보자가 스키를 정확하게 모아주는 것은 쉽지 않은 일이다. 특히 회전 중에는 바깥쪽스키를 계속 회전시키면서, 동시에 안쪽스키를 모아줘야 하기 때문에 더욱 난이도가 높아진다. 그러므로 처음 슈템턴으로 활주하기 전에 평지에서 스키를 모아주는 연습을 충분히 하고 나서 활주를 시작하는 것이 좋다.

처음 스키를 모아줄 때는 '무릎'을 의식하는 경우가 많은데, 무릎을 붙이는 것에 신경 쓰다 보면 스키를 섬세하기 움직이기 어려워진다. 더욱이 스키는 제대로 붙지 못하고 양 무릎만 붙어서 '삼각다리'가 나와버리기도 한다. 그러므로 스키를 모으거나 넓혀줄 때는 '발목과 발바닥'을 의식하며 보다 정확하게 조작을 해야 한다. 즉, 스키를 모아줄 때는 새끼발가락 쪽의 바깥엣지를 의식하고, 반대로 스키를 넓혀줄 때는 엄지발가락 쪽의 안쪽엣지를 의식하며, '스키를 뒤집어주듯이 모으거나 넓혀야' 보다 정확한 슈템턴이 가능해진다.

이때 스키의 엣지가 바뀌면서 '엣지 교환(Edge Change)'이 일어나는데, 보다 섬세하고 정확하게 엣지를 교환하기 위해서는, 부츠 안에 있는 발목도 함께 꺾어주며 스키를 움직여야 한다. 이를 위해서는 엄지발가락이나 새끼발가락 쪽을 들어 올려서 발목이 바깥쪽이나 안쪽으로 꺾여야 한다.

3. 스키를 넓힐 때는 안쪽엣지를 의식한다

스키를 넓힐 때는 설면에 붙인 상태에서 밀어낼 수도 있고, 설면에서 들어올린 상태에서 넓혀주는 방법이 있다. 보통 슈템턴을 처음 접하는 초보자이거나 혹은 저속이나 완사면일 경우에는, 스키를 설면에 붙인 상태에서 테일을 밀어내는 것이 쉽고 편리하다. 이렇게 스키를 넓힐 때에는 안쪽엣지를 의식하며 설면을 쓰다듬는다는 느낌으로 넓히는 것이 좋다.

스키를 넓혀주는 것은 단순하게 스탠스를 패러렐에서 플루그로 바꾸는 것이 아니라, 스키의 엣지를 바깥쪽에서 안쪽으로 바꾸는 것과 스키어의 체중을 다음 회전의 바깥쪽스키로 옮기는 것이 더욱 중요하다. 그러므로 넓혀주는 스키의 안쪽엣지를 의식하여야 하고, 이렇게 바뀐 안쪽엣지에 하중을 확실하게 옮기면서, 다음 회전을 준비해야 한다.

또한 스키를 넓혀줄 때는, 스키어가 설면에 수직하게 서면서 중립자세로 잘 되돌아와야 다음 회전에 원활하게 들어갈 수 있다. 그러므로 스탠스, 엣지 그리고 하중을 동시에 바꿔주고 신체도 똑바로 일으키는 '여러가지 조작과 동작'이 '패러렐에서 플루그로 바꾸는 단순한 움직임'만으로 해결되는 것이 바로 슈템턴의 장점이다.

4. 스키를 모을 때는 바깥쪽엣지를 의식한다

스키를 모을 때도 넓힐 때와 마찬가지로 설면에 붙이거나 공중으로 들어올리는 두 가지 방법으로 실시할 수 있다. 이때는 넓힐 때와 반대로 '바깥쪽엣지'를 의식하면서 스키를 모아주어야 한다. 특히 슈템턴은 '패러렐턴을 위한 과도기'라고 할 수 있으므로, 양스키를 제대로 모아서 패러렐턴을 위한 첫단추를 잘 꿰는 것이 중요하다.

이를 위해서는 모아주는 스키의 바깥쪽엣지를 의식하며 패러렐을 잘 만들어야 하는데, 특히 스키의 엣지가 제대로 바뀌지 못하게 되면, 하체가 삼각다리가 되어버려서 정확한 패러렐 자세가 만들어지지 못하므로 주의가 필요하다.

특히 발바닥의 새끼발가락 쪽으로 설면을 가볍게 쓰다듬는 느낌을 가지고 스키를 모으는 것이 좋다. 또한 스키를 모았을 때는 안쪽스키가 바깥쪽스키보다 조금 더 엣지를 넘긴다고 의식해야, 실제로는 양스키의 엣지가 비슷하게 서서 정확한 패러렐 자세가 만들어진다. 이를 위해서는 바깥발 하중을 확실하게 만들어서, 스키어의 체중을 온전하게 바깥발만으로 지탱할 수 있어야 하는데, 경사나 스피드, 회전호에 맞도록 적절한 하중과 정확한 자세를 만들어주어야 한다.

5. 플루그에서는 정대자세를 만든다

슈템턴 후반모으기부터는 플루그와 패러렐 스탠스가 동시에 사용되기 시작하므로, 슈템턴은 '플루그보겐과 패러렐턴의 조합'이라고 할 수 있다. 이렇게 플루그에서 패러렐로 원활하게 발전하는 것이 슈템턴의 가장 큰 목적이다. 이를 위해서는 각각의 스탠스에 맞는 적절한 자세를 만들어주는 것이 중요하다.

슈템턴 후반모으기에서 플루그의 역할은 회전을 시작하는 것이고, 패러렐의 역할은 회전을 마무리하는 것이다. 플루그에서 회전을 시작하기 위해서는 중립자세가 제대로 만들어져야 하는데, 이때는 양스키에 하중이 균등하게 실려야 하고 상체가 정면을 향해서 양스키의 가운데 방향과 일치해야 한다.

이렇게 플루그에서 상체가 양스키의 가운데로 향하게 되면, 결과적으로 '양스키에 대하여 각각의 외향'이 만들어지게 되어서, 다음 회전을 쉽게 시작할 수 있는 중립자세가 만들어지게 된다. 만약 어느 한쪽으로 상체가 비뚤어지게 된다면 회전의 마무리가 잘되지 않거나 혹은 시작이 어려워지게 되므로, 정확한 '정대방향의 중립자세'로 되돌아오는 것이 중요하다.

또한 이때는 상체도 슬로프에 대하여 수직으로 서야 하는데, 그래야만 양스키에 균등한 하중이 실리게 되어, 다음 회전의 바깥발로 체중을 이동하기가 쉬워진다. 만약 상체가 제대로 서지 못하면, 바깥발에 하중을 가하기가 어려운 것은 물론이고, 바깥쪽스키의 엣지를 세우기도 힘들어지므로 주의가 필요하다.

6. 패러렐에서는 외향자세를 만든다

슈템턴에서 플루그의 역할이 '회전을 시작하는 것'이었다면, 패러렐의 역할은 '회전을 마무리하는 것'이라고 할 수 있다. 또한 회전의 마무리는 다음 회전으로 바로 연결되므로, 회전을 마무리할 때는 다음 회전의 시작도 고려하는 것이 필요하다.

이를 위해서는 패러렐에서 상체방향이 '스키에 대하여 바깥쪽을 바라보는 외향자세'가 만들어져야 한다. 외향자세에서는 상체가 스키에 대하여 사선방향을 바라보기 때문에, 스키가 옆으로 밀리면서 동시에 앞으로 나아가게 된다. 이렇게 스키가 비스듬하게 미끄러지면, 스피드가 적절하게 컨트롤되면서 회전을 마무리할 수 있게 된다.

만약, 상체가 스키에 대하여 정대방향을 바라보면, 스키가 너무 앞으로만 나아가서 스피드를 컨트롤하기가 어려워진다. 반대로 상체가 지나치게 옆으로 틀어져서 외향자세가 과도해지면, 스키가 너무 옆으로만 밀리게 되어 감속요소가 지나치게 커지게 된다.

또한 패러렐에서 외향자세가 만들어져야, 다음 회전에서 플루그를 만들 때, 바깥발을 넓혀주는 동작이 자연스럽게 나오게 된다. 만약 패러렐에서 상체가 돌아가게 되면 스키의 테일이 밀려버리면서, 다음 회전을 위해 플루그의 중립자세를 만드는 것이 어렵게 된다.

7. 바깥쪽 자세를 똑같이 유지한다

플루그에서 패러렐로 스키를 모아줄 때, 가장 중요한 한 가지는 바로 '바깥쪽 자세를 똑같이 유지하는 것'이다. 즉 플루그에서 만들어진 바깥쪽 자세가 그대로 유지되면서 스키를 패러렐로 모아주어야 한다. 이렇게 바깥쪽으로 기울어진 외경자세가 유지되어야만 회전을 안정되게 이어갈 수 있게 된다.

8. 패러렐에서 양스키의 전후차를 의식한다

플루그의 바깥쪽 자세

패러렐의 바깥쪽 자세

양스키의 전후차

슈템턴을 하면서 가장 쉽게 범하는 실수는, 스키를 모아주면서 기울어졌던 상체가 일어나서 외경자세가 무너져 버리는 것이다. 이렇게 외경자세가 무너지면, 바깥쪽스키의 하중과 엣지가 무너지면서 스키가 밀려버리게 되어, 회전이 불안정하게 된다.

이렇게 바깥쪽 자세를 똑같이 유지하기 위해서는, 정확한 상체의 자세와 확실한 하체의 조작이 필요하다. 상체에서는 몸을 바깥쪽으로 기울이며 어깨와 골반이 적당하게 꺾여야 하고, 하체에서는 스키의 하중과 엣지를 유지하기 위해서 발목, 무릎이 확실하게 버텨줘야 한다.

따라서 슈템턴에서는 결국 플루그와 패러렐의 바깥쪽 자세는 동일하고, 안쪽 자세가 바뀌면서 변화를 만들어낸다는 것을 깨닫게 된다. 그러므로 슈템턴에서 바깥쪽 자세를 정확하고 확실하게 만들어야, 보다 쉽고 빠르게 패러렐턴으로 접근할 수 있다. 또한 스키기술에서 바깥쪽 발의 중요성을 다시 한번 느낄 수 있는 것이 바로 슈템턴이다.

패러렐로 스키를 모아줄 때, 반드시 필요한 것 중 하나가 바로 '양스키가 앞뒤로 엇갈리는 전후차(Lateral Separation)'라고 할 수 있다. 즉, 패러렐에서 양스키를 모을 때는, 안쪽스키가 바깥쪽스키의 조금 앞에 위치하도록 놓아야 한다.

이렇게 전후차가 만들어지면, 발목, 무릎, 골반, 어깨도 전후차에 맞춰서 평행하게 정렬되어, 결국 상체가 회전의 바깥쪽으로 향하는 외향자세를 유지하기가 쉬워진다. 이렇게 전후차가 만들어지고 상체가 바깥쪽으로 정렬되면, 스키어가 가하는 하중이 스키에 대해서 비스듬하게 작용하면서, 보다 스키의 컨트롤이 좋아지게 된다.

이러한 전후차는 회전에 따라서 다양하게 설정할 수 있는데, 탑테일돌리기에서는 보통 부츠 바닥길이의 반(반족장, 半足掌)정도로 설정하게 된다. 이 정도로 전후차를 만들어주면 스키가 옆으로 미끄러지면서 앞으로도 나아가게 되므로, 회전성과 활주성이 적절하게 균형잡힌 회전을 할 수 있다.

만약 전후차가 너무 커져서 스키가 앞뒤로 과도하게 엇갈리게 되면, 스키가 옆으로만 지나치게 밀리면서 활주성이 나빠지고 스피드가 크게 줄어들게 된다. 반대로 전후차가 너무 작아져서 스키의 엇갈림이 과도하게 적어지면, 스키가 앞으로만 지나치게 미끄러져서 회전성이 떨어지고 컨트롤이 나빠지게 된다. 그러므로 원하는 회전에 맞춰서 적절하게 전후차를 조절할 수 있어야 한다.

이렇게 전후차를 조절할 때는 특히 '골반의 방향'을 전후차에 맞도록 조절하는 것이 중요한데, 처음에는 전후차에 골반을 맞추다가 나중에는 골반을 돌려서 스키의 전후차를 적극적으로 조절할 수 있게 된다. 하지만 초보자는 물론이고 상급자의 경우도 전후차가 제대로 만들어지지 못하는 경우가 많은데, 대부분 골반이 유연하지 못해서 쉽게 돌아가 버리는 것이 원인이므로, 확실하게 '골반 중심의 전후차'를 익혀두도록 한다.

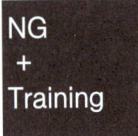

1. 몸이 안쪽으로 넘어가는 경우
⇨ 바깥쪽 폴 설면에 끌어주기

슈템턴에서 몸이 안쪽으로 넘어가는 것은, 초보자는 물론이고 중급자에게서도 쉽게 보이는 실수 중 하나이다. 이것은 외경자세가 확실하게 만들어지지 못하는 경우 많이 발생하는데, 주로 플루그에서 스키를 돌릴 때 많이 나타나며 스키를 모아주는 과정에서도 자주 발생할 수 있다.

이렇게 몸이 안쪽으로 넘어가게 되면, 바깥쪽스키에 가해지는 하중은 부족해지고 안쪽스키에 과도한 하중이 가해지게 되어서, 회전의 안정감이 떨어지게 되고 최악의 경우 균형을 잃고 넘어질 수도 있으니 주의가 필요하다. 몸이 안쪽으로 넘어가는 실수는 플루그보겐, 슈템턴, 패러렐턴은 물론이고, 숏턴에 이르기까지, 스키어를 계속해서 괴롭히는 고질적인 악습관이 될 수 있으므로, 초기부터 확실하게 고치는 것이 가장 좋다.

몸이 안쪽으로 넘어가는 것을 고치는 방법에는 여러 가지가 있다. 이번에는 양폴을 들어서 어깨에 올렸다가 바깥쪽 폴을 설면에 끌어주는 연습을 하며, 몸을 바깥쪽으로 확실하게 기울이도록 한다. 즉, 플루그에서 양폴을 어깨에 올려주고 회전을 시작하면서 바깥쪽 폴을 내려서 설면에 끌어주고, 이 상태를 유지하며 양스키를 패러렐로 모아준다.

이때 스키를 모으고 회전을 마무리할 때까지 바깥쪽 폴을 계속해서 끌어주는데, 단순하게 폴만 내리는 것이 아니라 어깨와 상체도 함께 기울여 주도록 연습한다. 회전이 마무리되어서 플루그 자세로 되돌아올 때는 다시 양폴을 어깨에 올려서 중립자세로 되돌아오며, 다음 회전을 준비하도록 한다.

2. 몸이 안쪽으로 돌아가는 경우
⇨ 양손 바깥쪽 무릎에 대주기

슈템턴 후반모으기에서 몸이 안쪽으로 돌아가는 것은, 스키 기술이 부족한 초보자는 물론이고 중급자에게서도 쉽게 볼 수 있는 실수라고 할 수 있다. 특히 플루그에서 패러렐로 스키를 모아주면서 많이 일어날 수 있는 실수라고 할 수 있는데, 상급자가 되기 위해서는 반드시 고쳐야 하는 악습 중의 하나이다.

회전 시 몸이 돌아가는 원인은 하체를 이용한 스키조작이 익숙하지 못해서, 상체에 의존해서 스키를 돌려버리기 때문이다. 또한 경사면에 대해서 공포심이 있을 때, 상체를 돌려서 경사를 회피하려고 할 때 많이 나타나게 된다. 이렇게 상체가 회전방향으로 돌아가버리면, 스키의 테일이 지나치게 밀리면서 회전의 안정성이 크게 떨어진다. 그리고 바깥쪽스키에 하중이 전달되기 어려워져서 원하는 회전호를 그리기 힘들어진다.

이렇게 상체가 돌아가는 것을 고치기 위해서, 양폴을 들지 않고 회전을 하면서 양손을 모아서 바깥쪽 무릎에 대주고, 상체가 돌아가는 것을 막는 것이 효과적이다. 회전을 시작하면서 양손을 앞으로 뻗어서 중립자세를 만들어주고, 회전에 들어가면서 양손을 모아서 바깥쪽 무릎에 대주고, 상체를 바깥쪽으로 향하도록 만들어서 회전을 계속한다.

회전을 마치면 다시 양손을 앞으로 해서 정대자세로 되돌아왔다가, 다음 회전에 들어가면서 바깥쪽 무릎에 양손을 대주며 외향자세로 회전을 계속한다. 이때 회전의 마무리까지 상체를 계속 바깥쪽으로 향해서, 외향자세가 미리 풀려버리지 않도록 주의한다.

3. 삼각다리가 되는 경우
⇨ 양 주먹을 양 무릎 사이에 넣어주기

슈템턴부터는 양스키를 모으는 패러렐 스탠스가 만들어지게 되는데, 이때부터 자주 문제가 되는 것이 바로 '삼각다리'이다. 삼각다리는 양다리의 각도가 평행하지 못하고, 바깥쪽 다리만 지나치게 꺾이고 안쪽다리는 제대로 넘어가지 못해서 '삼각형 모양'이 되는 것이다.

삼각다리가 나오면, 바깥쪽 다리는 지나치게 엣지가 너무 많이 서게 되어 원활한 회전이 어렵게 된다. 또한 안쪽 다리는 엣지가 덜 서므로 회전성이 떨어지게 되어, 결과적으로 회전에 방해가 되어버린다. 이러한 이유들로 원활한 회전이 어렵게 되고 외관상으로도 좋지 않다.

삼각다리가 나오는 원인은 다양하게 있는데, 여성 스키어처럼 골반이 큰 경우에는 구조적으로 삼각다리가 쉽게 나올 수 있다. 그리고 상체가 회전 안쪽으로 넘어간 경우에, 균형을 맞추기 위해서 바깥다리를 지나치게 안쪽으로 꺾어서 나올 수도 있고, 하중을 가할 때 지나치게 정강이를 앞으로 누를 때도 삼각다리가 나오게 된다.

삼각다리를 고치기 위해서는, 우선 바깥쪽과 안쪽다리가 넘어가는 각도를 일치시키는 것이 가장 중요한데, 여기에서는 양 주먹을 모아서 양 무릎 사이에 넣고 양다리가 비슷하게 넘어가도록 만들어준다. 이때 바깥쪽 무릎보다는 안쪽 무릎을 더 많이 넘겨준다는 의식이 있어야 양다리의 각도가 비슷하게 유지된다. 또한 상체가 바깥쪽으로 제대로 기울지 못하면 안쪽 다리가 서버리면서 삼각다리가 나오기 쉬우므로, 양 무릎을 함께 넘겨주면서 상체를 바깥쪽으로 기울이는 것도 함께 의식해야 한다.

플러스 알파

1. 슈템턴 후반모으기의 발바닥 및 발목감각

슈템턴 후반모으기부터는 양스키의 엣지를 안팎으로 교환하고 동시에 양다리의 체중이동도 실시하기 때문에, 보다 섬세하고 수준 높은 엣징감각이 필요하다. 특히 바깥스키를 플루그로 넓히면서 엣지셋팅을 정확하게 하여야만 원활하게 회전을 시작할 수 있는데, 이때 약간의 전경자세를 만들고 가볍게 엣지를 세워서 회전에 들어갈 준비를 미리 해야 한다.

특히 플루그를 만들면서 바깥스키가 지나치게 앞으로 밀려 나오지 않도록 조심해야 하는데, 골반이 돌아가거나 발목이 지나치게 펴지면 스키가 앞으로 밀려나면서 후경이 만들어지고, 스키테일이 걸려서 회전시작이 어렵게 되므로 주의가 필요하다. 그러므로 플루그를 만들 때는 골반이 돌아가지 않도록 주의하고, 스키를 약간 뒤로 당겨주면서 넓혀야, 적절한 전경자세가 만들어져서 보다 쉽게 회전을 시작할 수 있다.

스키를 모을 때는 바깥발로 설면을 단단하게 지지한 상태에서 안쪽발을 뒤집어주면서 모아주는데, 하중을 가할 때 바깥발의 뒤꿈치를 확실하게 누르면서 강한 엣지그립을 만들어야 안쪽발을 자유롭게 움직일 수 있다. 특히 안쪽발을 모을 때는 발목이 아래쪽으로 처지지 않도록 주의해야, 안쪽발이 제대로 뒤집혀서 바깥엣지가 제대로 세워지게 되고, 안쪽발을 원활하게 바깥발에 동조시킬 수 있다.

2. 스키에 하중을 가하는 방법

스키가 설면을 미끄러지며 회전하기 위해서는, 우선 스키에 가해지는 '하중'이 필요하다. 여기에 스키를 돌리고 엣지를 세워주는 '조작'을 추가하면, 비로소 '회전에 필요한 3요소'가 갖춰진다. 이렇게 하중은 스키를 회전시키기 위한 필수요소인데, 하중을 가하는 방법에는 환경과 목적에 따라 크게 세 가지가 있다.

하중은 가해지는 방법에 따라서 '싣는 힘'과 '누르는 힘' 그리고 '버티는 힘'이 있다. 첫 번째로 싣는 힘을 생각할 수 있는데, 이것은 가장 간단하고 쉬운 방법이다. 이 방법은 스키어의 무게를 중력을 이용하여 단순하게 스키에 얹어주는 것이다.

스키어의 무게는 주로 몸통에 있으므로, 회전을 할 때 몸통을 바깥쪽으로 기울이며 바깥스키에 하중을 가해주게 된다.

이러한 싣는 힘은 스키어의 근력을 이용하여 직접적으로 스키를 누르는 것보다는, 중력에 의해서 스키어의 무게가 스키에 간접적으로 실리기 때문에, 큰 힘이 전달되기는 어렵고 스키의 그립력도 커지지 않게 된다. 하지만, 단순하게 상체를 바깥쪽으로 기울이는 동작으로 하중이 가해지기 때문에, 초보자도 쉽고 편하게 하중을 가할 수 있는 장점이 있다.

두 번째는 누르는 힘을 생각할 수 있는데, 이것은 보다 섬세하고 수준 높은 방법이다. 이 방법은 스키어의 근력을 이용하여 상하운동을 하면서 스키를 누르는 것이다. 이때는 다운동작에 의해서 높은 곳에 있던 '스키어의 무게'가 낮은 곳으로 이동하며, 바깥스키를 직접적으로 누른다.

이러한 누르는 힘의 상하운동은 스키에 하중을 가하는 것 이외에도, 하체를 구부리며 전후운동을 일으킨다. 또한 상하운동을 하면서 신체중심을 회전의 안쪽으로 이동시켜서, 하체가 기울어지며 엣지를 세우는 효과도 있다. 그리고 하체를 구부리기 때문에, 관절의 가동범위가 늘어나고 피봇팅이 더욱 쉬워지며, 스키를 적극적으로 돌릴 수 있는 장점이 있다.

그러므로 상하운동에 의한 누르는 힘은 회전의 3요소를 동시에 충족시키는 장점이 있다. 이러한 누르는 힘은 다양한 방법으로 변화하며, 여러 가지 회전을 만들어내는 '가장 폭넓은 하중법'이라고 할 수 있다.

세 번째는 버티는 힘을 생각할 수 있는데, 이것은 보다 강하고 힘 있는 방법이다. 이 방법은 설면에서 발생하는 외력에 스키어의 근력으로 버티면서, 스키에 하중이 간접적으로 가해진다. 카빙턴처럼 빠른 속도로 회전을 하면, '설면에서의 반발력'

과 '회전의 원심력' 등의 강한 외력이 생기는데, 스키어가 근력을 사용하여 이 외력에 버티면, 결과적으로 큰 하중이 바깥스키에 가해진다.

이렇게 버티는 하중을 가할 때는 외력의 크기에 맞는 동일한 내력을 사용하는 것이 중요한데, 이때는 근육의 등척성(等尺性 / Isometric) 운동을 사용하여, 하체의 길이를 일정하게 유지하며 회전을 지속하는 것이 필요하다. 버티는 하중을 사용하기 위해서는 일단 회전이 시작되어 반발력과 원심력이 발생해야 한다. 그러므로 버티는 힘은 단독으로 사용되기보다는, 누르는 힘을 사용하여 회전의 시동을 걸어주고, 그 다음 버티는 힘으로 전환하며 회전을 계속하는 것이 일반적이다. 이러한 버티는 힘은 마치 '스쿼트(Squat)'처럼 가장 큰 하중에 버틸 수 있는 장점이 있으므로, 주로 고속이나 급사면 혹은 깊은 회전호의 카빙턴에서 많이 사용된다.

스키에 하중을 가하는 세 가지의 힘은 단독으로 사용되기도 하지만, 상황과 목적에 따라서 섞여서 사용되는 경우도 많다. 즉, 테일밀기에서는 주로 싣는 힘이 많이 사용되고, 탑테일 돌리기에서는 누르는 힘을 주로 사용하지만 회전의 중후반부에는 버티는 힘도 일부 사용한다. 또한 카빙에서는 회전의 전반부에 누르는 힘을 사용하여 회전의 시동을 걸고, 버티는 힘으로 회전을 주로 하게 된다. 그러므로 이러한 힘들을 필요에 따라서 적절하게 섞어서 사용할 수 있는 것도 '기술의 넓이와 깊이'라고 할 수 있다.

BEGINNER SKI TECHNIQUE

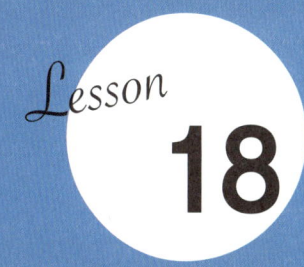

Lesson
18

슈템턴 전반모으기

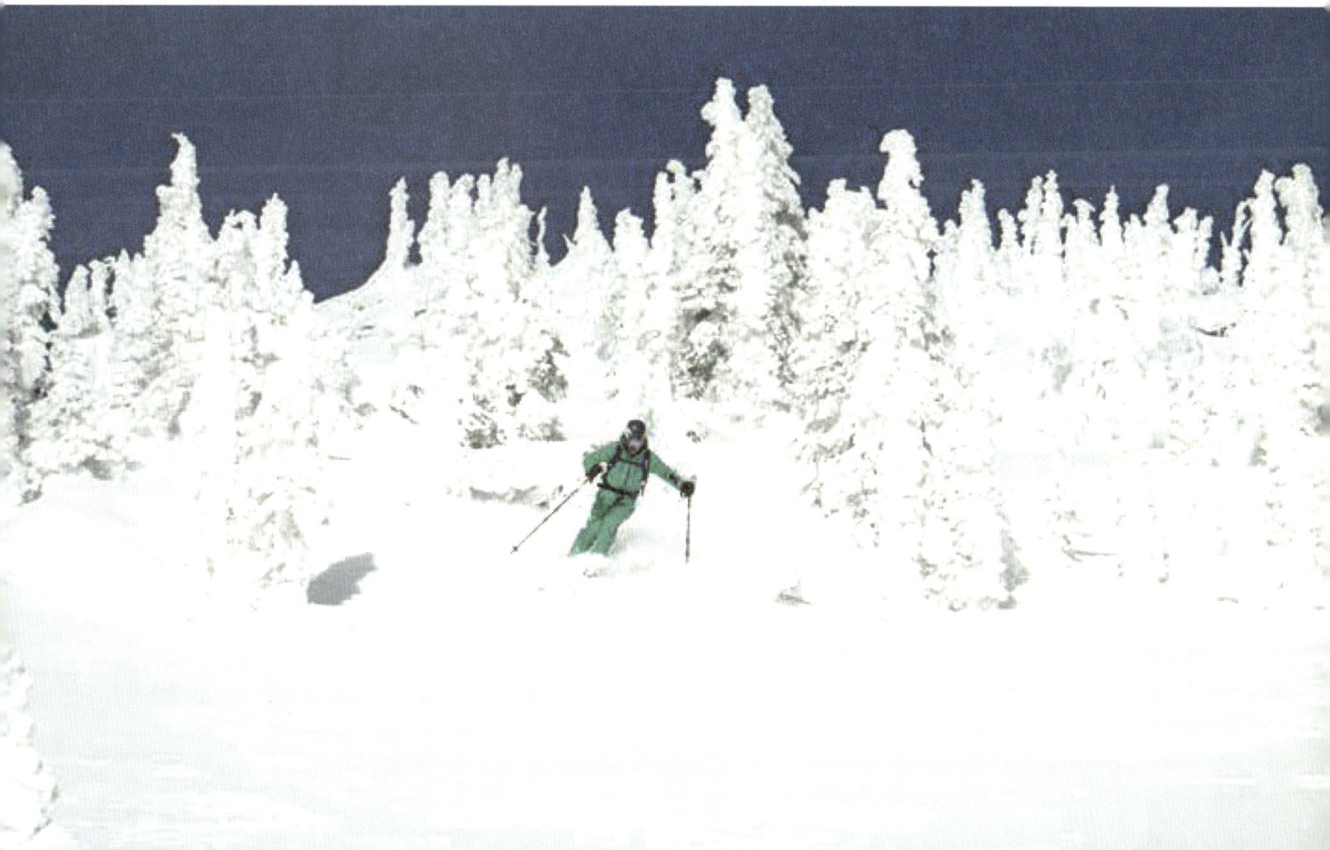

front

슈템턴 후반모으기를 통해서 기본적인 패러렐 감각과 정확한 스키 조작과 확실한 바깥발 하중을 익혔다면, 이제는 스키를 모아주는 타이밍을 빠르게 하여, 회전 전반부에 스키를 모아주는 '슈템턴 전반모으기'에 도전해 본다. 회전의 전반부에 스키를 모아주기 위해서는, 회전의 시작부터 미리 확실한 하중을 실어주어야 하며, 훨씬 더 섬세한 스키조작과 정확한 외향경자세를 만들 수 있어야 한다.

플루그와 패러렐을 비교해보면, 플루그는 스키가 'A자 형태'이므로 보다 안정적이고 회전하기도 쉽지만, 항상 저항을 받는 자세이므로 체력소모가 심하고 하체관절의 부담도 높다고 할 수 있다. 반면에 스키가 '11자'인 패러렐은 회전하기가 다소 어렵고 밸런스가 불안정할 수 있지만, 상대적으로 체력소모가 적고 관절부담이 적은 스탠스라고 할 수 있다.

또한 스키기술이 향상되면, 자연스럽게 활주거리가 늘어나게 되고 활주속도가 빨라지게 되며 활주경사도 급해지게 된다. 그러므로 플루그로 활주하게 되면, 체력소모가 크고 근육의 피로가 심해지고 관절에도 무리가 갈 수 있다. 따라서 스키기술이 향상되면 패러렐에 대한 필요성이 당연히 높아지게 되고, '패러렐턴으로 가는 바로 전 단계'가 바로 슈템턴 전반모으기라고 할 수 있다.

이러한 슈템턴 전반모으기는 스키를 일찍 모아주며 속도가 빨라지고 경사도 급해지는 만큼, 스키어의 밸런스를 잘 유지하며 회전하여야 하는데, 이때 필요한 것이 바로 '폴을 설면에 찍어주는 폴체킹(Pole Checking)'이다. 폴체킹은 처음 익힐 때는 어색하고 불편하지만, 상급기술로 갈수록 역할이 커지게 되므로 반드시 습득해야 할 기술이며, 폴체킹을 제대로 할 수 있어야 진정한 상급자라고 할 수 있다.

앞서 연습한 슈템턴 후반모으기에서는, 플루그로 회전하기 때문에 안쪽발의 도움을 받을 수 있어서 상대적으로 밸런스를 잡기가 쉬웠다. 하지만 슈템턴 전반모으기는 패러렐로 회전해서 안쪽발의 도움을 받을 수 없으므로, 밸런스를 유지하기가 한층 어려워진다. 그러므로 슈템턴 전반모으기를 제대로 하기 위해서는, 설면에서 발생하는 저항력과 회전에서 만들어지는 원심력 등의 외력을 잘 이용할 수 있어야 한다.

방법

비교적 경사가 있는 중사면에서 주변을 잘 살핀 상태에서 출발한다. 슈템턴 전반모으기부터는 어느 정도 활주속도가 빠르기 때문에, 주변 스키어나 보더 등에 주의하면서 활주를 시작하도록 한다. 이때 사면에 대해서 비스듬하게 출발하여 속도를 조절하면서 회전에 들어가는 것이 좋다.

처음에는 다운상태의 패러렐에서 출발하여 업을 하며 스키를 플루그로 넓혀주면서 중립자세로 들어가고, 동시에 폴을 앞으로 내밀면서 폴체킹을 준비하도록 한다. 이때 양스키의 하중과 엣지의 각도가 비슷하게 맞아야 하며, 상체는 경사면에 대해서 수직으로 서야, 정확한 중립자세가 만들어지며 다음 회전을 잘 준비할 수 있다.

이제 폴체킹을 한 다음, 다운을 하면서 바깥스키에 하중을 가하고 동시에 안쪽스키를 패러렐로 모아주면서, 스키를 회전시키기 시작한다. 이때 회전의 시작부터 확실한 바깥발 하중과 정확한 외향경 자세가 만들어져야 하며, 하중이 발앞꿈치에서 뒤꿈치로 옮겨가며 적극적인 피봇팅이 이루어져야 한다.

스키가 완전히 반대 방향으로 돌아갈 때까지 다운을 계속하며 회전을 유지하는데, 회전의 마지막까지 바깥발에 정확하고 확실한 하중이 실려야만 안정되게 회전을 계속할 수 있다. 특히 회전의 마지막에 상체가 안쪽으로 돌아가거나 무너져 버리면, 스키테일이 밀리며 회전의 안정성이 떨어질 수 있으니 주의가 필요하다.

회전이 끝나면 다시 업을 하면서 스키를 플루그를 넓히며, 다음 회전을 준비하도록 한다. 업을 할 때는 발뒤꿈치에 있던 하중포인트를 다시 발앞꿈치로 옮기고, 양발의 하중을 비슷하게 만들어주며 중립자세로 되돌아간다. 또한 폴체킹을 미리 준비하고, 상체를 경사면에 수직으로 세워서 다음 회전의 중심이동에 대비하도록 한다.

하중을 비슷하게 만들어주는 것이 선행되어야만 가능하다.

슈템턴은 패러렐로 회전을 마무리하고 플루그로 중립자세에 들어가게 되는데, 패러렐에서는 거의 100%에 가까운 하중을 바깥발에 주었다가, 플루그에 들어가면서 양발의 하중을 비슷하게 만들어야 한다. 이상적인 중립자세에서는 양발의 하중이 똑같이 셋팅되어야 하지만, 경사가 심해질수록 바깥발에 하중을 미리 옮기는 것이 어렵게 되므로, 실제로는 양발의 하중을 같게 만들기는 쉽지 않다.

그러므로 경사가 심해질수록, 다음 바깥발로 하중을 옮겨주는 것을 적극적으로 수행해야만, 슈템턴 전반모으기를 원활하게 할 수 있다. 또한 회전에서 오는 원심력을 능숙하게 이용할 수 있어야만, 보다 확실하게 바깥발 하중을 만들 수 있는 동시에, 더욱 정확하게 밸런스를 유지하며 회전할 수 있다.

만약, 중립자세에서 바깥발에 하중을 미리 실어주지 못하면, 일단 안쪽스키를 모으기 어려워진다, 또한 다음 회전의 바깥발로 옮겨야 하는 하중의 양도 많아지기 때문에, 하중이동에 대한 부담도 커지게 되므로 주의가 필요하다.

체크 포인트

1. 중립자세에서는 양발의 하중을 비슷하게 만들어준다

슈템턴 전반모으기에서는 회전의 전반부터 양스키를 모아주어야 하는데, 이를 위해서는 보다 확실한 바깥발 하중을 만들어 주는 것이 필요하다. 이것은 우선 중립자세에서 양발의

2. 회전전반부터 바깥발 하중을 확실하게 유지한다

회전의 전반부터 양스키를 모아주기 위해서는, 스키가 모이는 안쪽스키는 가벼워져야 하고, 신체를 지지하는 바깥쪽스키는 무거워져야 한다. 즉 중립자세에서 양발에 비슷하게 놓여졌던 하중이, 회전의 전반부터 바깥발로 미리 옮겨지며 정확한 체중이동이 이루어져야 한다.

이를 위해서는 우선 회전의 전반부터 상체를 정확하게 바깥쪽으로 기울이는 외경자세를 만드는 것이 중요하다. 다만 슈템턴 전반모으기부터는 활주속도가 빨라지게 되어서 원심력도 커지므로, 지나치게 바깥쪽으로 몸을 꺾는 것이 아니라 원심력에 버틸 수 있는 적절한 외경자세를 만들 수 있어야 한다.

이때 발목, 무릎, 고관절이 적절하게 꺾이며 '바나나 모양'을 만들어주는 것이 좋은데, 어느 하나의 관절만이 과도하게 꺾이는 것은 좋지 않다. 특히 골반을 잘 기울이며 몸을 바깥쪽으로 꺾어줘야 원활하게 외경자세를 만들 수 있는데, 만약 골반은 움직이지 못하고 어깨만을 과도하게 기울이면, 몸통이 찌그러지면서 신체에 무리가 가게 되므로 주의한다.

바깥발 하중을 위해서 또 하나 중요한 것은 바로 '원심력을 능숙하게 이용하는 것'이다. 이전 회전에서 발생하는 원심력의 도움을 받아서 다음 회전의 바깥발을 눌러주면, 보다 힘을 덜 쓰면서 확실한 바깥발 하중을 미리 만들어 줄 수 있다.

3. 중립자세에서 신체를 경사에 수직으로 만들어준다

슈템턴 전반모으기부터는 조금 더 활주속도가 높아지고, 활주경사도 급해지기 시작한다. 그러므로 회전에서 발생하는 저항력이나 원심력도 커지게 마련이다. 이렇게 커진 외력에 잘 대응하기 위해서는, 중심의 위치를 회전에 안쪽으로 적극적으로 이동시켜야 한다.

이렇게 중심의 위치를 안쪽으로 이동시키기 위해서는, 우선 중립자세에서 신체를 경사에 수직하게 만들어주어야 한다. 보통의 초중급자들은 중사면은 물론이고 특히 급사면에서 중립자세를 만들 때, 신체를 설면과 수직하게 만드는 것에 대해서 어려움을 느낀다. 왜냐하면 신체를 경사에 수직하게 만들기 위해서는, 몸을 경사 아랫쪽으로 던진다는 의식이 필요한데, 이것에 공포심을 갖기 때문이다.

스키기술이 향상될수록 회전에서 발생하는 외력에 대하여 균형을 맞추는 것이 필요한데, 특히 원심력에 대응하여 신체중심을 계곡 아랫쪽으로 던지는 것은, 상급자로 올라가기 위한 필수요건이다. 이렇게 중립자세에서 중심을 아랫쪽으로 던져주며 신체를 경사에 수직하게 만들 수 있어야만, 회전전반부에 스키를 모으고 원심력에 잘 적응하며 경제적인 활주를 할 수 있다.

이러한 과정은 경사가 심해질수록 혹은 속도가 빨라질수록 더욱 어려워지기 마련인데, 만약 중립자세에서 신체를 경사에 수직하게 만들지 못하면, 회전에 들어가면서 급격하게 신체중심을 안쪽으로 이동시켜야 하므로 밸런스를 잃기 쉽다. 또한 신체중심이 있는 상체가 안쪽으로 이동하지 못하면, 하체의 엣지각도를 세우기 어려워서 원활한 회전을 할 수 없다.

4. 회전중에는 확실한 외향경사자세를 유지한다

다른 회전들과 마찬가지로 슈템턴 전반모으기에서도 외향경사자세를 정확하게 만드는 것은 중요하다. 특히 회전 전반부에 패러렐을 만들어주므로, 외향경사자세도 전반부부터 확실하게 만들어주어야 한다.

보통의 초중급자들은 회전전반부에 스키를 모아줄 때, 상체가 일어나면서 외경자세가 무너져 버리거나, 혹은 상체가 돌아가면서 외향자세가 흐트러지는 경우가 많다. 이렇게 회전의 전반부에 외경자세나 외향자세가 망가져버리면, 회전의 중후반부에 스키가 밀려버려서 회전의 안정성이 떨어지거나 혹은 스키가 지나치게 돌아가 버려서, 다음 회전에 원활하게 들어갈 수 없게 된다.

그러므로 회전의 시작부터 확실한 외향경사자세를 만들어주는 것은, 슈템턴 전반모으기를 제대로 하기 위해 매우 중요하다. 이를 위해서는 여유로운 마음으로 천천히 회전한다는 의식을 가지는 것이 필요하다.

이렇게 회전에 들어갈 때는, 시선이 회전의 바깥쪽을 바라보아야 상체도 자연스럽게 바깥쪽으로 향할 수 있다. 또한 다운을 하며 하중을 가할 때, 골반을 함께 기울이며 발목과 무릎과 고관절을 이용해서 '바나나 모양'의 외경자세를 만들 수 있어야 한다.

5. 폴체킹은 손목을 주로 사용해서 폴끝을 움직인다

슈템턴 전반모으기가 후반모으기에 비해서 가장 크게 달라지는 점은 바로 '폴체킹'이 추가되는 것이다. 폴체킹은 처음에는 어색하고 불편하지만, 익숙해지면 중심이동을 돕거나 회전템포를 맞추고 신체운동을 만드는 데, 커다란 역할을 하는 필수기술이라고 할 수 있다.

6. 업에서 폴체킹을 준비하고, 폴체킹 후, 다운을 시작한다

대부분의 초보자들은 폴체킹을 할 때 팔꿈치나 어깨를 많이 움직여 버리는데, 이는 상체의 밸런스를 깨는 주된 원인이 되므로 좋지 않다. 폴체킹은 최소한의 관절동작으로 행하여야 하므로, 주로 손목과 손가락의 움직임을 많이 사용해야 하고, 부수적으로 팔꿈치를 조금 쓰는 정도로 하는 것이 좋다.

그러므로 폴체킹을 준비할 때는 손목과 손가락을 사용해서 '폴끝을 들어올리는 느낌'으로 해야 한다. 이로써 폴은 손목을 중심으로 '진자운동'을 하면서 앞뒤로 움직인다. 초보자는 자꾸 주먹 자체를 앞으로 내밀면서 폴을 찍으려고 하는데, 폴체킹을 할 때는 폴을 쥔 주먹의 위치가 앞뒤로 움직이는 것은 좋지 않다.

이렇게 주먹의 위치는 고정한 상태에서, 폴끝만을 들어준다는 느낌으로 폴체킹을 준비해야만, 폴이 정확한 진자운동을 하면서 안정되게 폴체킹을 할 수 있다. 폴체킹 동작은 '예쁘고 우아한 활주자세를 결정하는 열쇠'를 쥐고 있으므로, 최소한의 관절동작으로 수행하는 것이 필요하다. 팔꿈치와 어깨를 많이 사용하는 요란한 폴체킹은, 스키어의 자세를 흐트러뜨려서 보기 싫은 자세를 만들어 버리므로, 처음부터 제대로 된 폴체킹을 익히는 것이 좋다.

폴체킹을 리드미컬하게 하기 위해서는 상체의 상하운동과 폴체킹의 리듬을 매칭시키는 것이 필요하다. 더 나아가서는 폴체킹이 회전리듬을 이끌어내므로, 상급자가 되기 위해서는 '폴체킹과 상하운동의 매칭'이 필수이다.

폴체킹은 보통 두 가지의 템포로 실시하는데, 우선은 긴 템포의 회전에서 실시하는 '롱턴형 폴체킹'이 있고, 반대로 짧은 템포의 회전에서 행하는 '숏턴형 폴체킹'이 있다. 폴체킹은 이전 회전에서 다음 회전으로 옮겨지는 '전환구간'에서 찍게 되므로, 보통 중립자세 근처에서 폴체킹을 하게 된다.

일반적으로 긴 템포의 롱턴은 시간적인 여유가 있으므로 업을 하면서 미리 폴체킹을 준비한다. 그리고 중립자세에서 폴체킹을 실시하고, 다운을 하면서 회전에 들어가게 된다. 그러므로 롱턴형 폴체킹의 템포는 '업하면서 폴체킹 준비 ⇨ 폴체킹 ⇨ 다운하면서 회전시작'이 된다. 하지만 다음번에 나오게 될 숏턴에서는 템포가 빨라지므로 폴체킹도 더 빨리 준비하고 더 일찍 찍어주어야 한다.

폴을 찍은 다음에는 손이 뒤로 빠지지 않도록 주의해야 하는데, 폴을 찍으면서 가볍게 손목을 꺾어주며 '스냅(Snap)'을 사용한다는 느낌을 가지면, 손도 뒤로 빠지지 않고 보다 안정되고 우아한 팔자세를 만들 수 있다.

7. 폴체킹은 앞바인딩 근처에 가볍게 찍어준다

처음 폴체킹을 익힐 때는 폴을 찍어주는 위치가 중요한데, 초중급자 때는 '폴을 찍어주는 위치를 의식'하며 폴체킹을 하는 것이 좋다. 하지만 상급자가 되면, 폴을 앞뒤로 흔들어주며 '폴스윙(Pole Swing)'을 하였을 때, 폴을 자연스럽게 제 위치를 찾아서 저절로 찍혀진다.

초보자의 경우는 폴을 찍어주는 위치를 지나치게 스키의 탑 쪽에 찍어주려는 의식이 강한데, 이렇게 과도하게 스키탑 근처에 폴을 찍으려고 하면, 상체가 함께 돌아가 버려서 외향이 무너지고, 테일이 밀려서 회전의 안정성이 떨어져 버릴 수 있다.

그러므로 지나치게 폴을 스키탑 쪽에 가깝게 찍는 것보다는 앞 바인딩 근처에 찍어주는 것이, 어깨가 돌아가거나 외향자세가 무너지는 것을 방지하며, 안정되게 폴을 찍어줄 수 있

다. 폴을 찍어주는 위치는 항상 고정된 것이 아니라, 턴의 성격에 따라서 조금씩 바꿔주는 것이 좋으므로, 앞서 이야기했듯이 '회전에 맞춰서 폴스윙을 만들어주면 자연스럽게 폴을 찍는 위치가 변화'한다.

폴체킹은 어디까지나 회전의 보조동작이므로 최대한 가볍게 찍어주는 것이 좋다. 폴을 세게 찍으면, 자꾸 폴체킹에 의지하게 되므로 기술향상에 자칫 방해가 될 수 있다. 또한 상급자가 되어서 빠른 속도나 급한 경사 등에서 폴체킹을 세게 하면 손목이나 팔꿈치 등에 무리가 올 수 있으므로 주의가 필요하다.

폴은 설면에 가볍게 터치(Touch)하듯이 살며시 찍어주고, 찍은 다음에는 손이 뒤로 빠지지 않도록 손목스냅을 사용해서, 폴체킹을 심플하고 소프트하게 마무리해주는 것이 좋다.

8. 업에서는 발앞꿈치, 다운에서는 발뒤꿈치 하중을 유지한다

슈템턴 전반모으기부터는 업다운의 상하운동을 더욱 적극

205

적으로 이용하게 되는데, 특히 상하운동에 맞춰서 하중포인트의 전후이동이 중요하다. 이렇게 하중포인트의 전후이동을 할 수 있으면, 회전은 더욱 샤프하고 리드미컬해지고, 회전에서 리바운드가 발생하며 약진감이 생기는 상급형 회전을 할 수 있다.

스키를 플루그로 넓히면서 상체가 업을 할 때는, 발바닥의 하중포인트를 발앞꿈치로 가져가며 전경자세를 만들어 주어야 한다. 이렇게 전경자세를 만들어주면 스키탑이 무거워져서 스키탑의 파고듬이 좋아지게 되고, 안쪽스키의 테일이 가벼워져서 모아주기 편하게 된다. 또한 회전을 시작할 때는 테일의 움직임을 크게 해서 회전의 시동을 걸어주므로, 전경자세를 만드는 것이 좋다.

스키를 패러렐로 모으면서 상체가 다운을 할 때는, 발바닥의 하중포인트를 서서히 발뒤꿈치로 가져가면서 스키에 가해지는 하중의 양을 천천히 늘려가야 한다. 회전 중반부에서는 발바닥의 하중포인트가 가운데로 옮겨가면서 피봇팅이 이루어지며 스키가 본격적으로 회전한다. 회전의 마무리에서는 발뒤꿈치에 가장 큰 하중이 걸리고 약간의 후경자세가 나온다. 이로써 테일이 설면을 잡아주면서 스키가 지나치게 돌아가는 것을 막을 수 있고, 원활하게 다음 회전으로 연결할 수 있다.

만약, 회전의 시작할 때 후경자세가 나와버리면, 테일이 무거워져서 스키를 원활하게 회전시킬 수 없게 된다. 반대로 회전의 마무리에서 전경자세를 취하게 되면, 스키의 테일이 과도하게 밀리면서 회전을 원활하게 마칠 수 없고, 다음 회전으로 원만하게 들어가는 것이 어렵게 되므로 주의가 필요하다.

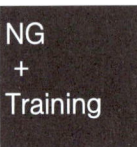

1. 몸이 안쪽으로 기울고 돌아가는 경우
⇨ 양팔 벌려 바깥쪽으로 기울이기

　슈템턴 전반모으기에서도 몸이 안쪽으로 기울거나 혹은 돌아가는 것은 흔하게 발생하는 실수라고 할 수 있다. 더욱이 이제부터는 회전의 전반부에 스키를 모아주어야 하기 때문에, 몸이 기우는 것과 돌아가는 것이 동시에 일어날 수도 있다. 이렇게 몸이 기울고 돌아가 버리면, 회전이 원만하게 이루어지지 않는 것은 물론이고, 폴체킹과 스키를 모으는 것도 어려워지기 마련이다.

　이렇게 몸이 안쪽으로 기울고 돌아가는 원인은, 회전기술이 제대로 만들어지지 못한 상태에서 무리하게 스키를 모으기 때문이다. 특히 슈템턴 전반모으기는 더욱 정확한 바깥발 하중과 확실한 외향경자세가 만들어져야 하는데, 이것들이 만들어지지 못한 상태에서 전반부터 무리하게 스키를 모으려고 하면, 쉽게 상체가 기울거나 돌아가버리게 된다. 이렇게 상체가 기울고 돌아가버리면, 상체가 흔들리고 바깥발이 밀리게 되어 회전의 안정성이 나빠지게 된다. 또한 회전의 마지막에 스키테일이 지나치게 밀려서 회전의 마무리가 어려워지고, 다음 회전으로 연결하는 것도 힘들어 진다.

　이를 고치기 위해서는 회전의 전반부터 바깥발에 하중을 정확하게 가하고, 몸이 돌아가지 않도록 연습해야 한다. 이러한 현상이 생기게 되면, 우선 슈템턴 후반모으기를 다시 연습하면서 바깥발 하중과 외향경자세를 다시 확인하는 것이 오히려 좋은 방법이다. 그리고 활주하면서 양팔을 옆으로 넓혀서 바깥쪽으로 기울이고 향하는 외향경자세의 연습을 하는 것이 필요하다.

　중립자세에서 양팔을 옆으로 넓히고, 회전에 들어가면서 양팔을 바깥쪽으로 기울이며 바깥발 하중과 외향경자세를 정확하게 만들어준다. 이때 회전의 마무리까지 양팔을 계속해서 바깥쪽으로 기울인 상태를 유지한다. 회전이 끝나면 다시 중립자세로 되돌아가며, 양팔을 수평하게 옆으로 넓혀주며 양스키도 플루그로 만들어준다.

2. 폴체킹 시 몸이 돌아가는 경우
⇨ 부츠 옆에 폴 찍어주기

슈템턴 전반모으기부터는 폴체킹을 하게 되는데, 이때 많이 발생하는 실수는 바로 몸이 돌아가 버리는 것이다. 이렇게 몸이 돌아가면 밸런스가 무너져서 스키가 쉽게 밀려버리고, 바깥발에 하중을 가하기 어려워져서 좋은 회전을 할 수 없게 된다.

폴체킹을 하면서 몸이 돌아가는 이유는, 우선 폴을 내밀면서 주먹 자체가 앞으로 나오기 때문이다. 폴체킹을 할 때는 주먹의 위치를 고정시키고, 손목과 손가락을 꺾어주는 느낌으로 실시해야 하는데, 초보자의 경우는 주먹 자체를 내밀면서 폴체킹을 하는 실수가 종종 발생하게 된다. 또 하나의 원인은 폴을 너무 스키탑에 찍으려 하기 때문이다. 이렇게 폴을 너무 앞에 찍으려고 한다면, 상체가 쉽게 돌아가 버려서 밸런스가 깨지게 되고, 스키가 밀려서 회전의 안정성이 떨어지게 된다.

이것을 고치기 위해서는, 우선 스키를 타기 전에 미리 폴체킹 연습을 충분하게 해야 한다. 즉, 평지나 가정에서 폴을 손에 쥐고 앞뒤로 흔들면서, 주먹의 위치는 고정시키고 폴만을 앞뒤로 흔드는 연습을 해두는 것이 좋다. 이를 위해서는 최대한 주먹에 힘을 빼고 폴의 무게감을 느끼면서 실시하는 것이 좋다.

또한, 실제로 회전을 할 때는 폴을 부츠 옆에 찍어주는 연습을 하는 것이 좋다. 이렇게 폴을 부츠 옆에 찍으면, 폴체킹 위치가 몸에서 가까워지므로 폴을 내밀기도 편하고 상체도 쉽게 돌아가지 않는 장점이 있다. 그리고 부츠 옆에 폴을 찍어주면서 폴체킹이 익숙해지면, 바인딩 근처에 폴을 찍어주면서 실전적인 활주감각을 익혀본다.

3. 폴을 지나치게 높게 드는 경우
⇨ 손가락과 손목으로 폴체킹하기

폴체킹을 하면서 또 하나 쉽게 나오는 실수는, 바로 폴을 너무 높게 들어올리며 폴체킹을 하는 것이다. 이것은 심각한 문제는 아니지만, 역시 외관상 보기 좋지 않고 폴체킹을 하면서 상체의 각도가 무너져 버릴 수 있기 때문에, 역시 조기에 고치는 것이 좋다.

폴을 너무 높게 드는 원인은, 폴을 쥘 때 주먹에 너무 힘이 많이 들어가기 때문이다. 스포츠에서 도구를 사용할 때는 가볍게 쥐면서 그 무게감을 느끼는 것이 중요하다. 마찬가지로 폴을 쥘 때도 가볍게 살짝 쥐어야 폴을 무게감을 느끼면서 정확하고 소프트하게 폴을 체킹하는 것이 가능하다. 만약 폴을 너무 세게 쥐면, 주먹에 강한 힘이 들어가서 손목과 손가락을 쓰는 것이 어려워진다. 그러므로 팔꿈치를 사용해서 폴을 높게 들어버리는 원인이 된다.

이렇게 폴을 높게 들어버리는 또 하나의 원인은, 상하운동을 하면서 상체가 앞뒤로 흔들리기 때문이다. 즉, 업을 하면서 상체가 뒤로 젖혀지고 다운을 하면서 상체가 앞으로 기울어지는데, 이러한 과도한 상체의 움직임에 맞춰서 폴체킹도 지나치게 높게 들고 세게 찍어버리게 된다.

이를 고치기 위해서는, 우선 평지나 가정에서 폴을 가볍게 쥐고 손목과 손가락을 이용한 폴체킹 연습을 충분하게 하는 것이 가장 중요하다. 이렇게 폴체킹 연습이 어느 정도 이루어졌다면, 이제는 활주하면서 손목과 손가락만을 이용해서 폴체킹하는 것을 시도해 본다. 이때 폴을 너무 앞에 찍으려 하면 주먹이 나와버리고 팔꿈치의 움직임이 커지므로, 폴을 몸 근처에 가볍게 찍어주고, 또한 폴끝이 스키탑보다 높게 올라가지 않도록 주의하며 폴체킹을 연습한다.

플러스 알파

1. 폴체킹하는 방법

폴체킹은 회전을 돕는 보조동작으로서, 상급기술로 갈수록 그 중요성이 높아지므로, 초보자 때부터 확실하게 익혀두는 것이 좋다. 폴체킹을 제대로 하기 위해서는 '폴을 잡는 법'과 '폴을 찍는 법', '폴을 찍는 타이밍' 그리고 '폴을 찍는 위치'가 중요한데, 이 네 가지가 조화를 잘 이루어야 정확한 폴체킹이 가능한다.

폴을 잡을 때는 손아귀에 힘을 뺀 상태에서 새끼손가락과 약지손가락에 살짝 힘을 주며 잡는 것이 중요하다. 그리고 중지와 검지 그리고 엄지손가락은 힘을 빼서 가볍게 폴그립에 얹어주면, 자연스럽게 폴끝(Tip)이 뒤쪽으로 기울어지며 좋은 폴자세가 만들어진다. 이러한 폴자세가 만들어지면, 자연스럽게 '폴끝이 앞쪽으로 떨어지려는 낙하력'이 생기게 되는데, 이 힘을 이용할 수 있어야 힘을 뺀 상태에서 폴끝을 앞으로 내밀며 폴체킹을 할 수 있다.

만약, 폴을 잡을 때 지나치게 손아귀에 힘을 주면, 팔 근육이 경직되어서 폴체킹을 제대로 하기도 어렵고, 폴의 무게감을 느낄 수 없기 때문에 폴체킹이 흔들리거나 부자연스러워질 수 있으니 주의가 필요하다. 다시 한번 말하지만 폴체킹은 어디까지나 '폴의 무게감'을 느끼면서 하는 것이 중요하다.

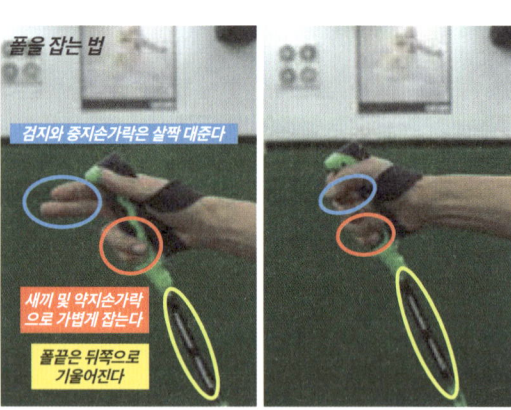

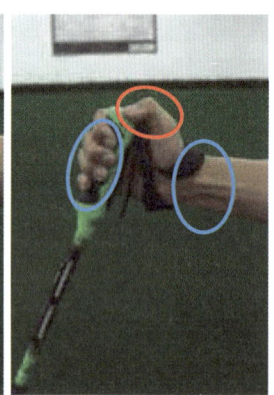

- **폴을 잡는 법** : 폴을 제대로 찍기 위해서는 우선 폴을 제대로 잡을 수 있어야 한다. 모든 도구를 사용하는 스포츠에서는 도구를 가볍게 잡아서 그 무게감을 느끼며 사용하는 것이 중요하다. 마찬가지로 폴을 잡을 때도 '폴의 무게감'을 느낄 수 있도록 최대한 가볍게 잡는 것이 중요하다.

최근에는 엄지손가락을 폴그립의 위쪽에 얹어주며 폴을 잡는 방법도 많이 사용하는데, 이 방법은 엄지손가락이 폴을 앞뒤로 흔드는 '폴스윙(Pole Swing)의 지지점' 역할을 하기 때문에, 조금 더 편하고 안정되게 폴을 움직일 수 있고, 지지점이 생긴 만큼 손목과 손가락에 힘을 뺄 수 있기 때문에, 더 심플하고 소프트하게 폴체킹을 할 수 있다. 그러므로 급사면이나 고속에서 폴체킹을 많이 하는 상급자들 사이에서 사용비율이 늘어나고 있다.

- **폴을 찍는 법** : 폴을 제대로 잡았으면 이제는 폴을 제대로 찍는 법을 익혀야 한다. 폴을 찍을 때는 주먹 자체가 앞뒤로 움직이며 '왕복운동'을 하는 것이 아니라, 주먹의 위치는 고정시키고 폴끝이 앞뒤로 흔들리는 '진자운동'을 해야 한다.

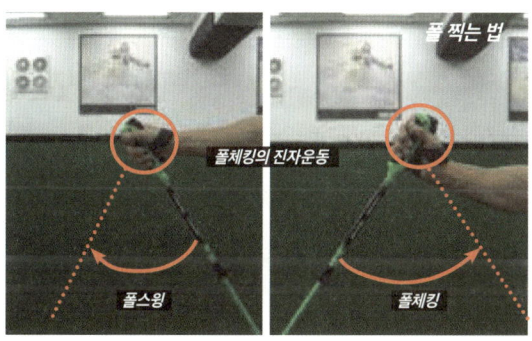

폴을 찍을 때는 '폴끝을 앞으로 내미는 폴스윙'과 '폴끝을 뒤로 되돌리며 설면에 찍는 폴체킹'을 하게 되는데, 주먹의 위치를 고정한 상태에서 폴을 앞으로 내밀기 위해서는, 손목과 손가락 관절을 잘 사용하는 것이 중요하다. 즉, 손목과 손가락을 꺾어주며 폴을 내밀어야 하고 팔꿈치의 움직임은 조금 줄이는 것이 좋다. 특히 리듬이 짧은 숏턴에서는 더욱 손목과 손가락 위주의 폴체킹을 해야 하고, 리듬이 긴 롱턴에서는 손목과 손가락을 기본으로 팔꿈치를 조금 사용하기도 한다.

폴을 찍을 때는, 앞으로 내밀었던 폴을 다시 뒤로 되돌리면서 설면에 터치하듯 가볍게 찍는 것이 중요한데, '폴을 의도적으로 찍는 것'보다는 '폴이 자동적으로 찍혀진다'는 이미지를 가지고 폴체킹을 하는 것이 좋다. 즉 폴스윙에 의해서 앞으로 내밀어졌던 폴이 다시 뒤로 되돌아오면서 자연스럽게 설면에 찍혀진다는 것이 좋은 이미지의 폴체킹이다.

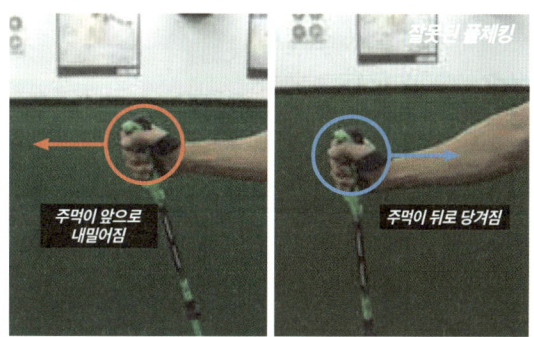

만약 주먹이 앞뒤로 움직이며 폴체킹을 하면, 어깨와 몸통이 쉽게 돌아가면서 상체의 안정성이 크게 떨어진다. 또한 폴을 앞으로 내밀면서 찍거나 혹은 폴을 너무 강하게 찍으면, 설면에서의 충격이 커져서 팔에 무리가 오거나 상체가 흔들릴 수 있으니 주의가 필요하다.

- **폴을 찍는 타이밍** : 폴을 찍는 목적 중 하나는 전환구간에 생기는 불안정성을 해소하는 역할을 하는 것이다. 즉 회전의 전환구간에서는 하중과 엣지가 풀리면서 스키가 불안정하게 되는데, 이때 폴을 찍어줌으로써 이러한 불안정성을 조금 줄이고, 보다 안정되고 적극적인 중심이동을 돕는 역할을 하게 된다. 그러므로 폴체킹은 회전과 회전 사이의 전환구간에서 해야 한다.

기본기술에서는 상하운동의 업(Up)에서 전환구간이 생기는데, 이때 폴을 찍으며 회전의 연결을 도와야 한다. 리듬이 긴

롱턴에서는 여유롭게 전환을 하게 되므로 업을 하면서 폴을 내밀고, 업의 정점인 중립자세에서 폴체킹을 한 다음, 다운을 하며 회전에 들어간다. 하지만 리듬이 짧은 숏턴에서는 빠르게 전환을 하므로, 다운에서 미리 폴을 내밀고, 업과 동시에 폴체킹을 하며 중립자세로 되돌아간 다음, 다운을 하며 회전에 들어가게 된다.

만약, 폴체킹 타이밍이 제대로 맞지 않으면, 오히려 폴체킹이 전환구간에서 중심이동을 방해할 수 있다. 또한 다운의 낮은 자세에서 폴을 찍게 되면, 폴체킹의 충격이 커져서 팔에 무리가 오거나 상체가 흔들릴 수 있으므로 주의가 필요하다.

- **폴을 찍는 위치** : 폴체킹을 제대로 하기 위한 마지막 포인트가 바로 폴을 찍는 위치이다. 특히 폴체킹을 처음 배우는 초중급자 때는 폴을 찍는 위치를 의식하는 것이 중요한데, 점차 상급자가 되어서 폴체킹이 익숙해지면 폴을 찍는 위치는 회전에 따라서 자동적으로 결정되는 것이 좋다.

롱턴 : 앞바인딩 근처 | 숏턴 : 부츠 근처

처음 스키를 배우는 초보자가 자주 듣는 말이 '폴은 스키탑 쪽에 찍어야 한다'라는 것인데, 이것은 현대 스키기술에서 잘못된 상식 중의 하나이다. 폴체킹은 폴스윙에 의해서 앞으로 내밀어졌다가 다시 뒤로 되돌아오면서 '최저점'에서 찍혀야 하는데, 이 최저점의 위치는 스키탑이 아니라 오히려 스키 '앞바인딩 근처'가 되거나, 혹은 스피드가 빨라져서 자세가 낮아지면 '앞바인딩 앞쪽'이 된다.

이러한 폴을 찍은 위치는 항상 고정된 것이 아니라, 회전에 따라서 상하체가 꼬이는 외향과 상하체가 꺾이는 외경자세 그리고 신체가 기울어지는 내경(Inclination/內傾)자세의 변화에 따라서 자연스럽게 변화하게 된다. 그러므로 회전에 따라서 스키어가 폴 찍는 위치를 바꾸는 것이 아니라, 기본적인 폴스윙과 폴체킹을 만들어 놓고 신체자세가 바뀌면 자동적으로 폴을 찍는 위치가 바뀐다.

즉 회전호가 크고 스피드가 느린 패러렐 롱턴에서는 외향자세가 작아서 상하체의 비틀림이 작은데, 이때는 주로 앞바인딩 근처에 폴이 찍힌다. 이에 비해 회전호가 작고 스피드가 느린 패러렐 숏턴에서는 외향자세가 커져서 상하체의 비틀림이 큰데, 이때는 주로 부츠 근처에 폴이 찍힌다. 또한 카빙롱턴이나 카빙숏턴처럼 신체의 내경이 큰 회전에서는, 폴체킹이 신체의 움직임을 방해하지 않도록 비스듬하게 찍어주는 경향이 있는데, 이때는 기본적인 롱턴과 숏턴에 비해서 조금 더 신체 옆쪽으로 비스듬하게 멀리 폴을 찍는 것이 좋다.

2. 회전의 전환방법

스키는 좌우의 회전을 연속하는 스포츠로서, 회전과 회전 사이에는 필연적으로 '전환구간(Transition)'이 생기긴다. 이러한 전환구간에서의 '신체와 스키의 위치관계'에 따라서 회전의 형태가 달라진다. 즉 플루그보겐과 슈템턴 그리고 패러렐턴에 따라서 신체와 스키의 위치관계가 바뀌고, 이에 따라서 기술의 난이도가 높아진다.

우선 플루그보겐을 생각해보면, 플루그보겐은 전환구간은 물론이고 회전구간에서도 항상 신체중심이 양스키의 사이에 위치한다. 그러므로 항상 신체가 안정된 상태에서 전환과 회전을 할 수 있지만, 중심의 위치가 거의 고정되기 때문에, 다양한 회전을 하기에는 불리한 기술이라고 할 수 있다. 그러므로 플루그보겐은 초급자가 완사면에서 저속으로 활주할 때 적합한 기술이다.

이에 비해서 슈템턴을 생각해보면, 전환구간에서는 양스키를 플루그로 넓혀서 신체중심이 양스키 사이에 위치하므로 비교적 안정되게 회전을 연결할 수 있다. 또한 양스키를 모으면서 회전을 시작하기 때문에, 신체중심은 크게 움직이지 않고 스키를 주로 움직이면서 회전의 전환을 한다. 그러므로 비교적 안정되게 회전과 회전 사이를 연결할 수 있는 장점이 있지만, 신체중심이 많이 움직이지 않기 때문에 다양한 회전호를 그리기에는 다소 불리하다고 할 수 있다.

마지막으로 패러렐턴을 생각해보면, 전환구간에서 양스키는 그대로 직진하는 상태에서 신체중심을 회전의 안쪽으로 이동시키기 때문에, 전환구간의 난이도가 높아지고 활주속도과 스키기술이 요구되는 단점이 있다. 하지만 신체중심을 적극적으로 움직이며 다양한 회전호를 그릴 수 있기 때문에, 상급기술에서 필요한 다양한 회전기술에 유리하다고 할 수 있다.

이렇게 다양한 전환방법을 나눠보면, 크게 스키를 움직이는 방법과 신체중심을 움직이는 방법이 있다는 것을 알 수 있다. 이때 전문용어로 스키는 신체를 지지하는 '지지점(Base of Support/BOS)'이라고 하고, 신체는 무게가 위치한 '무게중심(Center of Mass/COM)'이라고 한다.

그러므로 슈템턴은 주로 '지지점이 움직이는 전환방법'을 사용하는 기술이고, 반대로 패러렐턴은 '무게중심이 움직이는 전환방법'을 사용하는 기술이라고 할 수 있다. 이처럼 지지점이 움직이는 전환방법은 '크로스언더(Cross-Under/Under-Cross)'라고 하고, 무게중심이 움직이는 전환방법은 '크로스오버(Cross-Over/Over-Cross)'라고 부른다. 따라서 슈템턴에서 패러렐턴으로 변화할 때의 키 포인트 중 하나는 '전환의 방법을 바꾸는 것'이라고 할 수 있다.

이렇게 지지점과 신체중심을 움직이는 두 가지의 전환방법은, 별개로 사용하는 것이 아니라 상황과 목적에 따라서 섞어서 사용하게 된다. 예를 들어 급사면에서 슈템턴을 할 때는 원심력이 크므로, 스키를 벌리는 동시에 신체의 중심도 계곡쪽으로 적극적으로 이동시켜야 원활한 회전을 할 수 있다. 반대로 완사면에서 패러렐턴을 할 때는 원심력이 작아서, 중심을 이동시키는 동시에 스키도 바깥쪽으로 적극적으로 밀어내야 안정되게 회전을 할 수 있다. 또한 외력이 큰 카빙턴을 할 때도 상황과 목적에 따라서 '크로스오버'와 '크로스언더'를 다양한 비율로 섞어서 사용하게 된다.

BEGINNER SKI TECHNIQUE

Lesson **19**

비기너 스키테크닉

패러렐턴

슈템턴 전반모으기를 통해서 회전의 전반부터 양스키를 모아주고, 또한 패러렐 스탠스로 회전하는 것이 익숙해졌다면, 이제는 플루그를 만들지 않고 패러렐만으로 회전하는 '패러렐턴(Parallel Turn)'에 도전할 차례이다. 패러렐턴은 모든 초보자들이 꿈꾸는 '상급스키어의 대표적인 기술'이라고 할 수 있고, 또한 스키기술의 중심이 되는 중요한 기술이므로, 정확하고 확실하게 연습하도록 하자.

패러렐만으로 회전하기 위해서는 우선 회전의 전반부에서 정확한 '패러렐 스탠스와 포지션'을 만들어 주는 것이 중요하다. 패러렐 스탠스란 '양스키의 모양이 11로 놓여진 것'을 말하고, 패러렐 포지션이란 '신체중심이 양스키보다 안쪽에 위치한 것'을 말한다. 이 두 가지가 회전의 전반부터 후반까지 정확하게 되어야만, 제대로 된 패러렐턴이라고 말할 수 있다.

이를 위해서는 양스키를 동시에 움직여야 하는데, 특히 안쪽스키를 잘 움직일 수 있어야 수준 높은 패러렐턴을 할 수 있다. 이렇게 안쪽스키를 잘 움직이려면 그만큼 안쪽스키가 일찍부터 확실하게 가벼워져야 한다. 그러므로 패러렐턴은 슈템턴에 비해서 보다 일찍 그리고 보다 확실하게 바깥발에 체중을 이동시켜야 하고, 안쪽발을 유연하고 섬세하게 움직일 수 있는 '신체의 유연성'과 '기술의 숙련성'이 필요하게 된다.

또한 패러렐턴이 슈템턴과 결정적으로 달라지는 것은, 바로 회전의 전환에서 스키보다는 신체를 주로 움직이며 중립자세를 거쳐서 회전에 들어가야 한다는 것이다. 즉, 슈템턴에서는 신체는 많이 움직이지 않고 스키를 플루그로 넓혀서 중립자세와 회전자세를 만들었다. 이와 반대로 패러렐턴에서는 스키는 많이 움직이지 않고 신체를 이동시켜서 중립자세와 회전자세를 만들어야 하기 때문에, 그만큼 난이도가 급격하게 높아졌다고 할 수 있다.

특히 회전에서 발생하는 원심력과 저항력을 맞도록, 신체중심을 적절하게 회전의 안쪽으로 이동시킬 수 있어야, 안정되고 경제적인 패러렐턴이 가능해진다. 또한 신체의 중심이동에 맞춰서 폴을 함께 찍어서, 안정된 회전을 위한 보조도구로써 활용할 수 있어야 한다. 또한 회전의 전반부터 정확한 외향경자세를 만들 수 있어야 섬세하고 수준 높은 패러렐턴이 가능한데, 이를 위해서는 상체방향은 고정하고 하체만을 회전하며 '상하체를 분리'할 수 있어야 한다.

그리고 패러렐턴에서는 슈템턴처럼 양스키를 플루그로 넓혀서 회전을 유도하는 보조조작이 없으므로, 회전 전반부에 테일을 밀어내서 적극적으로 회전을 만들어야 한다. 또한 회전의 후반부에는 스키가 밀리지 않도록 테일을 잡아주며 원심력과 추진력을 만들어낼 수 있어야, 다음 회전에 원활하게 진입할 수 있다. 이러한 섬세하고 정확한 조작을 위해서는, 상체의 상하운동에 맞춰서 하중의 전후운동이 동시에 일어나야, 스키의 탑과 테일을 섬세하게 움직이는 수준 높은 스키조작이 가능해진다.

비교적 경사가 있는 중급사면을 골라서 경사면에 비스듬하게 출발한다. 패러렐턴은 슈템턴에 비해서 출발속도가 조금

더 빨라야만 원활하게 회전을 시작할 수 있다. 이제부터는 경사가 더욱 급해지고 속도도 빨라지기 때문에, 활주를 시작할 때는 항상 다른 스키어나 보더를 주의하며 출발해야 한다.

출발할 때는 조금 낮은 자세로 외향경을 만든 상태에서 활주를 시작하여, 업을 하면서 폴체킹을 준비하며 중립자세를 만들어준다. 중립자세로 돌아갈 때는 스키탑을 계곡쪽으로 떨어뜨리며, 신체를 스키 위로 되돌리고 외향경 자세를 풀면서 회전의 시동을 걸어준다. 이때 계곡쪽 스키에 있던 하중도 산쪽 스키로 동시에 옮겨주어야만, 정확한 중립자세를 만들었다고 할 수 있다.

중립자세에서 폴체킹을 하고 다운과 동시에 회전을 시작한다. 이때 전경자세를 취하여 가벼워진 테일을 밀어주면서 회전을 시작하는데, 이때 상체의 방향은 유지한 상태에서 중심을 안쪽으로 이동해야만, 회전의 전반부터 정확한 외향경 자세를 만들 수 있다. 회전을 시작할 때는, 탑이 설면을 파고들고 테일이 밀릴 정도로만 가볍게 스키를 눌러주고, 회전을 계속할수록 하중의 양을 서서히 늘린다.

회전의 중반부부터는 하중포인트를 발뒤꿈치 쪽으로 서서히 옮겨가면서 조금씩 하중의 양을 늘려주는데, 스키엣지가 설면을 정확하게 잡을 수 있게 부드럽고 천천히 하중을 가해야 한다. 이때 하체를 회전방향으로 비틀어주면서 스키의 탑과 테일을 지속적으로 돌려주어야 한다. 또한 중심의 위치를 안쪽으로 이동시키며 외경자세를 만들어서, 엣지를 적극적으로 세워야 한다.

회전의 후반부에서는, 회전을 마무리하고 다음 회전을 준비해야 하기 때문에, 스키가 과도하게 밀리거나 돌아가지 않고 추진력을 얻는 것이 관건이다. 이를 위해서는 발뒤꿈치 쪽을 눌러주면서 테일 쪽에 적절한 하중이 실리게 하여, 테일이 밀리지 않도록 만들어주는 것이 필요하다. 또한 마지막까지 확실한 외향경 자세와 정확한 바깥발 하중을 유지하여, 다음 회전에 필요한 원심력과 추진력을 확보하도록 한다.

회전이 마무리되면, 다시 중립자세로 되돌아가며 다음 회전을 준비할 차례이다. 이제는 업을 하면서 스키의 하중과 엣지를 풀어주고 중심위치를 스키 위로 되돌려야 한다. 이때 발바닥의 하중포인트를 다시 발앞꿈치 쪽으로 가져가면서 전경자세를 만들어야, 다음 회전에서 탑을 떨어뜨리고 테일을 움직이며 원활하게 회전을 시작할 수 있다. 중립자세에서는 폴을 앞으로 내밀어서 폴체킹을 미리 준비하여 다음 회전에 대비한다.

1. 정확한 중립자세를 만든다

패러렐턴은 말 그대로 회전의 시작부터 마무리까지 양스키를 패러렐로 유지하며 회전하는 기술이다. 특히 회전의 전반부는 경사면에 대해서 거꾸로 서서 회전하는 구간이라 패러렐을 만들기가 어려운데, 이를 위해서는 우선 중립자세를 잘 만드는 것이 중요하다.

정확한 중립자세에서는, 이론적으로 산쪽 발과 계곡쪽 발에 50:50의 같은 하중이 실리며 경사면에 수직하게 설 수 있어야 한다. 이를 위해서는 중립자세로 되돌아올 때, 다음 회전의 바깥발을 미리 밟고 일어나며 하중을 옮겨주는 의식과, 상체를 계곡방향으로 떨어뜨리며 중심을 다시 스키 위로 되돌려주는 노력이 필요하다. 이러한 중립자세는 업을 하면서 만들어지는데, 이때 스키에 가해졌던 하중을 빼고 설면에 박혔던 엣지를 풀어서, '가볍고(Light) 평평한(Flat) 중립자세'로 되돌아오게 된다.

또한 스키와 상체방향을 일치시키는 '정대자세'를 만들어서 다음 회전에 미리 대비해야만 하고, 약간의 전경자세를 만들어서 테일을 움직이며 회전을 시작하는 것을 준비하여야 한다. 이렇게 회전과 회전 사이에서 정확한 중립자세가 만들어지면, 신체가 설면에 대하여 수직으로 서게 되고, 좌우의 원심력 방향이 바뀌면서 '일시적인 무중력감'을 느낄 수 있다. 이러한 무중력감이야말로 스키의 큰 즐거움 중 하나라고 할 수 있다.

2. 안쪽발을 먼저 움직이며 회전을 시작한다

스키의 기본이자 정석은 바로 '회전의 바깥발'이라고 할 수 있다. 그만큼 바깥발이 스키기술의 중심이자 핵심이기 때문이다. 그러므로 플루그보겐에서 먼저 바깥발의 조작을 익혔고, 슈템턴에서는 바깥발의 조작에 맞춰서 안쪽발을 동조시키는 것을 익혔으며, 그리고 패러렐턴에 와서는 안쪽발이 먼저 움직이며 바깥발의 조작을 이끌어내는 것을 익히게 된다.

안쪽발의 선행

패러렐턴에서 안쪽발이 먼저 움직이지 못하고, 안쪽발이 바깥발을 따라가는 형태가 된다면, 그것은 패러렐턴이 아니라 슈템턴이라고 봐야 한다. 이렇게 안쪽발을 먼저 움직이기 위해서는, 회전의 시작부터 안쪽발을 가볍게 만들어줄 수 있어야 한다. 이를 위해서는 회전을 시작할 때부터 몸을 바깥쪽으로 꺾어주며 외경자세를 만들어서, 미리 바깥발에 충분한 하중을 실어주어야 한다.

또한 '회전의 원심력'을 이용해서 바깥발에 하중을 미리 실어주는 것도 중요한데, 특히 급사면이나 고속에서 원심력을 잘 활용할 수 있어야, 수준 높고 경제적인 패러렐턴을 할 수 있다. 이처럼 안쪽발을 가볍게 만든 상태에서, 다음 회전방향으로 미리 넘겨주고 돌려주어야, 깔끔하고 보기 좋은 패러렐턴을 할 수 있다.

3. 테일을 밀어내며 회전을 시작한다

패러렐턴이 플루그보겐이나 슈템턴에 비해서 결정적인 어려운 것은 회전을 시작하는 보조조작이 없다는 것이다. 즉 플루그보겐에서는 양스키가 항상 플루그로 만들어져 있고, 슈템턴에서는 바깥스키의 테일을 넓혀서 플루그를 만드는 보조조작으로 편하게 회전을 시작하였다. 하지만 패러렐턴은 보조조작 없이 직접 회전의 시동을 걸어야 한다.

따라서 패러렐턴에서는 양스키의 테일을 회전의 바깥쪽으로 밀어내고, 탑을 안쪽으로 떨어뜨리며 회전을 시작해야 한다. 이렇게 양스키의 테일을 밀어내는 조작이, 바로 '플루그보겐에서 양스키가 넓어졌거나', '슈템턴에서 바깥스키를 넓히는 조작'과 같은 것이라 할 수 있다.

이렇게 양스키의 테일을 회전의 바깥쪽으로 밀어내기 위해서는, 우선 중립자세에서 '전경'을 취하여 테일을 가볍게 만들어주어야 하고, 상체를 바깥쪽으로 향해서 양스키의 테일이 쉽게 밀리는 '외향자세'를 만들어야 한다. 또한 바깥쪽스키는 무겁고 안쪽스키는 가벼워야 양스키가 동시에 움직일 수 있으므로, 상체의 '외경자세'도 동시에 만들어주어야 한다.

결과적으로 패러렐턴의 바깥쪽 자세는 결국 '플루그보겐과 슈템턴에서의 바깥쪽 자세'와 같은 것을 깨닫게 된다. 그러므로 플루그보겐과 슈템턴에서 바깥쪽 자세의 기초를 잘 쌓아야만, 패러렐턴으로의 레벨업이 쉽고 빠르다는 것을 알게 된다.

4. 회전 전반에는 발앞꿈치에 하중을 가한다

패러렐턴에서 회전을 시작할 때는, 전경자세를 취하며 발앞꿈치에 하중이 가해져야 쉽게 회전을 만들어낼 수 있다. 이것은 양스키의 테일을 가볍게 만들어서 '회전의 바깥쪽으로 움직이는 목적'도 있지만, 반대로 양스키의 탑을 무겁게 만들어서 '계곡방향으로 떨어뜨리며 회전을 만드는 목적'도 있다.

이것은 회전의 전반부인 계곡돌기 구간에서는 점점 경사가 급해지므로, 전경자세를 취해야만 전후밸런스가 경사변화와 맞아 떨어지는 효과도 있다. 이렇게 전경자세를 취할 때는 발앞꿈치에 하중이 실리도록 정강이를 부츠 앞에 살짝 기댄다는 느낌이 필요하다. 이것은 중립자세로 돌아올 때 몸을 앞으로 일으키는 '상체의 전진업'과, 부츠를 뒤로 당기는 '하체의 전후 조작'으로 만들어지게 된다.

하지만 지나치게 부츠 앞을 누르면, 과도하게 테일이 가벼워지고 스키가 필요 이상으로 돌아가버려서, 자칫 회전의 안정성이 떨어질 수 있다. 또한 너무 많은 하중을 한꺼번에 발앞꿈치에 가하거나 혹은 너무 급하게 다운을 하려고 하면, 하체의 다운동작이 원활하지 못하게 되고 스키의 부드러운 전후운동이 어려워져서, 샤프하고 둥근 회전호를 그리기가 힘들어질 수 있다.

5. 신체중심을 회전 안쪽으로 이동시킨다

패러렐턴이 어려운 것은 바로 신체중심을 적극적으로 이동시켜야 한다는 것이다. 즉 플루그보겐에서는 언제나 신체중심이 양스키 안쪽에 위치하고 있어서, 신체중심을 안쪽으로 이동시킬 필요가 없다. 또한 슈템턴에서는 스키를 넓히는 조작을 함으로써, 결과적으로 신체중심이 스키 안쪽에 위치하게 된다. 하지만 패러렐턴에서는 신체의 중심을 스키의 안쪽으로 이동시켜야 비로소 회전을 만들어낼 수 있게 된다.

패러렐턴에서 중심을 이동시키는 것은 슈템턴에서 스키를 밀어내는 것보다 훨씬 어려운 동작이다. 이렇게 중심을 이동시키기 위해서는 원심력이 필요하므로, 테일을 밀어내며 회전을 잘 만들어내야 한다. 이러한 원심력을 이용해서 보다 적극적으로 중심을 이동시킬 수도 있어야, 경사가 급하거나 속도가 빠른 경우에도 경제적이고 수준 높은 패러렐턴을 할 수 있다.

이렇게 중심을 안쪽으로 이동시키기 위해서는 몸통을 움직여야 하는데, 이때 머리가 회전 안쪽으로 기울어지면 상체가 안쪽으로 넘어가 버려, 제대로 된 외경자세를 만들수 없게 된다. 그러므로 신체중심이 위치한 골반은 안쪽으로 움직이면서 머리와 어깨는 오히려 바깥쪽으로 기울어야, 정확한 외경자세를 만들며 원활한 회전을 할 수 있다.

이렇게 중심을 이동시키는 것은 회전에 맞춰서 적절하게 이루어져야 하는데, 경사가 심하거나 속도가 빠르거나 혹은 회전호가 깊을 때는 안쪽으로 많이 이동시켜야 한다. 반대로 경사가 약하거나 속도가 느리거나 혹은 얕은 회전호를 그릴 때는 안쪽으로 조금만 이동시켜서, '원심력에 맞는 적절한 중심이동'을 해야만 회전에서의 '좌우밸런스'가 유지된다.

6. 정확한 외향경자세를 유지한다

플루그보겐에서는 양스키와 상체의 방향이 서로 어긋났기 때문에 자연스럽게 외향자세가 만들어졌고, 스키가 신체보다 바깥쪽에 위치하면서 자동으로 외경자세가 만들어졌다. 또한 슈템턴에서도 양스키를 넓혔다가 모아주는 과정에서 외향경자세가 쉽게 만들어졌다. 하지만 패러렐턴에서는 스키어가 인위적으로 외향경자세를 만들어야 한다.

이러한 외향자세와 외경자세는, 회전의 목적과 활주의 상황에 맞춰서 '적절하게 조절되고 적당하게 조합'되어야 한다. 그러므로 스키를 타면서 상황과 목적에 맞게 외향경사세를 조절할 수 있다면, 더욱 다양한 조건에서 훨씬 수준 높은 활주를 할 수 있게 되어, 스키기술의 깊이와 넓이가 향상된다고 할 수 있다.

7. 회전후반에는 발뒤꿈치에 하중을 가한다

일단 외향자세가 만들어지게 되면 상체가 스키보다 바깥쪽을 향하게 되므로, 스키에 비스듬하게 하중이 전달되어서 스키가 옆으로 밀리면서 앞으로 나아가게 된다. 이렇게 스키가 옆으로 밀리게 되면 설면에서 받는 저항이 커지면서 속도가 줄어들게 된다. 그러므로 외향이 커지면 스키가 옆으로 많이 밀려서 속도가 줄어들게 되고, 반대로 외향이 작아질수록 스키가 앞으로 많이 나아가서 속도가 늘어나게 된다.

한편 외경자세가 만들어지면, 상체가 하체보다 회전의 바깥쪽으로 꺾이므로, 바깥쪽스키에 전달되는 하중의 양이 커지고 스키의 엣지가 많이 세워진다. 바깥쪽스키의 하중이 커지면 '회전의 안정성'이 늘어나고, 엣지가 많이 세워지면 '엣지의 그립력'이 높아진다.

그러므로 외경이 커져서 상체가 바깥쪽으로 많이 꺾일수록 회전의 안정성과 엣지의 그립력은 좋아지지만, 지나친 외경자세는 몸에 무리가 갈 수 있고 불필요하게 설면저항이 커져서 활주성이 떨어질 수 있다. 반대로 외경이 부족해서 몸의 꺾임이 풀리면, 바깥발의 하중이 부족해서 회전성이 떨어질 수 있고, 안쪽발에 하중이 과도해서 밸런스를 잃을 수 있다.

보통 스키를 타게 되면 전경자세에 대한 강조를 많이 듣게 되고, 특히 '부츠 앞을 정강이로 강하게 눌러주며 스킹을 하라'는 말을 많이 듣게 된다. 물론 스키기술에서 전경자세는 매우 중요하고 이를 위해서는 정강이로 부츠 앞을 눌러주는 것이 필요하게 된다. 하지만 스키기술이 늘어나고 활주속도가 빨라지고 스키성능이 좋아질수록, 지나친 전경자세는 오히려 '마이너스 요인'이 될 수도 있고, 적절한 후경자세도 필요하고 발뒤꿈치를 눌러주는 것이 중요하다는 것을 깨닫게 된다.

특히 사이드컷이 깊은 회전스키를 신거나, 경사가 급하거나, 속도가 빠르거나, 혹은 짧은 리듬의 숏턴을 할 때는, 회전 후반부에 뒤꿈치를 밟아주며 약간의 후경자세를 만들어 줄 필요가 커진다. 이것은 스키가 지나치게 밀리면서 회전의 안정성이 떨어지거나, 스키가 과도하게 돌아가면서 다음 회전으로 진입이 늦어지는 것을 막기 위함이다.

이것은 패러렐턴에서도 마찬가지인데, 스키가 산쪽으로 말려 올라가는 회전후반부에서는 발뒤꿈치에 하중을 가하면서 약간의 후경자세를 만들어주어야, 회전을 잘 마무리하고 다음 회전에 잘 들어갈 수 있다. 이것은 회전의 후반부에서는 경사가 점점 약해지므로 약간의 후경자세를 만들어야 '전후밸런스'가 맞게 되는 의미도 있다. 또한 테일 쪽에 하중이 가해져서 테일이 밀리지 않아야, 다음 회전에 원활하게 들어갈 수 있다.

이렇게 회전전반에는 발앞꿈치에 있던 하중포인트가 회전후반에 발뒤꿈치로 오게 되면, 스키의 탑부터 테일까지가 고르게 사용되어서, 보다 샤프하고 둥글고 부드러운 회전을 할 수 있다. 또한 스키의 반발력과 활주력이 살아나게 되어, 보다 '약진감과 추진력이 살아있는 활주'가 가능해진다. 이러한 활주야말로 진정한 상급자의 필수요건이라고 할 수 있다.

8. 스키탑을 떨어뜨리며 중립자세로 되돌아간다

패러렐턴에서 회전을 잘 시작하기 위해서는 우선 회전을 잘 마무리하는 것이 선행되어야 한다. 이를 위해서는, 바깥발에 실려있던 하중을 다음 회전의 바깥발로 미리 옮겨주어야 하고, 회전 안쪽에 위치했던 신체의 무게중심을 다시 스키 위로 되돌려야 한다. 또한 스키의 방향을 신체의 방향과 일치시키며 정대자세를 만들어야 한다.

이러한 세 가지를 쉽게 할 수 있는 방법이, 바로 업을 하면서 '스키의 탑을 계곡방향으로 떨어뜨리는 조작'이다. 플루그보겐에서는 다음 회전의 바깥발이 항상 비틀어져 있어서 탑을 떨어뜨릴 필요가 없고, 슈템턴에서는 스키를 플루그로 넓히면서 바깥발의 탑을 쉽게 떨어뜨리게 된다. 하지만 패러렐턴에서는 스키어가 인위적으로 탑을 떨어뜨리며 회전을 마무리하고, 테일을 밀어내면서 회전을 시작하는 것이 매우 중요하다.

탑을 잘 떨어뜨리기 위해서는 우선 회전의 마무리가 잘되어야 한다. 즉 회전의 마지막에서는 발뒤꿈치에 하중이 가해지며 다소 탑이 가벼워지는 경향이 있는데, 중립자세에 들어가면서 업을 하며 다시 '탑을 무겁게' 해주어야 한다. 이때 스키의 하중을 빼주고 엣지를 풀어주게 되면, '테일쪽에 축적되었던 저항의 반발력'으로 탑이 쉽게 떨어지고, 스키를 몸 아래로 되돌리며 중립자세를 만들기가 훨씬 편해진다.

이렇게 탑이 떨어지게 되면, 스키의 방향이 다시 상체방향과 일치하게 되어서 자연스럽게 정대자세가 나오게 된다. 이때 다음 회전의 바깥발로 하중을 옮겨주고 신체중심을 계곡쪽으로 떨어뜨릴 수 있어야, 더욱 완벽한 중립자세가 나오게 된다. 만약 이전 회전의 마지막에서 뒤꿈치가 잘 밟히고 스키가 잘 빠져나오게 되면 '원심력'이 더욱 커지게 되어, 스키탑을 떨어뜨리고 중립자세로 돌아가는 과정에서 '무중력감'이 느껴지며, 더욱 짜릿한 스키의 즐거움을 느낄 수 있다.

'회전의 마무리에서 탑을 떨어뜨리는 것'은 '회전의 시작에서 테일을 밀어내는 것'과 함께 패러렐턴의 수준을 높이기 위한 필수조작이다. 이것은 '하중의 전후이동'과 '신체의 외향경자세'와 '중심의 좌우이동'이 함께 어우러져야 제대로 만들어질 수 있는데, 이것이 된다면 이미 상급자의 관문에 들어섰다고 할 수 있다.

9. 원심력을 이용하며 회전을 연결한다.

모든 스포츠와 마찬가지로 스키에서도 자연의 힘을 이용하는 것이 중요하다. 스키어가 스키에 직접적으로 가하는 힘을 내력(內力)이라고 하고, 자연이 스키에 간접적으로 가하는 힘을 외력(外力)이라고 한다. 내력은 주로 스키어의 근력이라고 할 수 있고, 외력은 중력이나 원심력 그리고 저항력과 반발력 등이 있을 수 있다.

패러렐턴의 수준이 높아질수록 회전에서 발생하는 원심력을 이용하며 활주할 수 있어야 한다. 이렇게 원심력을 잘 활용하면, 스키어의 힘을 덜 사용하면서도 더욱 멋지고 자연스러운 활주를 할 수 있다. 특히 급사면이나 고속에서 깊은 회전호의 패러렐턴을 하면, 큰 원심력에 걸맞게 신체가 회전의 안쪽으로 많이 기울어지는 회전자세를 만들 수 있어야 한다.

패러렐턴에서 좌우 회전을 연속하면 원심력의 방향도 좌우로 바뀌는데, 이전 회전에서 발생한 원심력을 이용하며 '중립자세와 회전자세'를 만들 수 있으면, 패러렐턴은 더욱 즐겁고 짜릿한 즐거움이 된다. 특히 급사면이나 고속 그리고 깊은 호에서는 몸을 많이 기울여서 회전하는 만큼, 적극적으로 몸을 일으켜야 제대로 된 중립자세로 되돌아올 수 있다.

더욱이 급사면에서는 경사에 수직으로 서기 어렵기 때문에, 원심력을 이용하지 못하면 회전의 전반부에 몸을 돌려버리거나 안쪽으로 기대버려서, 제대로 된 회전이 어렵게 된다. 그러므로 원심력을 잘 이용할 수 있어야 경사면에 제대로 서며 다음 회전에 원활하게 진입할 수 있다. 이렇게 원심력을 이용하며 경사에 수직으로 섰을 때 느껴지는 '무중력감'과 경사 아래쪽으로 몸을 던지는 '스릴감'이 바로 상급스킹의 매력이라고 하겠다.

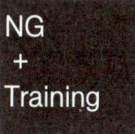

1. 회전 전반에 다리가 벌어지는 경우
⇨ 회전 시 안쪽스키 들어주기

패러렐턴에 처음 도전하는 초보자나, 패러렐턴이 어느 정도 되는 중상급자도 쉽게 범하는 실수가 바로 '회전 전반에 다리가 벌어지면서 삼각다리가 나오는 것'이다. 이렇게 다리가 벌어지면 스키어 자신은 패러렐턴을 한다고 생각해도, 실제로는 슈템턴에 가까운 회전이 되어버린다. 이렇게 다리가 벌어지면, 앞으로 배울 숏턴이나 다른 상급기술에서 항상 다리가 벌어져, 상급자로 향하는 발목을 잡게 되니 반드시 고치는 것이 좋다.

회전 전반에 다리가 벌어지는 가장 큰 원인은, 바로 하중이동이 부족하거나 불완전하기 때문이다. 즉 회전을 시작하면서 바깥발에 하중이 충분하게 실리지 않고 안쪽발에 하중이 남아있어서, 안쪽발이 바깥발과 동조하지 못하기 때문이다. 또한 회전 마무리에서 탑을 충분하게 떨어뜨리지 못하면, 중립자세에서 바깥스키의 테일이 벌어지고, 회전전반에 다리도 벌어질 수 있으니 주의가 필요하다.

이렇게 다리가 벌어지는 것을 고치기 위해서는, 우선 회전의 마무리에서 탑을 떨어뜨리는 연습을 해야 한다. 더욱이 회전전반부터 바깥스키에 완벽하게 하중을 실어주며, 안쪽스키를 미리 가볍게 만들 수 있어야 한다. 이를 위해서는 회전을 시작하면서 '안쪽스키의 들어주는 연습'이 가장 효과적이다. 안쪽스키를 들어줄 때는 스키 전체를 들어주는 것이 가장 좋지만, 이것이 어려울 때는 안쪽스키의 테일을 들어주고 탑을 설면에 살며시 대주는 연습이 보다 쉽고 편안하다.

이렇게 안쪽스키를 들어주면, 회전 전반부터 정확한 외경자세가 나와 바깥발에 더욱 단단하고 확실한 하중을 실을 수 있게 된다. 그 결과 안쪽발이 더욱 가벼워져서, 안쪽발이 바깥발을 리드하며 다리가 벌어지지 않고 함께 움직일 수 있게 된다.

2. 업에서 상체가 뒤로 젖혀지는 경우

⇨ 회전하며 테일점프 하기

패러렐턴은 물론이고 다른 기술에서도, 업을 하면서 상체가 뒤로 젖혀지는 현상은 쉽게 보이는 실수 중 하나이다. 이렇게 회전 전반에서 상체가 뒤로 젖혀지면, 후경자세가 되어버리고 스키의 테일이 무거워져서 회전을 시작하기가 어려워진다. 이렇게 회전이 어려워지면 상체를 돌린다거나 혹은 상체를 안쪽으로 기울이며, '실수의 악순환'을 할 가능성이 커지게 된다.

업에서 상체가 뒤로 젖혀지는 가장 큰 원인은 역시 '기본자세가 잘못된 경우'가 가장 많다. 그러므로 기본자세를 다시 한 번 체크하고, 스키를 탈 때는 물론이고 평상시에도 기본자세를 수시로 연습하고 확인하는 것이 필요하다. 스키를 탈 때 상체가 뒤로 젖혀지는 것은, 배를 내밀면서 업을 하는 소위 '배치기업'이 주된 원인이라 할 수 있다. 이렇게 배를 내밀면서 업을 하면, 상체각도가 흐트러져서 전후밸런스가 무너지는 원인도 되므로, 반드시 수정해야 한다.

회전하면서 상체가 젖혀지는 것을 고치기 위해서는 테일을 점프하는 연습이 효과적이다. 회전 마무리의 다운 상태에서 미리 폴을 내밀었다가, 폴을 찍는 동시에 업을 하면서 테일을 점프한다. 이때 테일만이 점프하기 위해서는 상체를 앞으로 던지면서 업을 해야 하므로, 상체가 뒤로 넘어가는 것을 고칠 수 있다. 처음에는 테일점프를 크게 하면서 배가 나오는 것을 고치고, 점점 자세가 좋아질수록 테일점프의 크기를 줄여서, 보통의 패러렐턴을 하면서 전진 업을 하는 연습으로 이어가는 것이 좋다.

3. 회전하며 상체가 돌아가는 경우
⇨ 양폴 모아서 바깥쪽에 끌어주기

패러렐턴부터는 플루그를 만들면서 회전을 미리 만드는 보조조작이 없기 때문에, 그만큼 스키를 돌리기가 어렵게 된다. 특히 회전의 전반부는 경사에 거꾸로 선 상태에서 스키를 돌려야 하기 때문에, 밸런스를 유지하기도 힘들고 회전의 시동을 걸기가 어렵게 된다. 그렇기 때문에 무의식중에 상체를 돌려버리면서 '몸턴'으로 회전을 만드는 실수를 하기가 쉽다.

이렇게 상체를 돌리며 회전을 하면, 스키가 지나치게 밀리면서 제대로 된 회전을 하기도 어렵고, 신체의 밸런스도 무너지며 자칫 넘어질 수도 있다. 또한 이렇게 상체가 돌아가면 안쪽발에 지나치게 하중이 실리면서, 더욱 안 좋은 버릇이 늘어날 수도 있다. 그러므로 '상체를 안정시키고 하체로 회전하는 연습'은 필수라고 할 수 있다.

패러렐턴에서 상체가 돌아가는 것을 고치려면 여러 가지 방법이 있지만, 여기에서는 양폴을 들어서 회전의 바깥쪽에 끌어주는 연습을 하며 고쳐보도록 한다. 중립자세에서 양폴을 모아서 몸 앞에 들었다가, 회전에 들어가면서 바깥쪽에 끌어주며, 상체의 방향도 바깥쪽으로 향하도록 만들어준다. 양폴을 회전이 끝날 때까지 계속 바깥쪽에 끌어주고, 중립자세로 되돌아가면서 다시 몸 앞에 들었다가, 다음 회전의 바깥쪽에 다시 끌어주며 회전을 시작한다.

4. 양스키의 전후 차가 없는 경우
⇨ 슬라이딩하며 전후 차 만들기

패러렐턴에서 정확한 회전의 컨트롤을 위해서는 적당한 외향자세가 필요한데, 여기에 맞춰서 적절한 '양스키의 전후 차'가 필요하다. 전후 차는 신체의 방향에 따라서 다양하게 만들어지는데, 전후 차가 커지면 스키가 앞뒤로 많이 엇갈려서 스키가 옆으로 많이 밀린다. 반대로 전후 차가 작아지면 스키가 앞뒤로 덜 엇갈려서 스키가 앞으로 많이 미끄러진다.

스키를 타다 보면, 의외로 전후 차가 없이 양스키가 똑같이 붙어서 회전하는 스키어들을 많이 볼 수 있다. 이것은 회전하면서 골반이 지나치게 돌아가거나, 혹은 바깥발이 '까치발'이 되면서 발목이 내려가기 때문인데, 이렇게 전후차가 없으면 바깥발에 제대로 된 하중을 가하기가 어렵고, 골반과 함께 상체가 돌아가서 회전의 컨트롤이 나빠지게 된다.

이를 고치기 위해서는 '과도하게 전후 차'를 만들면서 회전하는 연습이 필요하다. 양폴을 몸 앞에 수평으로 잡고 상체의 외향을 많이 만든 상태에서, 양스키를 앞뒤로 많이 엇갈리게 하며 회전을 시작한다. 이렇게 외향과 전후 차를 많이 잡으면, 스키가 옆으로 밀리면서 스피드를 조절하기가 훨씬 수월하고, 다운을 하면서 바깥발의 뒤꿈치에 하중을 가하기가 훨씬 쉬워진다. 이렇게 전후 차를 크게 잡고 외향을 만드는 것이 익숙해지면, 외향과 전후 차를 작게 만들어서 '실전에 가까운 패러렐턴'으로 발전하도록 한다. 이러한 전후 차를 만드는 연습은 특히 급사면에서의 '스피드 컨트롤'에 효과가 크므로 잘 연습하도록 한다.

플러스 알파

1. 패러렐턴의 발바닥 및 발목감각

패러렐턴부터는 양발이 동시에 움직이며, 양스키도 항상 패러렐을 유지하며 회전을 해야 한다. 이를 위해서는 회전의 전반부터 바깥발에 확실한 하중이 전달된 상태에서, 안쪽발이 살짝 넘어가서 바깥발을 리드하며 회전이 시작되어야 한다. 이때 업을 하며 전경자세를 만들어서, 발앞꿈치 쪽에 살짝 하중이 가해지고, 발목도 약간 꺾이며 엣지도 준비되어야 한다.

이때 바깥발에는 모지구 쪽에 그리고 안쪽발은 소지구 쪽에 하중이 실려야 하는데, 이를 위해서는 발목자체를 조금 뒤로 당기며, 발앞꿈치를 살짝 내리고 발뒤꿈치는 조금 올리는 감각이 필요하다. 또한 바깥쪽 발목은 새끼발가락 쪽을 가볍게 들어올리고, 안쪽발목은 엄지발가락 쪽을 약간 들어올려서, 양스키의 엣지가 회전 안쪽으로 살짝 기울어지며 셋팅해야 한다.

이제 회전 중반부에 들어가면서, 본격적으로 스키에 하중을 가하며 피봇팅을 하고 엣지를 세운다. 이때부터는 더욱 많은 하중이 바깥발에 실리기 시작하는데, 한번에 강한 하중을 급하게 가하는 것이 아니라, 회전의 리듬 내에서 최대한 천천히 하중을 가해야, 부드럽고 샤프한 회전이 가능하다. 또한 하중포인트가 발앞꿈치에서 발뒤꿈치 쪽으로 이동하며 전후운동이 이루어져야 한다.

이렇게 하중이 가해지는 것에 맞춰서, 복숭아뼈 아래를 축으로 적극적으로 피봇팅을 하면서 스키의 회전을 이끌어낸다. 또한 발목, 무릎, 고관절을 회전안쪽으로 꺾으며 엣지도 세워야 한다. 그리고 회전의 중반부부터는 외력이 커지기 시작하므로, 신체중심을 최대한 회전안쪽으로 이동시켜서, 외력에 버틸 수 있는 자세를 만들어야 한다.

회전의 후반부는 스키가 산쪽으로 거슬러 올라가며 산돌기를 하는 구간이므로, 회전을 빨리 마무리하고 다음 회전을 준비해야 한다. 이를 위해서 스키테일이 밀리지 않도록 주의해야 한다. 이때 발뒤꿈치에 하중을 가하며 테일엣징을 사용하여, 스키가 밀리며 '과회전'되지 않도록 하고, 스키탑이 다음 회전 방향으로 잘 빠져나가도록 만들어야 한다.

이렇게 테일에 압력을 가하고 테일엣징을 사용하기 위해서는, 최대한 발목을 위로 젖혀서 뒤꿈치쪽에 하중을 가하며 '약간의 후경자세'를 만들 필요가 있다. 여기에 맞춰서 하체의 피보팅과 엣지각도도 함께 만들어 줄 수 있어야, 스키가 휘어지면서 '반발력'이 생기고 또한 탑이 빠져나가면서 '활주력'도 만들어져서, 다음 회전에 필요한 외력을 충분하게 확보할 수 있다.

2. 패러렐턴의 중심이동

패러렐턴은 스키의 활주궤도는 일정하게 유지한 채, 신체의 무게중심이 좌우로 움직이며 회전의 전환을 만들어내는 '크로스오버(Cross-Over)'를 주로 사용한다. 이러한 크로스오버를 제대로 하기 위해서는 무게중심이 이동하는 방향이 중요한데, 이것은 활주속도, 슬로프경사, 그리고 회전호에 따라서 달라지므로, 다양한 상황에서 다양한 목적으로 회전을 하면서 다양한 중심이동을 익혀야 한다.

우선 평지에서 정지한 상태로 중심이동을 해 보면, 스키가 활주하지 않기 때문에 중심이동은 단순하게 좌우의 '측면방향'으로만 이루어지면 된다. 하지만 스키가 활주를 시작하면, 중심이동을 하는 동안에도 스키는 계속해서 미끄러진다. 그러므로 단순하게 측면방향으로만 중심이동을 하면, 자칫 후경자세가 되면서 스키에 끌려가는 형국이 되어, 제대로 된 스키조작을 할 수 없게 된다. 그러므로 활주 중에는 '측면방향'뿐만 아니라 앞쪽의 '전면방향'으로도 함께 중심이동을 해야 한다.

그러므로 패러렐턴으로 활주를 할 때는, 측면방향과 전면방향이 합쳐진 '사선방향'으로 중심을 이동해야, '전후밸런스'와 '좌우밸런스'를 맞추며 원활하게 활주할 수 있다. 이때 활주속도가 느리고, 슬로프 경사가 완만하고, 회전호가 얕은 경우에는, 스키의 속도가 느리고 활주에서 발생하는 외력도 작기 때문에, 정면방향과 측면방향으로의 중심이동이 비교적 작아진다.

반대로 활주속도가 빠르고, 슬로프 경사가 급하고, 회전호가 깊은 경우에는, 스키의 속도가 빠르고 활주에서 발생하는 외력도 크기 때문에, 정면방향과 측면방향으로의 중심이동을 크게 해야 한다. 또한 스키가 옆으로 밀리며 느리게 회전하는 스키딩턴보다는, 스키가 설면을 자르듯 빠르게 회전하는 카빙턴에서의 중심이동이 훨씬 커진다.

이러한 활주속도, 활주경사, 회전호, 스키딩/카빙 등의 변수들은 각각 다양한 비율로 중심이동에 영향을 끼친다. 예를 들어, 같은 활주경사와 속도라면 회전호가 깊은 경우가 더욱 중심이동이 커져야 하고, 같은 활주경사와 회전호라도 스키딩보다는 카빙이 활주속도와 외력이 크기 때문에 중심이동은 더욱 커져야 한다. 그러므로 다양한 조건에서 다양한 중심이동을 하면서 기술의 넓이와 깊이를 키우는 것이 중요하다.

3. 회전에서 안쪽발의 움직임

스키기술이 플루그보겐에서 시작하여 슈템턴을 거쳐서 패러렐턴으로 변화하는 과정을 보면, 바깥발의 모양은 일정하게 유지되면서 안쪽발의 모양이 크게 바뀌는 것을 알 수 있다. 즉 안쪽발이 항상 벌어져 있으면 플루그보겐이고, 안쪽발을 넓혔다가 모으면 슈템턴이고, 안쪽발이 항상 붙어 있으면 패러렐턴이 된다.

이렇게 안쪽발의 형태를 바꾸기 위해서는 '바깥발의 완성도'가 먼저 충족되어야 한다. 특히 플루그보겐에 비해서 슈템턴과 패러렐턴은 수준 높고 섬세한 바깥발 조작이 선행되어야, 안쪽발을 제대로 모아서 정확한 슈템턴과 패러렐턴을 할 수 있다. 그러므로 '회전의 질(Quality)'을 결정하는 것은 바깥발이고 '회전의 형(Shape)'을 결정하는 것은 안쪽발이라 할 수 있다.

조금 더 자세하게 생각해보면, 안쪽발은 회전에 따라서 그 성격이 크게 달라진다. 즉, 플루그보겐에서는 안쪽발이 단순하게 바깥발의 움직임을 따라가고, 신체의 밸런스를 유지하는 '종속적인 역할'을 한다. 하지만 슈템턴에서는 바깥발과는 별도로 움직이며, 엣지를 교환하거나 중심을 이동시키는 '독립적인 역할'을 한다. 또한 패러렐턴에서는 오히려 안쪽발이 미리 움직이며, 바깥발의 회전을 이끌어내는 '선행적이고 주도적인 역할'로 기여도가 높아진다.

그러므로 회전의 형태를 바꾸며 스키기술을 향상시키기 위해서는 우선 '바깥발의 질(Quality)'을 높여야 하고, 여기에 추가하여 '안쪽발의 형(Shape)'을 바꿔서, 양쪽발의 질과 형을 균형 있게 발전시키는 것이 필요하다. 이를 위해서는 기술과 근력은 물론이고, 유연성도 함께 높여야 진정한 스키 상급자가 될 수 있다

BEGINNER
SKI TECHNIQUE

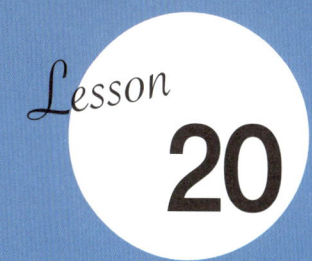

Lesson 20

숏턴

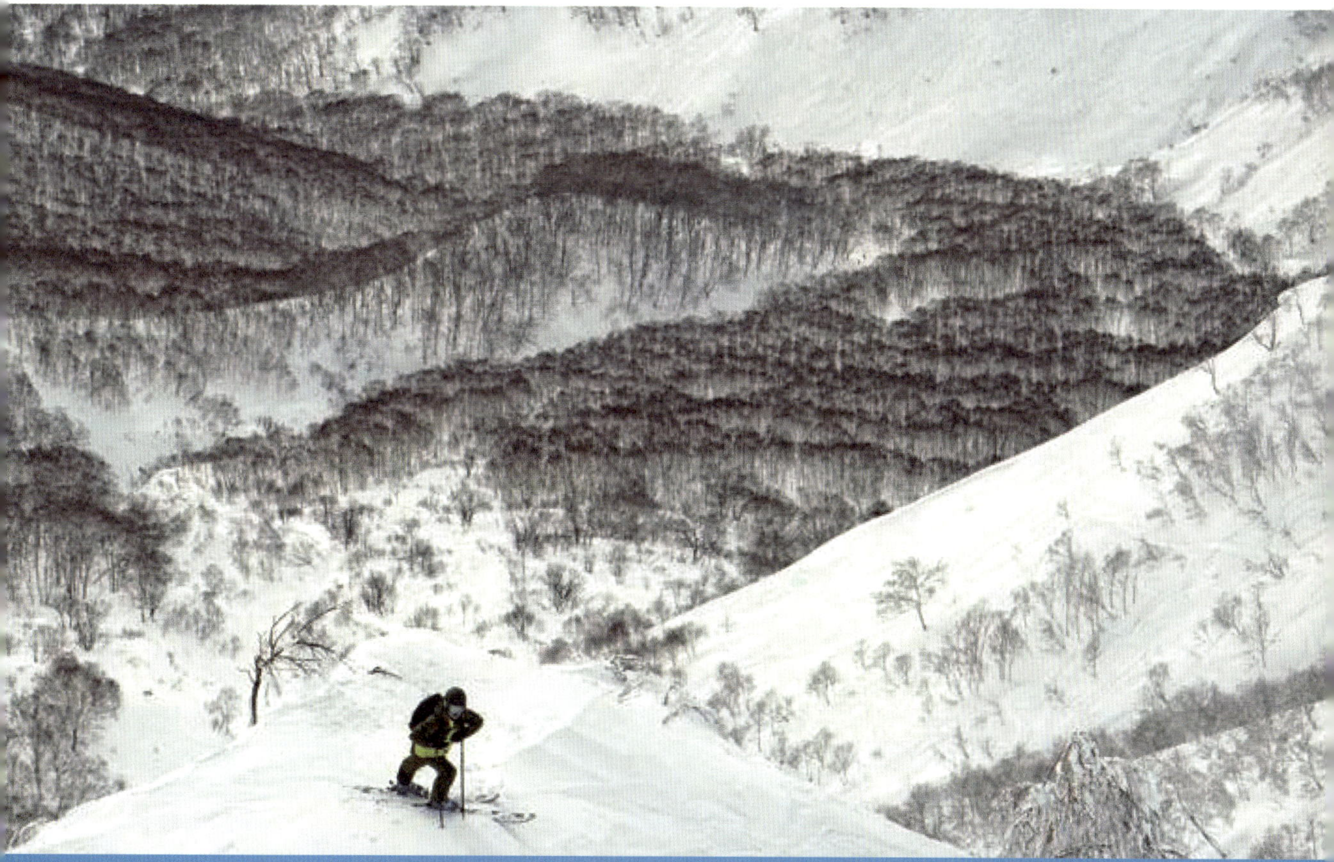

front

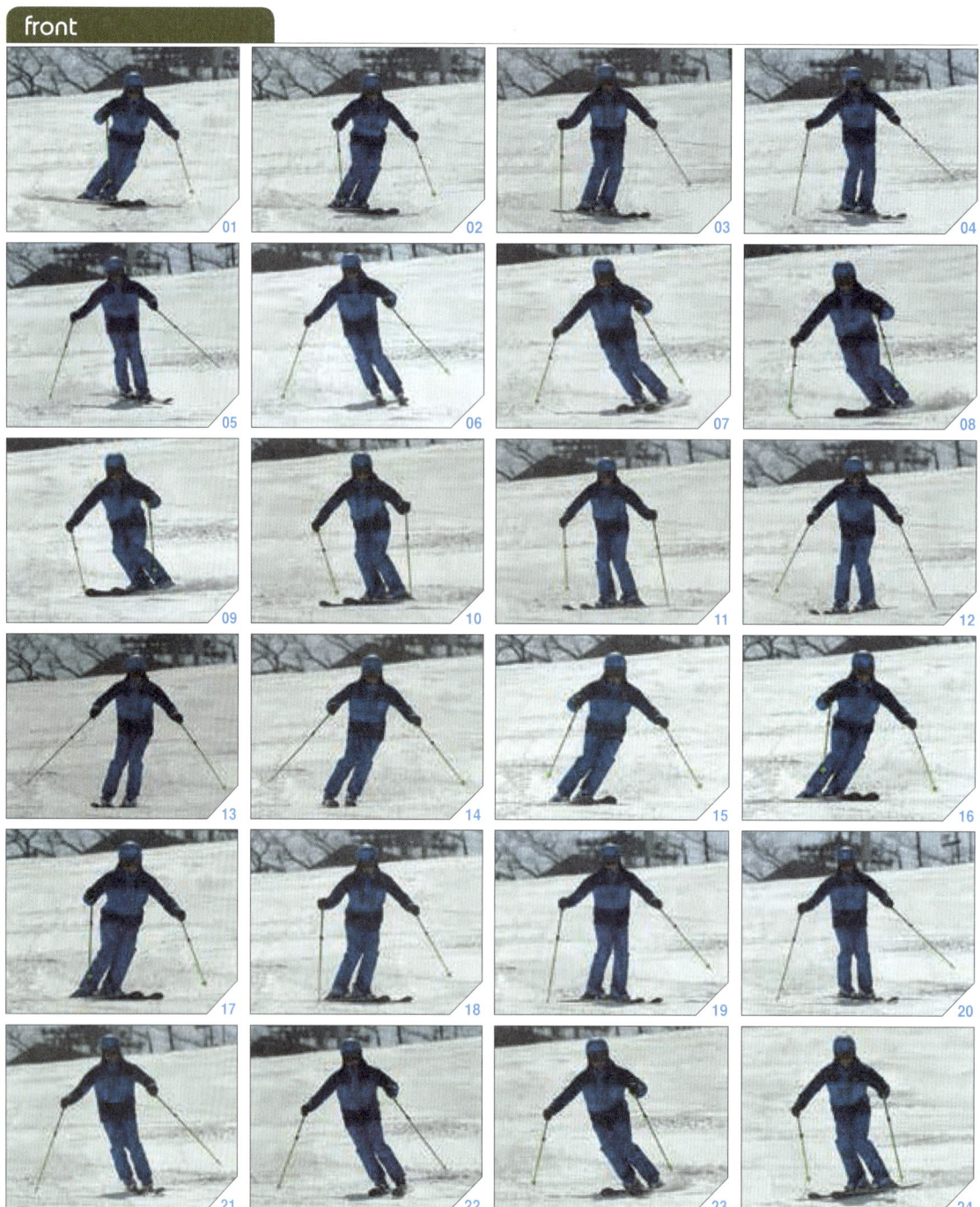

패러렐턴을 통해서 양스키를 패러렐로 만든 상태에서 회전하는 것을 익혔다면, 이제는 '상급자의 대표기술'이라고 할 수 있는 숏턴에 도전할 차례이다. 양스키를 나란하게 모은 상태에서 재빠르고 리드미컬하게 회전하는 숏턴은, 보는 이로 하여금 탄성을 자아낼 정도로 세련된 기술이고, 또한 효과적인 스피드 컨트롤 기술로서, 급사면, 모글, 악설 등 어렵고 힘든 상황에서 큰 효능을 발휘하는 '스키의 만병통치약'이라고 할 수 있다.

이러한 숏턴을 하기 위해서는, 패러렐턴에 비해서 훨씬 진일보한 '스키조작'과 '신체동작' 그리고 '유연성'이 필요하다. 즉 숏턴에서는 재빠르게 회전하는 것이 필수인데, 이를 위해서는 상체를 계곡방향으로 고정하고 하체만을 움직이면서 회전하여야 한다. 또한 상체가 앞뒤로 흔들리거나 좌우로 기울거나 혹은 돌아가지 않고 항상 안정된 자세를 유지하여야 한다.

또한 스키를 재빠르게 돌리기 위해서는 능숙하고 세련된 하체조작이 요구된다. 업다운을 하며 부드럽고 샤프하게 스키에 하중을 가하고, 동시에 하체를 비틀면서 스키의 회전을 이끌어내야 한다. 또한 좌우로 하체를 꺾어주면서 스키의 엣지를 세워주고, 하중포인트를 앞뒤로 움직이며 스키가 원활하고 둥글게 돌아가도록 만들 수 있어야 한다.

이때 간과하기 쉬운 것이 바로 '신체의 유연성'인데, 특히 숏턴처럼 몸을 많이 비틀어야 하고, 이러한 비틀림과 풀림을 이용해서 회전을 연결하고 시작하기 위해서는, 더욱 유연성이 필요하다고 할 수 있다. 유연성이 안 좋은 상태에서 숏턴을 시도하면, 골반이 돌아가고 스키의 테일이 밀려버려서 숏턴의 짧은 리듬을 만들기 어렵다. 또한 상하체가 분리되지 못하며 상체가 돌아가버려서 상체의 밸런스가 깨져버린다.

이렇게 하체의 조작과 상체의 동작 그리고 관절의 유연성이 준비되었다면, 이제는 리드미컬하게 폴체킹을 하며, 중심이동을 보조하고, 상하체의 움직임을 연동시켜서, 보다 우아하고 세련된 숏턴으로 한 발짝 다가가도록 하자. 여기서 익히는 '표준형의 숏턴(스탠다드 숏턴)'을 토대로 향후에는 업다운을 줄이는 벤딩숏턴, 카빙으로 회전하는 카빙숏턴 그리고 설면의 둔덕을 넘어다니는 모글숏턴 등으로 숏턴의 넓이와 깊이를 확장할 수 있다.

경사가 어느 정도 있는 중급사면을 선택하여 계곡쪽을 향하여 똑바로 출발한다. 숏턴에서는 경사에 신체를 수직으로 맞추는 것이 중요하므로, 출발 후 회전에 들어가기 전에 '기본자세'를 확인하고 회전을 시작한다. 숏턴에 들어갈 때는 일단 다운을 하면서 하중을 가해주고 폴체킹을 함께 준비한다. 그리고 업을 하면서 폴을 찍고 회전에서 빠져나오며 중립자세로 되돌아간다. 다시 다운을 하며 폴을 내밀면서 반대쪽 회전을 시작한다.

숏턴에서는 리드미컬하고 부드럽게 상하운동을 하면서, 재빠르게 스키에 하중을 가했다가 빼주며 회전을 계속해야 한다. 이때 업다운 동작은 항상 숏턴의 리듬 내에서 '최대한 여유 있고 천천히' 이루어져야, 보다 스키에 하중이 잘 가해지고 빠진다. 다운을 할 때는 너무 강하지 않은 '적당한 하중'을 가하는 것이 중요한데, 발앞꿈치부터 뒤꿈치까지 하중포인트를 잘 이동하면서, 스키를 눌러주는 것이 필요하다. 특히 처음부터 강한 하중을 급격하게 가하는 것이 아니라, 숏턴 리듬 안에서 서서히 하중을 증가하고, 하중포인트가 발뒤꿈치에 왔을 때 가장 강한 하중이 걸리도록, 점진적으로 하중을 증가해야 한다.

또한 하중과 더불어 스키를 돌려주는 피봇팅 조작도 함께해야 하는데, 발목과 무릎과 고관절을 돌려서 '하체 전체가 고르게 비틀리며' 스키를 회전시킨다. 하지만 고관절을 중심으로 위쪽에 있는 상체는 고정되어야 하므로, 숏턴에서는 '상체와 하체의 분리현상(Separation)'이 더욱 중요해진다. 이러한 하체의 피봇팅 조작은 하중의 전후이동과 동시에 이루어지므로, 회전을 시작하는 전반에는 테일의 움직임이 크고, 중반에는 탑과 테일이 함께 움직이고, 후반에는 탑의 움직임이 커진다.

이렇게 하중을 가하면서 폴체킹도 함께 준비해야 하는데, 숏턴의 폴체킹은 특히 팔꿈치나 어깨의 움직임을 줄이고 '손목과 손가락'을 주로 사용하여 심플하게 하는 것이 좋다. 폴체킹을 준비할 때는 다운에 맞춰서 폴끝을 앞으로 내밀었다가, 업을 하며 엣지가 풀어지는 것에 맞춰서, 가볍게 설면에 찍어주는 것이 기본이다. 폴체킹은 설면에 살짝 터치하듯 찍어주는 것이 좋고, 폴을 찍은 후에는 주먹이 뒤로 빠지지 않도록 주의해야 한다.

회전의 마무리에서는, 스키는 옆쪽으로 빠져나가고 상체는 아래쪽으로 향하기 때문에, 스키와 상체의 방향이 크게 어긋나며 '크로스(Cross) 되는 현상'이 발생한다. 이렇게 스키와 상체가 크로스 되면서 회전을 마무리해야, 보다 숏턴에 약진감이 생기고 샤프하고 진폭이 있는 '둥근 호'를 그릴 수 있는데, 이것은 향후 숏턴의 스피드 컨트롤에도 지대한 영향을 끼치므로 확실하게 연습하는 것이 좋다. 이렇게 스키와 상체가 크로스 되면 마치 '스프링'처럼 몸이 꼬이는데, 숏턴에서는 이렇게 '꼬였다가 풀어지는 힘'을 이용해서 다음 회전을 재빠르게 시작하므로, 크로스 현상은 더욱 중요하다 할 수 있다.

스키와 상체가 크로스되며 회전이 마무리되면, 이제는 다시 업을 하면서 중립자세로 되돌아가야 한다. 여기서 상하체가 꼬였다가 다시 풀어지는 힘을 이용해서 스키탑이 계곡방향으로 떨어지게 유도한다. 이때 상체가 전진업을 하기 때문에 전경자세가 만들어지고, 가벼워진 테일을 돌리며 다음 회전을 시작하게 된다. 따라서 전진업의 크기를 적당하게 맞춰주는 것이 중요한데, 너무 작으면 테일이 설면에 걸려서 회전을 시작하기가 어렵게 되고, 반대로 너무 크면 테일이 지나치게 밀려서 과회전이 일어나며, 다음 회전의 연결이 힘들게 된다.

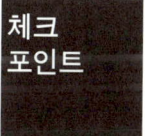

1. 상체의 방향은 계곡쪽으로 고정시킨다

숏턴의 가장 첫 번째 관문은 바로 '상체를 계곡쪽으로 고정시키는 것'이다. 이렇게 상체를 고정시킨 상태에서 하체만을 움직이며 스키를 돌리는 것이 숏턴의 전제조건이다. 상체를 고정시킨다는 의미는 스키어의 머리, 어깨를 완전히 고정하고, 골반은 부분적으로 안정시키는 것을 의미한다. 또한 하체를 움직인다는 것은 고관절부터 무릎, 발목까지의 하체 전체를 돌리면서 스키를 회전시키는 것이다.

상체를 고정하고 하체를 돌리게 되면, 상하체가 따로 움직이는 '분리된(Separated) 상태'에 이르게 된다. 이처럼 상하체가 분리되면, 회전을 할 때는 상하체가 '비틀리게(Twist)' 되고, 중립으로 돌아올 때는 상하체의 비틀림이 '풀리게(Release)' 되는데, 이 비틀림과 풀림이 숏턴을 만들고 연결하는 원동력이 된다.

이렇게 상체를 계곡방향으로 고정시키기 위해서는, 우선 상체는 움직이지 않고 하체만을 비트는 '예행연습'을 충분하게 실시하여야 한다. 또한 '신체의 유연성'을 충분하게 길러서 상하체가 부드럽고 편안하게 비틀어질 수 있어야 한다. 이러한 예행연습을 충분히 한 다음, 실제로 활주하면서 상체를 안정시킬 수 있어야 하는데, 특히 '머리와 어깨의 고정과 골반의 부분고정'이 필요하다.

머리를 고정시키기 위해서는, 시선을 항상 멀리 보고 얼굴의 방향을 일정하게 유지해야 한다. 신체는 무의식중에 시선의 방향으로 따라가므로, 숏턴을 할 때는 롱턴보다 조금 더 먼 곳에 시선을 고정해야 한다. 그다음 어깨를 고정해야 하는데, 어깨는 특히 '폴체킹'을 하면서 돌아가는 경우가 많으므로, 폴체킹을 간단하고 가볍게 해서 폴을 내밀거나 찍었을 때, 어깨가 움직이지 않도록 해야 한다.

또한 골반은 다리를 따라서 쉽게 돌아가 버리므로, 회전 시 골반은 부분고정하고 하체만을 돌릴 수 있어야 한다. 만약 일상생활에서 골반이 비뚤어졌다면 스킹 시에도 쉽게 돌아가버리므로, 평소에 신체의 좌우밸런스를 맞춰주는 사전노력도 중요하다. 또한 무릎으로 부츠 앞을 강하게 누르거나 안쪽으로 과도하게 꺾게 되면, 쉽게 골반이 돌아가 버리므로 주의한다. 골반은 머리나 어깨처럼 100% 고정시킬 수는 없지만, 관절의 가동범위 내에서 부분적으로 고정되어야 하며, 숏턴의 종류에 따라서 고정하는 비율도 달라지게 된다.

2. 신체는 슬로프와 수직으로 맞춘다

상체를 계곡방향으로 고정시키는 것만큼 중요한 것이, 바로 '신체의 각도를 슬로프와 수직'으로 유지하는 것이다. 숏턴은 롱턴과는 다르게 '항상 상체를 아래쪽으로 고정'한 상태에서 회전을 하게 되므로, '슬로프의 최대경사'를 항상 체감하면서 회전을 하게 된다. 그러므로 신체를 항상 슬로프와 수직으로 맞춰야만 원활하고 안정되게 회전할 수 있다.

이렇게 신체를 슬로프와 수직으로 만든 상태에서, 회전의 전반부에는 약간 전경을 만들고 회전의 후반부에는 조금 후경을 만들어야만, 스키를 보다 재빠르고 날카롭게 회전시킬 수 있다. 만약 신체가 지나치게 후경이 되어버리면, 회전 전반부에서 테일을 움직이기 어려워져서, 회전을 시작하기가 힘들게 된다. 반대로 신체가 과도하게 전경이 되어버리면, 회전의 후반부에서 테일이 지나치게 밀려버려서, 회전을 마무리하고 연결하기가 어려워지게 된다.

그러므로 숏턴에서 신체각도를 슬로프와 잘 맞추는 것이 필수요건이라고 할 수 있다. 이를 위해서는 우선 기본자세를 제대로 만드는 것이 필요한데, 숏턴에서 자세가 흐트러지는 것은 대부분 기본자세가 잘못된 것이 가장 큰 원인이다. 또한 스키어의 시선에 따라서도 많은 영향을 받게 되므로, 항상 멀리 바라보면서 '턱을 들어준 상태'로 숏턴을 하는 것이 좋다.

3. 상하운동에 맞춰서 전후이동을 만들어준다

숏턴은 말 그대로 짧게 회전하는 기술이므로, 재빠르게 스키를 회전시킬 수 있는 조작이 필요하게 된다. 그중 하나가 바로 '적극적으로 상하운동을 하고 적절한 전후이동'을 만들어주는 것이다. 즉, 스키를 재빠르게 돌리기 위해서는, 우선 리드미컬하게 상하운동을 하며 스키에 하중을 가하고 빼는 것이 필요하다. 또한 여기에 맞춰서 하중포인트를 전후로 이동시켜야, 날카롭고 부드럽게 숏턴을 할 수 있다.

이를 위해서는 업을 하며 전경자세를 만들어서, 스키테일을 재빠르게 돌리며 회전에 들어갈 수 있어야 하고, 다운을 하며 약간 후경자세를 만들어서 스키테일을 잡아주어서, 재빠르게 회전을 마무리할 수 있어야 한다. 만약 회전의 시작에서 후경이 되면 회전을 재빠르게 시작할 수 없고, 회전의 마무리에서 전경이 되어버리면 회전을 재빠르게 마무리할 수 없게 된다.

반대로 회전의 시작에서 과도한 전경자세를 만들어 버리면, 스키가 지나치게 돌아가서 재빠르게 회전을 마무리하기가 어렵게 되고, 또한 회전의 마무리에서 과도한 후경자세를 만들어 버리면, 스키가 도망가서 밸런스가 무너지므로 다음 회전을 시작하기가 어려워진다. 이러한 전후이동은 활주속도나 슬로프경사, 그리고 회전호에 따라서 달라지게 되는데, 각각의 상황에 맞는 '상하운동과 전후이동의 최적비율'을 찾는 것이 중요하다.

이렇게 전후이동을 잘하기 위해서는, 특히 발목을 잘 사용하여 '스키를 뒤로 당기고 앞으로 밀어내는 것'이 필요하다. 업에서는 발목을 뒤로 빼주며 스키를 뒤로 당겨서, 발앞꿈치에 하중이 걸리게 해야 한다. 또한 다운을 할 때는 발목을 위로 제치면서 스키를 앞으로 밀어서, 발뒤꿈치에 강하고 단단한 하중이 걸리게 하는 것이 중요하다. 이때 발목을 중심으로 피봇팅을 하며 엣지를 세우는 두 가지 조작도 동시에 수행해야 하므로, 결과적으로 발목은 '입체적이고 3차원적으로' 움직일 수 있어야 한다.

4. 고관절을 중심으로 상하체를 분리시킨다

숏턴의 기본은 '상체는 고정시키고 하체만 회전시키는 것'이다. 이렇게 상체는 고정되고 하체만이 회전하면, 상하체의 분리가 일어나게 되어, 재빠르게 회전을 시작하고 샤프하게 마무리할 수 있게 된다. 이렇게 상하체가 분리되기 위해서는 '분리의 기준점'이 필요한데, 이것이 바로 상하체의 가운데에 위치하고 있는 '고관절'이다.

이 고관절을 중심으로 상체는 고정해야 하고 하체는 회전하게 되는 것이다. 이때 기본적으로 필요한 것이 바로 '고관절의 유연성'이다. 숏턴은 다양한 상황과 목적에 따라서 다채롭게 구사되는데, 얕은 회전호의 숏턴에서는 상하체의 분리가 작기 때문에 유연성이 떨어져도 큰 문제가 없지만, 깊은 회전호의 숏턴에서는 상하체의 분리가 크기 때문에 유연성이 절대적으로 필요하게 된다.

특히, 급사면에서는 속도를 조절하기 위해서 깊은 회전호의 숏턴이 필요한데, 만약 급사면에서 속도조절이나 회전연결에 어려움이 있다면, 이것은 스키기술이 부족한 원인도 있지만, 고관절의 유연성이 부족한 원인도 꽤 많다. 만약 깊은 회전호의 숏턴에서, 고관절이 유연성이 부족해서 골반이 지나치게 돌아가버리면, 스키의 테일이 밀리면서 회전호와 리듬이 늘어지게 되어 제대로 된 숏턴을 할 수 없게 된다. 물론 깊은 회전호에서는 골반을 100% 고정시킬 수는 없지만, 고관절의 유연성을 활용하여 골반의 회전을 줄이는 것이 필요하다.

또한 척추가 옆으로 휘어서 골반이 한쪽으로 비뚤어진 경우에도, 골반이 돌아가면서 상하체 분리가 쉽게 되지 않는다. 이때는 한쪽 숏턴은 잘되지만, 반대쪽 숏턴이 잘되지 않는 소위 '짝짝이 숏턴'이 발생하는 것이 특징이다. 그러므로 스키를 진정으로 잘 타기 위해서는 비시즌과 일상생활에서 '스트레칭'과 같은 선행연습은 물론이고, 척추측만 등이 오지 않는 '바른 자세'를 미리 만들어 놓아야 하므로, '생활이 곧 스키가 되는 매니아(Mania)적 삶'이 필요하다. 그러므로 진정한 스키 엑스퍼트(Expert)가 되는 길을 결코 녹녹하지 않다고 할 수 있다.

5. 테일을 움직이며 회전을 시작하고, 테일을 잡아주며 회전을 마무리한다

숏턴은 기본적으로 탑과 테일을 동시에 돌리면서 회전한다. 이렇게 탑과 테일을 동시에 돌리는 것을 탑테일 슬라이드(Top-Tail Slide) 조작이라고 한다. 탑테일 슬라이드는 탑과 테일을 항상 같은 비율로 돌리는 것이 아니라, 회전의 전반부와 중반부 그리고 후반부에서 '탑과 테일이 움직이는 비율'이 달라지게 된다.

특히 회전을 시작하고 마무리할 때 탑과 테일의 움직임이 중요한데, 회전의 전반부는 '회전을 시작'하기 때문에 중요하고, 회전의 후반부는 '회전을 끝내는 동시에 다음 회전도 준비'해야 하기 때문에 더욱 중요하다. 롱턴에서는 회전을 마무리하고 다음 회전을 시작할 때까지 여유가 있었지만, 숏턴은 이전 회전의 마무리가 바로 다음 회전의 시작과 연결되기 때문에, 회전의 마무리를 잘하는 것이 숏턴의 관건 중 하나이다.

회전의 전반부는 전경자세에서 가벼워진 테일을 옆으로 밀어내고, 무거워진 탑을 계곡쪽으로 떨어뜨리며 돌려서, 엣지가 설면으로 파고들게 하면서 회전을 만들어낸다. 이때, 전경이 모자르면 테일을 움직이는 게 어려워지고, 반대로 전경이 과도하면 테일이 지나치게 움직이게 된다.

여기서 테일을 가볍게 해서 밀어내는 것은 '탑을 누르면서 돌려주는 감각'으로도 대체될 수 있지만, 탑을 누르는 감각은 자칫 지나치게 강하고 급격한 하중에 한꺼번에 탑에 실릴 수 있다. 그러므로 테일을 가볍게 해서 밀어내고, 마치 시소(See-Saw)처럼 '결과적으로 탑이 부드럽고 여유있게 눌리면서 최대 경사선으로 돌아가는 것'을 이 책에서는 권하고 있다. 하지만 결국 두 조작은 같은 조작이며, 스키어에 따라서는 '탑 자체를 누르며 돌려야 한다'고 표현하기도 한다.

회전의 중반부에서는 스키의 센터에 하중을 가해서 설면의 그립력을 확보하고, 탑과 테일을 동시에 움직이면서 적극적으로 스키를 돌려주어야 한다. 그리고 회전의 후반부에서는 약간의 후경자세에서 테일쪽을 무겁게 해주는데, 이때 테일이 설면을 잡으면서 스키의 과회전을 방지하고, 또한 추진력이 만들어져서 다음 회전에 쉽게 들어가는 원동력이 생기게 된다. 마찬가지로 스키어에 따라서는 '회전 후반부에서 탑을 적극적으로 움직이며 회전에서 빠져나가라'고 표현하기도 한다.

만약 회전의 후반부에서 전경을 과도하게 하면 테일이 밀려버리되는데, 이런 경우에 흔히 저지르는 실수가 바로 '엣지각을 지나치게 세워서 회전을 억지로 끝내는 것'이다. 이렇게 엣지만을 과하게 세워서 회전을 끝내버리면, 스키에 저항이 커져서 튀게 되고, 활주력이 떨어져서 다음 회전의 원동력이 없어져 버린다. 이것은 회전 전반부에 다시 과도한 전진업을 하는 원인이 되어서, 스키가 더욱 튀거나 지나치게 돌아가는 악순환을 만들게 되므로 주의가 필요하다.'

6. 회전의 마무리에서 스키와 상체의 방향을 어긋나게 한다

숏턴은 짧게 회전하는 기술이다 보니, 길게 회전하는 롱턴에 비해서 '둥근호'를 그리기가 어려운 것은 당연하다. 특히 숏턴을 처음 익히는 중상급자는 물론이고, 어느 정도 숏턴을 구사하는 상급자 중에서도 둥근 회전호를 그리지 못하고, 단순

하게 스키를 양옆으로 밀어내서 '브레이크(Brake)만 거는 숏턴'을 하는 경우가 많다. 이 경우 스키의 탑과 테일이 고르게 움직이는 것이 아니라, 탑은 움직이지 못하고 테일만을 옆으로 밀어내면서, 마치 자동차의 와이퍼처럼 방향만 바뀌는 일명 '찍찍이 숏턴'이 되어 버린다.

이렇게 찍찍이 숏턴이 만들어지는 이유는, 회전의 마무리에서 스키의 테일이 지나치게 밀리고 탑이 옆으로 빠져나가지 못해서, 단순하게 스키의 방향만이 바뀌기 때문이다. 이렇게 찍찍이 숏턴이 되어버리면, 스키가 하나의 폴라인상에서 방향만이 바뀌며 미끄러지기 때문에 흔히 '원폴라인(One Fall Line) 숏턴'이라고 한다. 이러한 찍찍이 숏턴은 스키를 억지로 밀어내면서 '외력과 싸우는 형태'가 되어버려서, 급사면이나 고속에서 스피드 컨트롤도 어렵고 체력소모도 커지게 된다.

이러한 찍찍이 숏턴을 방지하기 위해서는 하중의 전후이동을 하면서, 스키의 '탑부터 테일까지 골고루 이용'하며 숏턴을 해야 한다. 특히 회전의 마무리에서 스키의 테일에 하중이 실리며, 스키가 리바운드를 받아서 탑이 옆으로 빠져나갈 수 있어야 한다. 이렇게 스키가 옆으로 빠져나갈 때 상체는 아랫방향으로 고정되기 때문에, 스키의 방향과 상체의 방향이 어긋나면서 '크로스(Cross)되는 현상'이 발생한다. 이렇게 크로스 현상이 제대로 만들어지면, 스키가 탑부터 테일까지 순차적으로 돌아가면서 둥근 회전호를 그리는데, 이것을 '투폴라인(Two Fall Line) 숏턴'이라고 한다.

특히, 크로스현상은 급사면 숏턴처럼 스키가 깊게 회전해야 하는 경우에 더욱 중요한데, 스키가 옆으로 빠져나갈 수 있어야 스피드가 컨트롤이 가능하다. 또한 외력을 사용하여 다음 회전의 전반부를 쉽게 만들 수 있고, 상대적으로 내력의 사용비율은 줄일 수 있으므로, 보다 경제적이고 수준 높고 멋진 숏턴을 구사할 수 있다. 이러한 크로스 현상을 위해서는 발목과 고관절의 '유연성'은 물론이고, 강한 '신체근력'과 높은 '조작능력'이 필요하다.

7. 회전의 시작에서 상하체의 비틀림 해방을 이용한다

숏턴에서 회전을 재빠르기 하기 위해서는 우선 회전을 빠르고 정확하게 시작해야 한다. 이를 위해서는 '상하체가 비틀렸다가 풀어지며 해방되는 것'을 이용해야 한다. 이것은 마치 스프링이 비틀렸다가 풀어지는 것과 같은 원리인데, 회전의 마무리에서 고관절을 중심으로 상하체의 비틀림이 생기고, 다음 회전의 시작에서 이 비틀림이 해방되는 힘을 이용하는 것이, '숏턴의 원동력'이라 할 수 있다.

이를 위해서는 우선 상하체의 비틀림을 만드는 것이 중요한데, 회전을 마무리할 때 상체는 고정된 상태에서 하체만이 돌아가도록 해야한다. 만약 상체가 돌아가거나 스키가 밀려버리면 충분한 비틀림을 얻지 못하므로, 다음 회전에서 몸을 돌리거나 과도한 전진업을 하게 되어서, 제대로 된 숏턴을 할 수 없다.

회전의 마무리에서 충분한 비틀림을 얻었다면, 이 비틀림을 해방시키며 전진업을 하는 동시에, 스키의 엣지와 하중을 풀어주면서 중립자세로 되돌아가게 된다. 이때 탑을 적극적으로 떨어뜨리는 것은 물론이고, 폴체킹을 정확하게 해주어야 원활하게 중립자세를 만들 수 있다. 중립자세에서 다음 회전을 시작할 때는, 비틀림이 해방되면서 만들어진 '회전 관성력'을 이용해서 스키를 돌리는데, 이때 테일을 충분히 움직이면서 재빠르고 정확하게 회전을 시작할 수 있어야 한다.

이렇게 회전이 시작되면, 스키에 하중을 가하며 피봇팅을 하고 엣지를 세우면서 숏턴의 회전호를 그리는데, 마찬가지로 회전의 마무리에서 다시 '비틀림'을 만들 수 있어야, 다음 회전의 원동력인 '비틀림의 해방력'을 얻을 수 있다.

8. 폴체킹은 다운에서 준비하고 업에서 찍어준다

스키기술이 향상될수록 폴체킹의 중요성은 더욱 커지게 되는데, 특히 숏턴에서의 폴체킹은 '필수적인 보조동작'이라고 할 수 있다. 폴체킹은 다양한 역할을 하는데, 숏턴에서는 '회전의 리듬'을 만들어내고 유지하는 데 중요한 역할을 한다. 숏턴은 처음에는 업다운을 많이 활용하므로 스키어의 내력을 주로 사용하지만, 점차 익숙해지고, 슬로프 경사가 심해지고, 활주속도가 빨라지면, 업다운을 줄이고 저항력과 반발력 그리고 원심력 등의 외력을 많이 사용하게 된다.

이렇게 외력을 많이 사용할 때는 폴체킹을 활용하여 숏턴의 리듬을 만들어내는 것이 더욱 중요해진다. 그러므로 업다운을 많이 사용하는 '기본형 숏턴(스탠다드 숏턴)'에서 우선 폴체킹을 제대로 익히는 것이 필요하다. 숏턴에서의 폴체킹도 '양스키의 엣지와 하중이 풀어지는 전환구간'에서 찍어주어야 하는데, 이를 위해서는 회전의 마무리에서 미리 폴체킹을 준비해야 한다.

그러므로 기본적인 숏턴에서의 폴체킹은, 다운을 하면서 스키를 돌릴 때 폴끝을 들어올리며 미리 준비하고, 업을 하면서 중립자세로 되돌아올 때 폴을 함께 찍어주어야 한다. 결과적으로 다운에서 하체를 비틀 때 폴을 같이 내밀고, 업에서 하체를 풀어줄 때 같이 찍어주게 된다. 폴체킹을 하다 보면 상체가 쉽게 돌아가 버릴 수 있는데, 상체를 고정시킨 상태에서 하체만을 움직이며 폴체킹도 제대로 하려면, 정말 많은 '예행연습과 실전적응'이 필요하다.

또한 숏턴 폴체킹을 하다 보면, 한쪽은 폴체킹의 템포가 맞는데 다른 한쪽이 늦어지는 경우가 많은데, 이것은 폴을 내미는 쪽의 엣징이 불안정하기 때문이다. 그러므로 근본적으로는 하체조작을 더욱 연습해야 상체의 폴체킹도 제대로 고칠 수 있다. 폴체킹은 쉽게 흐트러지기 때문에, 평상시에 집에서 거울 등을 보면서 미리 연습해 놓는게 필수이다.

9. 폴체킹은 부츠 근처에 가볍게 찍어준다

숏턴에서는 리듬에 맞춰서 폴체킹을 하는 것도 중요하지만, 상체가 고정되도록 폴을 안정되게 찍어주는 것도 중요하다. 이를 위해서는 '폴을 찍어주는 위치'를 고려해야 한다. 숏턴은 기본적으로는 '부츠 근처'에 폴을 찍어주는 것이 좋다. 이렇게 부츠 근처에 폴을 찍어야만 상체를 고정한 상태에서 폴체킹이 가능하다. 만약 지나치게 스키탑 쪽에 폴을 찍으려 하면, 팔이 앞으로 나오면서 어깨가 돌아가 버리기 쉽고, 회전의 마무리에서 상하체의 비틀림이 풀어질 수 있으므로, 주의가 필요하다.

완사면 숏턴이나 회전호가 얕은 숏턴처럼, 상하체의 비틀림과 외경자세가 작은 숏턴에서는 부츠 근처에 폴체킹을 하는 것이 좋다. 반대로 급사면 숏턴이나 회전호가 깊은 숏턴처럼, 상하체의 비틀림과 외경자세가 큰 숏턴에서는 부츠 근처에서 조금 먼 곳에 폴체킹을 해야만, 비틀림과 외경자세를 유지하기가 수월하다.

폴체킹을 할 때는 되도록 가볍게 찍어주는 것이 중요한데, 완사면이나 활주속도가 느린 숏턴에서는 폴체킹의 충격이 작아서 큰 문제가 되지 않지만, 급사면이나 활주속도가 빠른 숏턴에서는 폴체킹의 충격이 커서, 팔과 어깨가 돌아가고 상체가 흔들려 버릴 수 있다. 그러므로 폴체킹은 최대한 가볍게 찍어주고, 폴을 찍은 후에도 팔이 뒤로 빠지지 않도록 손목스냅을 사용해서, 폴체킹을 잘 끊어주는 것이 좋다.

10. 폴체킹은 손목과 손가락 위주로 단순하게 실시한다

숏턴에서의 폴체킹은 심플하게 실시하는 것이 필요하다. 만약 폴체킹 동작이 커져버리면 상체도 쉽게 움직여 버릴 수 있고, 폴체킹 동작이 커진 만큼 폴체킹에서의 충격도 커져서, 팔과 상체가 쉽게 흔들려 버릴 수 있다. 그러므로 폴체킹은 최대한 '심플하고 소프트'하게 실시해야 한다.

이를 위해서는 폴을 내밀고 찍어줄 때 손목과 손가락 위주로 움직이고, 팔꿈치나 어깨관절은 적게 사용하는 것이 좋다. 물론 팔꿈치를 전혀 사용하지 않을 수는 없지만, 가능하다면 손목과 손가락을 주로 사용하여 심플한 폴체킹을 하는 것이 필요하다. 특히 활주속도가 빠르거나 슬로프 경사가 심해지면 더욱 가볍게 폴체킹을 해야 한다.

이렇게 심플하고 소프트한 폴체킹을 위해서는 우선 '폴을 가볍게 쥐는 것'이 필요하다. 만약 폴을 강하게 잡으면 손가락과 손목이 경직되어, 당연히 팔꿈치를 많이 사용하여 강하고 복잡한 폴체킹을 하게 된다. 그러므로 폴체킹을 할 때는 우선 폴그립을 가볍게 손아귀에 쥐고, 폴이 가지는 '무게감'과 폴이 앞뒤로 움직이는 '스윙감'을 느끼며 폴체킹을 해야만, 가볍고 단순한 폴체킹이 가능하다.

폴을 찍은 다음 동작도 폴체킹에서 중요한다. 특히 급사면이나 고속에서는 폴체킹의 충격도 커지므로, 이 충격에 의해서 팔이 튀거나 어깨가 움직이지 않도록, 손가락과 손목스냅(Snap)을 이용해서 폴체킹을 마무리하는 것이 좋다. 이때 손목을 앞으로 넘겨준다는 느낌으로 새끼손가락 쪽은 뒤로 당기고 엄지손가락 쪽은 앞으로 밀어준다. 이 동작에 의해서 폴그립이 앞으로 넘어가면서, 폴체킹이 짧고 단순하게 마무리되며 폴체킹의 충격도 크게 줄어든다.

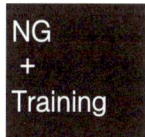

1. 상체가 안쪽으로 돌아가는 경우
⇨ 폴 앞에 잡고 숏턴하기

숏턴에서 가장 흔하게 보이고, 가장 나쁜 실수는 바로 몸이 안쪽으로 돌아가는 것이다. 즉, 상하체가 함께 돌아가면서 숏턴을 하는 것인데, 상하체가 함께 돌아가면 사실상 짧은 리듬으로 회전하기는 상당히 어려워진다. 이렇게 상체가 돌아가 버리면 일단 스키를 제대로 회전시키기 힘들고, 억지로 스키를 돌렸다고 해도 중립자세로 되돌아오는 것이 어려워서, 숏턴리듬을 연속하기가 매우 힘들어진다.

숏턴 시 상체가 안쪽으로 돌아가는 원인은, 첫 번째는 하체의 스키조작이 충분하지 못하기 때문이다. 즉 하체를 이용해서 피봇팅을 하거나 엣지를 세우거나 혹은 하중을 가하는 조작이 제대로 되지 않기 때문에, 오히려 상체를 돌리며 억지로 회전을 만들게 된다. 또한 신체의 유연성이 부족할 경우, 골반이 돌아가면서 상체가 함께 돌아갈 수도 있고, 상체가 지나치게 앞으로 숙여지는 경우에도 쉽게 돌아갈 수 있다.

이것을 고치기 위해서 가장 효과적인 방법은, 바로 양폴을 모아서 몸 앞에 수평으로 잡은 상태에서, 상체를 최대한 고정하고 하체만으로 회전하는 연습을 하는 것이다. 이렇게 폴을 몸 앞에 잡으면 상체가 돌아가는 것을 쉽게 깨달을 수 있어서 상체의 움직임을 줄이기가 훨씬 쉬워진다. 또한 상체를 고정한 만큼 하체조작에 더욱 집중할 수 있고, 폴의 위치를 가슴에 고정하는 연습도 함께할 수 있어서, 상체가 지나치게 앞으로 숙여지는 것도 줄일 수 있다.

2 상체가 뒤로 빠지는 경우

⇨ 테일점프하며 숏턴하기

숏턴에서 또 한 가지 쉽게 보이는 실수는, 바로 후경자세가 심해서 상체가 뒤로 빠진 상태로 숏턴을 하는 것이다. 이렇게 상체가 뒤로 빠지는 것은 경사에 대한 공포심이 있을 때 쉽게 나타날 수 있는데, 초보자나 여성스키어가 급사면에서 숏턴을 할 때, 자주 보이는 실수라고 할 수 있다.

이렇게 상체가 뒤로 빠지면, 회전 전반부에 테일이 무거워져서 회전을 시작하기가 어렵게 된다. 이렇게 테일이 무거워져서 회전이 어려워지면 상체를 돌리면서 몸턴을 하게 되므로, 더욱 나쁜 버릇들이 걷잡을 수 없을 정도로 생겨난다. 또한 스키가 충분하게 회전하지 않아서 스피드 컨트롤을 할 수 없고, 빠른 속도로 질주하는 '폭주숏턴'이 되어버린다.

이렇게 상체가 뒤로 빠지는 원인은, 대부분 기본자세가 제대로 만들어지지 않았기 때문이고, 특히 업을 할 때 배를 앞으로 크게 내밀면서 소위 '배치기 업'을 하기 때문이다. 또한 다운에서 과도하게 발밑을 보는 경우에도, 상대적으로 업을 할 때는 상체가 뒤로 젖혀지기 쉽다.

이렇게 상체가 뒤로 빠지는 것을 고치기 위해서는, 테일을 크게 점프하며 숏턴을 하는 것이 좋다. 테일점프 숏턴을 하기 위해서는, 회전을 시작할 때 앞으로 크게 점프하며 테일이 뜨도록 도약하는 연습이 필요하다. 이때 회전 전반에서 도약을 크게 하며 점프를 했다면, 착지를 한 다음에는 뒤꿈치를 눌러주면서 테일이 밀리지 않도록 회전을 마무리해야 한다. 이처럼 테일을 잡아주면서 회전을 마무리해야, 설면에서의 반발력과 스키의 탄성력을 이용해서 다음 점프를 원활하게 시작할 수 있다.

3. 상체를 앞으로 숙이는 경우

⇨ 상하운동하며 스키 밀어주기

앞의 경우와는 반대로 상체를 과하게 앞으로 숙이는 것도 숏턴에서는 문제를 야기할 수 있다. 상체를 앞으로 지나치게 숙이면, 전경으로만 숏턴을 하게 되는데 이것은 주로 회전 마무리에서 문제를 일으킨다. 즉, 회전의 후반부에서 스키테일이 밀리면서, 다음 회전으로 진입하는 것이 원활하지 않게 되어, 재빠른 리듬과 둥근 회전호를 그리는 숏턴을 하기가 어려워진다.

회전에서는 '스키를 돌리는 과정'과 '스키를 되돌리는 과정'이 반복되어야 하는데, 특히 숏턴에서는 이 과정들이 재빠르고 자연스럽게 연결되어야 원활하게 회전을 계속할 수 있다. 이를 위해서는 회전 전반부에 스키를 잘 돌려주는 것도 중요하지만, 회전 후반부에 스키를 잘 되돌리며 중립자세로 들어가는 것도 역시 중요하다.

만약 상체를 너무 앞으로 숙이면 회전 후반부에 테일이 설면을 제대로 잡아주지 못해서, 스키를 되돌리며 중립자세로 돌아가는 것이 어렵게 된다. 이것은 회전의 안정성이 떨어지고 재빠른 리듬을 유지할 수 없는 원인이 되는데, 주로 완사면이나 저속보다는 급사면과 고속에서 문제가 되는 경우가 많다. 만약 완사면이나 저속에서는 숏턴이 되지만, 급사면이나 고속에서 숏턴을 제대로 할 수 없다면, 상체를 지나치게 숙여서 테일이 과도하게 밀리는 것이 원인일 수도 있다.

이것을 고치기 위해서는 일단 평지에서 기본자세를 잡고 업다운을 하며, 상체를 지나치게 앞으로 숙이지 않도록 주의하며, 스키의 탑부터 테일까지 모두 사용하는 연습을 하는 것이 좋다. 이때 전진업을 해서 정강이가 부츠 앞에 가볍게 기대지도록 하고, 다운을 할 때 상체각도를 유지하며 뒤꿈치를 눌러주어야 한다. 또한 부츠 안에서 업을 하며 발목을 내렸다가 다운에서 발목을 들어주는 조작도 중요한데, 이것들이 잘 수행되면 스키가 업을 하면서 뒤로 당겨졌다가 다운을 하면서 앞으로 밀려나가게 되며, 스키의 전후운동이 적극적으로 만들어진다.

이렇게 평지에서 전후운동을 하는 것이 익숙해지면 숏턴을 하면서도 적용을 해보는데, 전후운동이 잘 만들어지면 스키가 보다 부드럽고 날카롭게 회전하는 것이 느껴지고, 회전의 반발력과 스키의 탄성력이 살아난다. 이러한 느낌을 받았다면, 이제 당신도 진정한 스키상급자로서의 한 발짝을 크게 내딛은 것이라고 할 수 있다.

4. 상체가 안쪽으로 기우는 경우
⇨ 양폴 벌려 바깥쪽으로 기울이기

상체가 돌아가는 것과 함께 숏턴에서 나오는 가장 큰 실수는 바로 상체가 안쪽으로 기우는 것이다. 더욱이 상체가 돌아가는 것과 안쪽으로 기우는 것은 동시에 나오는 경우가 많은데, 이들은 숏턴에서의 최악의 케이스 중 하나라고 할 수 있다. 상체가 안쪽으로 기우는 것과 돌아가는 것은 서로 원인이 되는데, 상체가 안쪽으로 돌아가면 함께 기울어지고, 상체가 안쪽으로 기울면 함께 돌아가므로, 이 두 가지를 모두 고쳐야 제대로 된 숏턴을 할 수 있다.

이렇게 상체가 안쪽으로 기우는 원인은, 플루그보겐이나 슈템턴, 패러렐턴에서 상체의 외경자세를 충분히 연습하지 못한 것이 가장 큰 원인이라고 할 수 있다. 또한 상체가 돌아가면, 골반이 함께 돌아가면서 상체의 외경이 무너지기도 한다. 그리고 척추의 측만이 있는 경우에는 한쪽 골반만 빠져서, 한쪽 턴에서 상체가 심하게 안쪽으로 기울기도 한다.

   이를 고치기 위해서는 여러 가지 방법이 있지만, 숏턴의 재빠른 리듬에 어울리는 연습방법은, 양폴을 옆으로 벌려서 바깥쪽으로 기울이는 것이 효과적이다. 즉, 중립자세에서 양폴을 수평하게 옆으로 벌렸다가, 회전에 들어가면서 바깥폴을 설면에 끌어주며, 상체를 함께 바깥쪽으로 기울여준다. 회전이 끝나면 다시 폴을 양옆에 수평으로 잡았다가, 다음 회전에 들어가면서 반대쪽 폴을 설면에 끌어주면서 몸을 함께 기울인다. 이때 끌어주는 폴이 앞으로 돌아가지 않도록 의식하면, 상체가 돌아가는 것을 막을 수 있어서, 부수적으로 상체를 고정하는 연습도 가능하다.

5. 속도조절이 안 되는 경우
   ⇨ 슈템숏턴 연습하기

숏턴의 기본적인 목표는 바로 속도를 조절하는 것이다. 특히 급사면에서 속도를 조절하며 숏턴을 구사하는 것은, 스키어라면 누구라도 꿈꾸는 목표라고도 할 수 있다. 하지만 급사면은 물론이고 중급사면에서도 스피드를 제대로 컨트롤하며 숏턴을 하기는 쉽지 않은 것이다. 더욱이 급사면에 가면 한두 번 회전을 한 다음에는, 속도가 빨라져 버려서 폭주숏턴을 하는 경우가 대부분이다.

이렇게 숏턴에서 속도조절이 안 되는 경우는 크게 두 가지인데, 첫 번째는 회전호가 지나치게 얕아서 회전을 할수록 속도가 붙는 경우이고, 다른 하나는 회전 후반부에 스키가 밀려서 리듬이 깨지며 속도가 빨라지는 경우이다. 이렇게 속도조절이 안 되면 숏턴으로서의 의미가 퇴색되고, 점점 숏턴에 대한 자신감과 흥미를 잃게 되어, 최악의 경우 스키를 멀리하는 결과가 올 수도 있다.

이를 고치기 위해서는 한 턴씩 확실하게 스키를 돌려주는 연습을 하는 것이 좋다. 그 연습방법은 여러 가지가 있는데, 그 중에서 가장 효과적인 것 중 하나가 바로 슈템숏턴이다. 슈템숏턴은 슈템턴을 숏턴리듬에 맞춰서 재빠르게 회전하는 것으로서, 대표적인 급사면 숏턴 연습이라고 할 수 있다.

급사면에서 어려운 것 중 하나는, 바로 회전을 시작할 때 속도를 조절하는 것인데, 슈템숏턴에서 스키를 플루그로 넓혀주면, 속도가 빨라지지 않은 상태에서 안정되게 회전을 시작할 수 있다. 또한 급사면에서는 바깥발로 하중을 이동시키는 것도 어려운데, 슈템숏턴에서 바깥쪽스키를 넓히고 다시 안쪽스키를 모으는 과정에서, 보다 자연스럽고 확실하게 바깥발에 하중이 실린다. 그리고 안쪽스키를 모아주면서 바깥쪽스키의 테일을 확실하게 눌러줄 수 있으므로, 급사면 숏턴에서의 제대로 된 속도조절법을 효과적으로 익힐 수 있다.

이때 폴체킹도 함께하며 숏턴형 폴체킹도 함께 연습이 가능한데, 양스키를 모으며 폴을 준비하고 양스키를 넓히며 폴을 찍는 것을 연습하다 보면, 자연스럽게 숏턴의 폴체킹을 몸에 제대로 익힐 수 있다.

6. 폴체킹이 안 되는 경우

⇨ 양폴 동시에 찍어주기

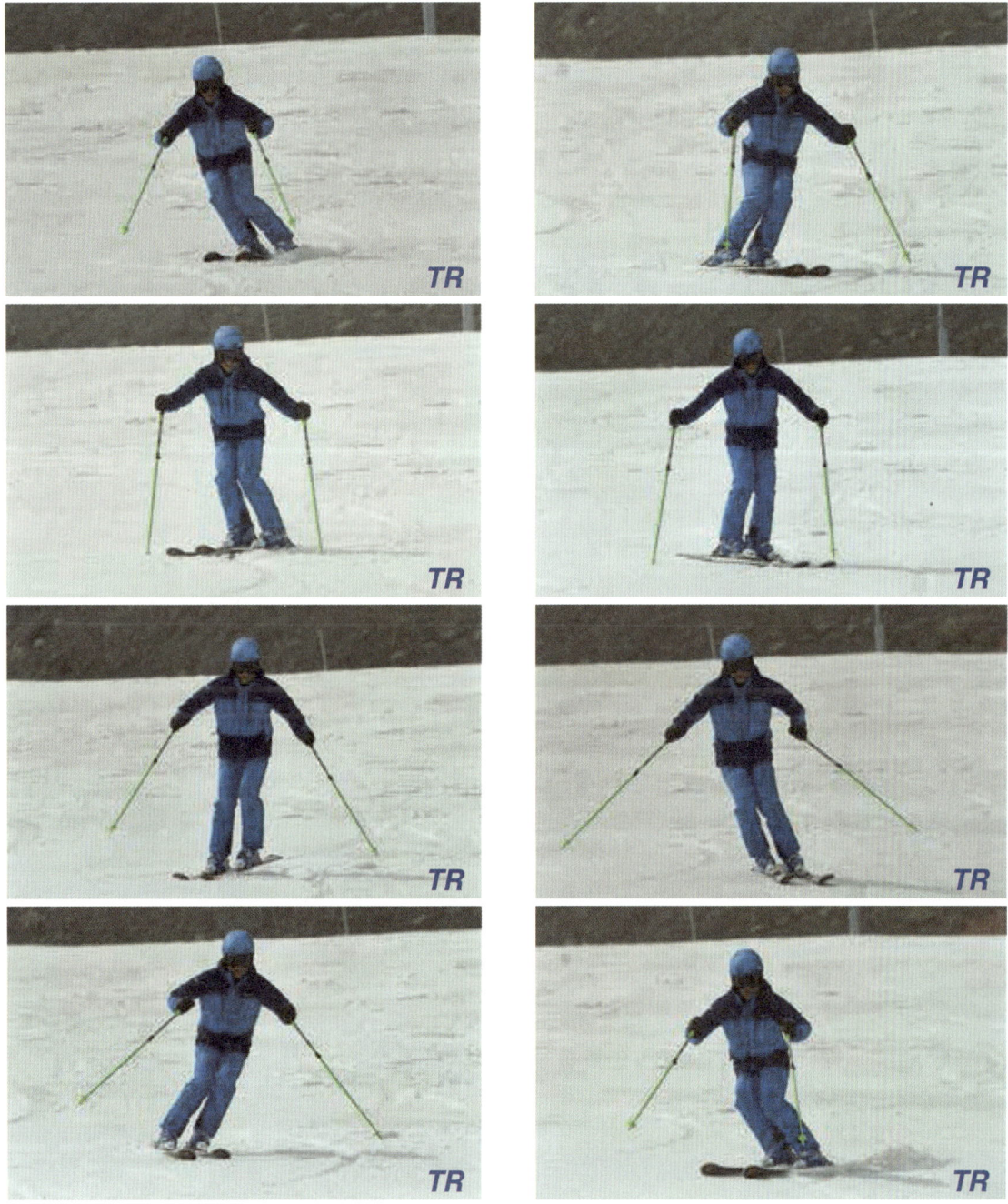

숏턴에서의 폴체킹은 매우 중요하고 큰 역할을 하는데, 그만큼 숏턴 폴체킹을 제대로 하기도 쉽지 않다. 그러므로 숏턴 리듬은 비슷하게 따라하면서도, 폴체킹을 못 하거나 혹은 템포가 안 맞는 경우가 많은데, 숏턴을 완성하기 위해서는 제대로 된 폴체킹이 필수이다.

숏턴 폴체킹을 확실하게 하기 위해서는, 우선 스키를 타기 전에 거울을 보면서 사전연습을 충분히 해야 한다. 거실 등에서 양손에 폴을 들고 폴체킹을 미리 연습하면, 실제로 스키장에 갔을 때 큰 효과를 볼 수 있다. 이렇게 사전연습을 하였다면 실제 활주에서도 숏턴을 하면서 폴체킹을 적용해야 하는데, 폴체킹 연습은 물론이고 상체를 고정시키는 연습으로는, 양폴을 동시에 찍어주는 것이 매우 효과적이다.

이렇게 양폴을 동시에 찍어주면, 상하운동에 연동하여 폴체킹을 실시하는 좋은 연습도 되고, 또한 양폴을 동시에 내밀게 되므로 한쪽 팔이나 어깨가 돌아가는 것을 방지하는 연습으로도 가치가 있다. 하지만 양폴을 동시에 찍는 만큼, 한쪽 폴만을 찍을 때보다 재빠르게 양손을 움직여야 하는데, 마음속으로 숫자를 세면서 리드미컬하게 숏턴리듬과 폴체킹을 맞춰주는 연습을 하는 것이 좋다.

또한 양폴을 찍을 때는 간단하고 가볍게 찍어서, 폴체킹 시 팔이 뒤로 빠지면서 어깨와 상체가 돌아가는 것을 방지하는 연습도 가능하다. 이렇게 양폴을 찍는 연습이 익숙해지면, 폴체킹이 안 되는 한쪽은 양폴을 찍어주고 폴체킹이 잘되는 반대쪽은 한 폴만 찍어주며, 일반적인 폴체킹으로 접근하는 연습도 효과적이다.

1. 숏턴의 발바닥 및 발목감각

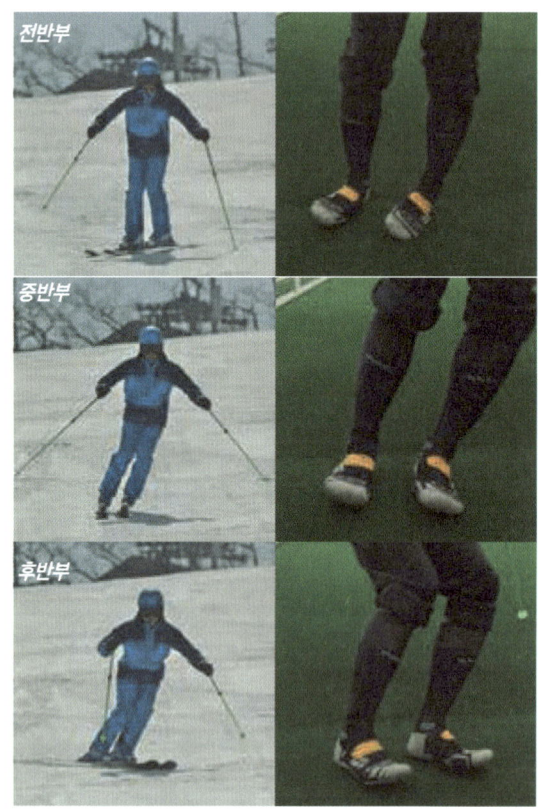

숏턴은 기본적으로 패러렐턴과 같은 발바닥과 발목감각으로 스키를 회전시키는 것이다. 하지만 상체를 고정하고 하체만으로 회전을 만들어야 하므로, 더욱 '적극적인 하체조작'과 '안정적인 상체동작'이 필요하다. 특히 스키를 재빠르게 회전시키기 위해서는 '하중, 피봇팅, 엣지각도의 회전의 3요소'가 섬세하고 수준 높고 조화롭게 스키에 가해져야 한다.

일단 숏턴은 스피드가 빠르지 않아서 외력이 크지 않으므로, 비교적 작은 하중으로도 충분히 회전할 수 있기 때문에, 보다 가볍고 리드미컬한 상하운동이 필요하다. 이에 비해서 스키를 재빠르게 돌리기 위해서는, 적극적인 전후운동이 필요하므로, 너무 큰 상하운동보다는 '전후운동에 중점을 둔 재빠른 업다운 동작'을 사용하는 것이 좋다. 또한 스키를 재빠르게 회전시키기 위해서는 '적극적인 피봇팅 조작'이 필요하고, 반대로 외력이 크지 않으므로 '과도하지 않은 엣지각도'가 요구된다.

그러므로 숏턴을 위한 발바닥과 발목감각을 연습할 때는, 주로 '전후운동에 중점을 두고 하체를 비트는 것을 의식'해야 한다. 우선 업상태의 기본자세를 잡고 상체를 고정시켜서, 다리를 옆으로 비틀어서 회전 전반부의 하체자세를 만든다. 이때 발목을 뒤로 살짝 당기고 정강이를 앞으로 가볍게 구부리며, 발앞꿈치를 가볍게 내리고 발뒤꿈치는 약간 들어올려서, 살짝 전경자세를 만든다. 또한 양발목을 약간 안쪽으로 꺾어서 엣지를 셋팅한다.

이제 다운을 하면서 회전의 중반부에 들어간다. 숏턴에서는 큰 하중이 필요하지는 않으므로, 강하게 부츠텅을 누르고 크게 엣지를 세우는 것보다는, 가볍게 앉으면서 발바닥 가운데로 하중을 이동시키며, 복숭아뼈 아래를 축으로 다리 전체를 적극적으로 비트는 피봇팅에 중점을 두어야 한다.

특히 회전의 후반부가 매우 중요한데, 다운의 정점에 들어가며 발뒤꿈치에 확실한 하중을 가하고, '양스키가 몸 아래를 통과하여 몸 옆으로 빠져나가는 느낌'을 가지고 전후운동을 마무리한다. 이때 '양 무릎이 몸 아래를 지나서 몸 옆에까지 빠져나가는 이미지'를 만드는 것이 중요하다. 또한 뒤꿈치를 축으로 발앞꿈치를 충분히 돌려서 스키탑이 확실하게 옆으로 빠져나갈 수 있도록 한다. 또한 엣지각도가 무너지지 않도록 발목을 옆으로 꺾을 수 있어야 한다.

회전의 후반부에서는 스키와 신체의 방향이 크게 어긋나며 '크로스현상'이 일어나도록, 충분한 상하체의 비틀림을 만드는 것이 필요하다. 또한 발의 위치가 몸 뒤쪽에서 시작하여 몸의 앞쪽까지 오도록, '적극적인 전후운동의 이미지'를 만들어야 한다. 이때 상체가 앞뒤로 흔들리거나 옆으로 기울거나 혹은 돌아가지 않도록 '정확하게 계곡방향으로 고정'한 상태에서, 발바닥과 발목감각을 제대로 익혀야 한다.

2. 숏턴 트레이닝

숏턴을 제대로 하기 위해서는 많은 연습과 경험이 필요하다. 특히 숏턴은 상체를 고정하고 하체만으로 회전하는 '일상생활에서 거의 수행하지 않는 동작'을 만들어내야 하므로 더욱 난이도가 높아진다. 그러므로 숏턴을 잘 하기 위해서는 스키를 타기 전에 충분하게 사전연습을 하는 것이 필요하다. 그러므로 비시즌이나 스키장에 가기 전에 집에서 거울을 보면서 숏턴을 미리 연습하면, 실제 스키를 신었을 때 큰 효과를 볼 수 있다.

숏턴 트레이닝의 핵심은 바로 '상체를 고정하고 하체를 회전하는 것'이다. 이러한 트레이닝에는 단계가 있는데, 우선 골반을 고정한 상태에서 하체를 돌리는 것이 첫단계이다. 그다음은 어깨를 고정한 상태에서 하체를 돌리는 단계이며, 마지막으로는 기본자세에서 상체를 고정하고 하체를 돌리는 단계로 트레이닝의 단계를 높여간다.

우선, 양손을 골반에 대고 골반이 돌아가지 않도록 고정한 상태에서, 안쪽발과 바깥발을 돌리는 연습을 한다. 이때 양발이 '둥근 호'를 그리며 돌아가는 것이 중요하며, 양발의 앞뒤로 엇갈리며 '전후 차'를 만드는 것이 필요하다. 이렇게 양발을 비틀게 되면 골반이 돌아가려는 회전력이 느껴지는데, 골반이 돌아가지 않은 상태에서 최대한 양발을 돌리기 위해서는 '고관절의 유연성'이 필요하다. '골반은 완전고정이 아니라 부분고정'이므로, 고관절의 유연성을 넘어설 정도로 양발을 돌리면, 골반도 회전방향으로 약간 돌아가는 것이 자연스러운 현상이다.

이렇게 골반을 고정한 상태에서 양발을 돌리는 것을 연습

했다면, 이제는 어깨를 고정한 상태에서 양발을 돌리는 단계로 발전하도록 한다. 이때는 폴을 사용하여 훈련을 하는데, 폴을 어깨에 대고 어깨가 움직이지 않도록 단단하게 고정한 상태에서 양발을 돌리는 연습을 한다. 이때 양발이 돌릴 때 어깨가 좌우로 돌아가지 않아야 하며, 또한 어깨가 앞이나 뒤로 움직이지 않도록, '시선의 높이'를 잘 고정한 상태에서 연습을 실시한다.

이렇게 골반과 어깨를 고정하는 연습을 충분하게 실시하였다면, 이제는 스키를 타는 기본자세를 잡고 본격적인 숏턴연습을 하는 단계로 발전을 한다. 이때는 폴을 양손에 잡고 기본자세를 만드는데, 폴의 위치는 자신의 명치 앞에 위치하도록 고정하며, 상체의 각도와 정강이의 각도가 평행하도록 '제대로 된 기본자세'를 잡는다. 이렇게 기본자세를 잡은 상태에서 양발을 돌리는데, 이때 상체가 좌우로 돌아가거나 앞뒤로 흔들리지 않도록 주의하며 하체를 충분하게 돌린다. 이때 양발의 발바닥과 발목도 실제로 회전을 한다고 의식하며, 피봇팅도 하고 엣지도 세우면서, 보다 실전에 가까운 느낌으로 이미지 트레이닝을 실시하는 것이 효과적이다.

3. 숏턴+폴체킹 트레이닝

상체를 고정하고 하체를 돌리는 연습이 익숙해지면, 이제는 숏턴 트레이닝에 폴체킹을 추가해야 한다. 이 연습도 세 단계로 나눠서 실시하는데, 일단 기본자세에서 숏턴형 폴체킹을 연습하고, 그 다음은 기본자세에서 업다운을 하면서 폴체킹을 연습한 다음, 마지막으로는 기본자세에서 업다운과 피봇팅 조작을 함께하면서 폴체킹을 연습한다.

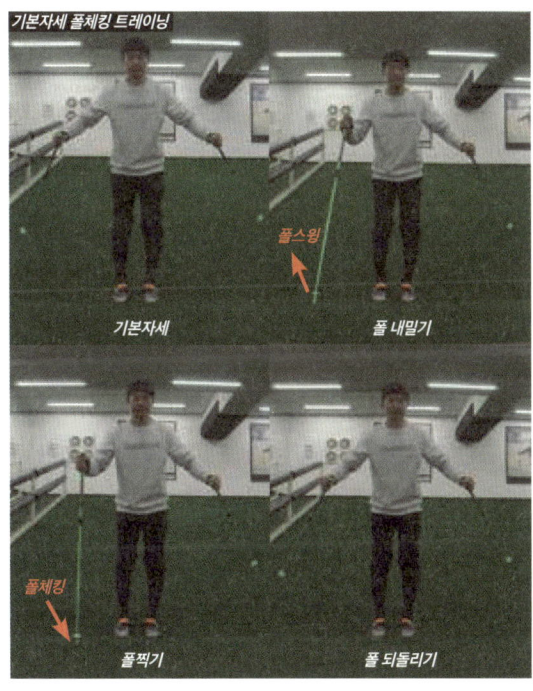

첫 번째 단계는 기본자세에서 숏턴형 폴체킹을 연습해야 한다. 일단 폴을 가볍게 잡고 서서, 상체과 양팔을 고정한 상태에서 손목과 손가락을 이용해서 폴체킹 연습을 실시한다. 이때 폴을 내밀면서 주먹이 앞으로 나오지 않도록 주의하며, 특히 폴을 찍지 않는 손이 뒤로 빠지지 않도록 주의하며, 숏턴형 폴체킹을 충분하게 연습한다.

두 번째 단계는 기본자세에서 업다운을 하면서 숏턴형 폴체킹을 연습한다. 이 연습에서는 업다운 템포와 폴체킹 리듬을 매칭하는 것이 중요한데, 다운을 하면서 폴을 내밀고 업을 하는 동시에 가볍게 폴을 찍는 연습을 한다. 이때 다운을 하면서 최대한 가볍게 폴을 내밀어야 상체가 돌아가지 않으며, 폴을 찍을 때는 손목스냅을 이용하여 폴체킹을 끊어주여야, 주먹이 뒤로 빠지지 않으며 심플하게 폴체킹이 마무리된다.

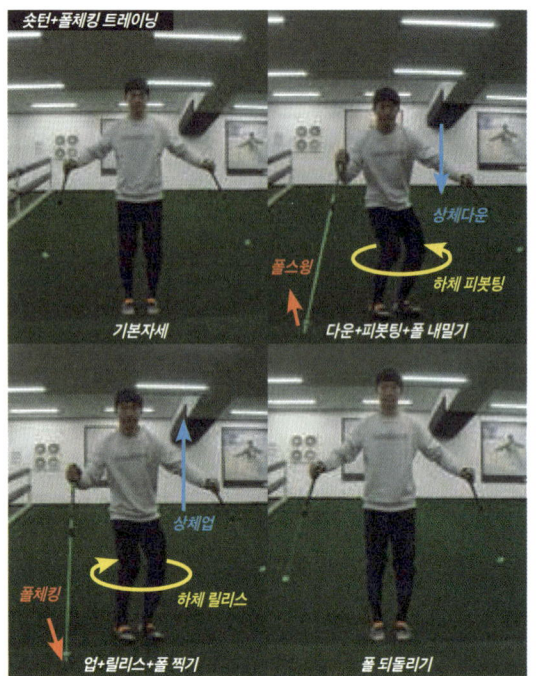

　세 번째 단계는 업다운과 피봇팅 조작과 폴체킹을 함께 연습하는 단계이다. 이때는 상체를 최대한 고정한 상태에서 업다운과 피봇팅 조작 그리고 폴체킹을 실시하므로 난이도가 급격하게 높아진다. 만약 이 세 가지를 한꺼번에 하는 것이 어렵다면, 우선 업다운과 하체동작을 먼저 하고 폴체킹은 나중에 하는 것도 좋은 방법이다. 즉 다운을 하면서 하체를 먼저 돌린 다음에, 이 상태에서 폴을 나중에 내밀면, 상체가 쉽게 돌아가지 않아서 보다 효율적인 연습이 가능하다. 마찬가지로 업을 하면서 하체를 먼저 되돌린 다음에, 이 상태에서 폴을 나중에 따로 찍으면 폴체킹을 더욱 심플하고 소프트하게 만들 수 있다. 이렇게 따로 하는 연습이 익숙해지면, 최종적으로 세 가지를 동시에 함께 실시하면서, 보다 실전에 가까운 연습으로 발전시킨다.

BEGINNER
SKI TECHNIQUE

Lesson
21

스키장 안전 및 예절

스키어와 스노보더를 위한
국제스키연맹(FIS)의 10가지 행동규칙

1. 타인을 존중하라

스키어나 스노보더는 타인을 위험하게 하거나 해를 끼쳐서는 안 된다.

2. 스킹이나 스노보딩에서의 스피드 컨트롤

스키어나 스노보더는 항상 컨트롤 가능한 속도로 스킹이나 스노보딩을 해야 한다.
또한 슬로프의 혼잡도나 설질 그리고 날씨 등을 고려해서 스피드를 컨트롤해야 한다.

3. 라인선택

스키어나 스노보더는 앞서가는 스키어나 스노보드에게 위험하지 않은 활주라인을 선택해야 한다.

4. 추월

앞서가는 스키어나 스노보더를 추월할 때는, 앞선 스키어나 스노보더가 임의로 움직일 수 있는 충분한 공간을 확보하고 추월해야 한다.

5. 슬로프 진입 및 출발

스키어나 스노보더가 슬로프에 새로 진입하거나, 멈췄다가 다시 출발하거나,
혹은 슬로프 위로 올라갈 때는, 항상 위를 먼저 살핀 다음에 움직여야 한다.

6. 슬로프에서의 휴식

슬로프에서 휴식을 취할 때는 반드시 가장자리를 이용해야 하며, 좁은 곳이나 시야가 나쁜 곳에서는 멈추지 않아야 한다. 또한 넘어졌을 때는 바로 일어나서 활주를 계속하거나 즉시 가장자리로 이동해야 한다.

7. 슬로프 등행

스키어나 스노보더가 슬로프를 걸어올라갈 때는, 다른 스키어나 스노보더에 주의하며
항상 슬로프 가장자리를 이용해야 한다.

8. 표지판 준수

스키어나 스노보더는 슬로프 표지판의 규칙들을 준수해야 한다.

9. 도움

스키어나 스노보더는 위험에 처한 다른 스키어나 스노보더를 도와야 한다.

10. 신분확인

사고에 연루된 스키어나 스노보더는 반드시 신분을 밝히고 연락처를 남겨야 한다.

스티켓 (Stiquette)

- 자료제공 : 박순백 칼럼 (www.drspark.net)
- 캐릭터 디자인 : 이찬영

스키장에서는 각자가 지켜야 할 안전규칙과 예절규칙이 있습니다. 서로를 배려하는 마음은 '안전한 스키장 문화 만들기'의 첫걸음입니다. 스티켓(stiquette)=스노우(snow)+에티켓(etiqutte)의 합성어로 스키어와 스노보더가 지켜야 할 기본적 안전과 예절사항들을 포함하고 있습니다.

| 스티켓(Stiquette) 공통 사항 |

1. 스키 강습 시에는 반드시 스키장 예절에 관한 사항을 먼저 교육하도록 합시다.

아울러 위기 상황에 대처하는 방법(일어서는 법, 넘어질 때의 대처 방법 등)에 대해 철저히 교육을 시킵시다. 내려오는 방법은 즐거움을 위해 중요하지만 위기 상황에 대처하는 방법은 안전을 위해 더욱 중요합니다.

2. 상급자의 의견은 겸허하게 받아들입시다.

상급자는 보통 오랫동안 스키장에서 생활하며 스키 타는 법뿐만 아니라, 스키장에서의 행동 예절에 있어서도 많은 것을 알고 계신 분들입니다. 상급자 슬로프에 초급자가 올라왔을 때 "초급자 슬로프를 이용하시고 실력이 향상되시면 올라오시죠."라는 조언을 받았을 때에는 겸허하게 받아들이시고, 이를 행동에 옮깁시다. "네가 뭔데 상관이냐?"는 식의 항변은 큰 사고로 이어질 수 있으므로 곤란하겠죠.

3. 스키장 내에서는 패트롤(patrol)의 지시에 따릅시다.

패트롤의 지시 및 통제에 잘 따라야 스키장에서의 규율(?)이 세워지고, 안전이 보장될 수 있습니다.

4. 도움을 받았거나 스키장 직원의 인사를 받았을 때에는 꼭 '감사의 말'을 전합시다.

이로써 스키장의 환경이 보다 밝아집니다.

5. 다른 스키어들에게는 존대어를 사용합시다.

스키장에서는 고글(선글라스), 마스크, 모자 등 다양한 복장으로 인해 남녀노소가 잘 구분되지 않는 경우가 있습니다. 말을 건네실 때는 기본적인 존대어로써 공손히 말씀하시기 바랍니다.

| 슬로프에서의 준수 사항 |

1. 자신의 실력에 맞는 슬로프를 선택합시다.

초보자 및 중급자 리프트가 붐빈다고 하여 실력에 걸맞지 않은 상급자 리프트를 사용하여, 자신 및 타인의 안전을 위협해서는 안 됩니다.

2. 붐비는 슬로프에서 고속 스킹(보딩)을 금(禁)합시다.

특히, 상급자들은 초, 중급자 슬로프에서 속도를 감속하도록 합시다.

3. 사고나 곤경에 처한 사람을 보면 바로 구조(?)의 손길을 내밀거나 패트롤에게 연락합시다.

넘어진 사람을 일으키거나 폴 등 장비를 집어주는 것은 당사자에게 큰 도움이 됩니다. (도움을 받은 경우, 꼭 감사의 말을 전합시다)

4. 충돌, 추돌 사고의 발생 시 잘잘못을 가리기 전에 패트롤에게 알리고, 부상자의 응급조치를 우선합시다.

본인은 안 다쳤다고 그냥 가 버리는 행위는 교통 사고에서의 뺑소니 행위와 같습니다. 그리고 보험 등 사후처리를 위해서도 패트롤이나 의무실의 기록이 필요합니다.

5. 슬로프상에 넘어진 스키어나 보더들을 기문(旗門)처럼 돌아 나가는 행위는 삼갑시다.

넘어진 사람이 있을 때는 어떤 경우라도 속도를 미리 줄이고, 서서히 피해 가거나, 다가가서 도와줍시다.

6. 음주 스키나 보딩을 삼갑시다. 이것은 음주 운전과 같은 유사 살인 행위입니다.

7. 급정지를 하지 맙시다.

리프트 대기장 바로 앞, 또는 사람이 많은 급경사에서 급정지를 하는 경우, 이는 충돌의 원인이 될 수 있으므로 최대한 삼갑시다.

8. 슬로프 중간에서 다른 사람 옆에 설 때는 그 사람의 뒤를 돌아서 밑으로 내려간 후에 섭시다.

슬로프 중간에서 설 때 위에 서면 아래 서 있는 사람과 충돌할 위험도 있고, 아래 선 사람이 눈가루를 뒤집어쓰게 됩니다.

| 리프트 사용 시의 준수 사항 |

1. 리프트 대기 줄에서 끼어들기를 하지 맙시다. 줄서기는 선진 시민의 기본 자세입니다.

2. 남의 스키나 보드를 함부로 밟지 맙시다.

본인의 의도와는 관계없이 밟는 경우에는 웃는 얼굴로 "미안합니다." 하고 사과하고, 밟힌 사람은 "괜찮습니다." 정도의 말로 응대하면 보기에 좋을 것입니다.

3. 리프트에 함께 탄 동승자들끼리 인사합시다.

서로 가벼운 목례를 하거나, "안녕하세요?" 정도의 가벼운 인사를 나누면 좋겠습니다.

4. 시즌(리프트)권의 타인 대여 등 불법 사용을 하지 맙시다.

| 흡연 관련 준수 사항 |

1. **스키장은 금연구역이며, 흡연은 지정된 장소에서만 가능합니다.**
   비흡연자와 어린이들의 건강권, 생명권을 위한 기본적인 배려입니다.

2. **스키나 보드를 타면서, 또는 슬로프상에서는 흡연은 금지입니다.**

3. **곤돌라와 같은 밀폐된 공간에서의 흡연도 삼갑시다.**

4. **리프트에서는 금연이며, 흡연 시 뒤따르는 리프트 탑승자가 담배 연기로 큰 고통을 겪습니다.**

5. **담배꽁초나 작은 쓰레기는 지정된 투기 장소나 쓰레기통에 버립시다.**
   이것이 여의치 않은 경우에는 자신의 주머니 속에 넣어야 합니다.

| 기타 준수 사항 |

1. **스키장에서 발견한 분실물은 스키장 근무자를 통해 잃어버린 사람에게 돌려주도록 합시다.**
   물건을 분실하면 매우 기분이 나빠지고, 스킹에도 안 좋은 영향을 줍니다. 그러므로 서로의 경제적, 심리적 손실을 방지하기 위하여 분실물을 잃어버린 사람에게 돌려주어야 합니다.

2. **스키장의 시설물 사용은 물론 스키장에서 렌트(rent)한 장비들도 다른 스키어들을 위하여 소중히 다룹시다.**
   스키장의 시설물이나 렌트한 장비들은 스키어 모두의 재산입니다. 이를 소중히 하는 것은 자신의 물건을 아끼는 것과 같습니다.

3. **스키어, 스노우보더, 스키보더 등 모든 스키장 사용자들은 서로 다른 문화 및 운동 성향을 이해해 줍시다.**
   스키장 사용자들의 눈 사랑, 겨울 사랑은 모두 같습니다. 단지 사용하는 장비와 방법이 다르고, 약간의 문화 차이가 있습니다. 그러므로 서로에 대한 이해심으로 함께 공존하는 것이 최선의 방법입니다.

김창수 프로필

잠실 실내스키장 대표
스키 칼럼이스트 / 스키영상 프로듀서 / 스키 포토그래퍼
대한 스키지도자 연맹 레벨3(정지도교사)
스키경력 40년 – 강원도 진부령 출신
대한 스키협회 이사
대한 스키지도자 연맹 위원
국제 스키연맹(FIS) 프리스타일 TD(기술대표) / Judge(채점관)
프리스타일 스키 해설위원(KBS)
살로몬 데몬스트레이터(1997년~2001년)
살로몬 마케팅 매니저(2001년~2006년)
1998년 일본 앗피리조트 스키지도 교사
1999년 스키 기술선수권 대회 19위
2000년 스키 기술선수권 대회 18위
2000년 모글스키 비디오 "Mogul n Freeride" 제작
2001년 건국대학교 스키수업 전임교수
뉴질랜드(1996~2001년), 캐나다(1999~2000년), 일본(1998~2006), 프랑스(2004~2005년) 스키전지 훈련
2011년 오스트리아 인터스키 참가
2011년 김창수의 프로페셔널 스키테크닉 스키교본 발행
2013년 김창수의 내츄럴 스키테크닉 스키교본 발행
2017년 김창수의 비기너 스키테크닉 스키교본 발행

- 블로그 : www.dreamskier.com
- 유튜브 채널 : www.youtube.com/thedreamskier
- 페이스북 : www.facebook.com/thedreamskier
- 인스타그램 : www.instagram.com/dreamskier
- 스키기술카페 : www.skimecca.co.kr

프로방스로부터 전해오는 명품 보습 케어

록시땅 제품명에는 사용된 원료 이름이 항상 들어갑니다. 그리고 이 가치를 최대한 많은 사람에게 알리기 위해 록시땅은 패키지에 점자 제품명도 함께 표기하고 있습니다. 또한 재활용 재질을 포장 용기로 사용한 최초의 브랜드이기도 합니다. 록시땅은 자연과 사람을 모두 존중하는 마음으로 제품을 만듭니다.

L'OCCITANE
EN PROVENCE

www.loccitane.co.kr 02-3014-2965

23년 만에 선보이는 록시땅의 새로운
시어 인텐시브 핸드 밤

얼굴의 피부보다 손은 피지선이 발달하지 않아 건조함을 감지하는 능력이 떨어집니다. 밖은 춥고 안은 온종일 난방으로 건조한 요즘, 온도 차이에 손등 주름 사이로 갈라지듯 하얗게 각질이 일어나기 전, 매끈한 손을 위한 보습 습관을 시작해보세요.

시어 인텐시브 핸드 밤
150ml / 39,000원

시어 버터가 25% 함유 되어 클래식 시어 버터 핸드 크림에 비해 소량을 사용해도 금새 보드라워지며, 갈라지고 부서지는 손톱의 영양 관리까지 가능한 핸드 밤입니다.

내 몸의 사각지대를 위한 솔루션
갈라진 피부와 하얗게 일어난 꿈치를 위한 극약처방

처방 1
숨어 있던 꿈치에 집중 보습을

퓨어 시어 버터 EFT - 에코서트
150ml / 55,000원

99.8%의 유기농 시어 버터에 비타민 E가 함유된 퓨어 시어 버터는 하얗게 일어나는 입매, 무릎, 팔꿈치, 다리 등에 자극 없이 순하게 보습을 더해주는 멀티 밤입니다.

처방 2
피부 건강까지 챙기는 고보습 크림

시어 버터 울트라 리치 바디 크림
200ml / 58,000원

25% 함유된 시어 버터가 피부에 영양을 공급함은 물론이고, 건강한 유수분 보호막을 형성하여 피부 본연의 수분 보유력을 최상의 컨디션으로 유지시켜주며 외부의 환경적인 자극으로부터 피부를 건강하게 보호해줍니다. 바른 후 72시간 보습을 유지해 줍니다.

처방 3
겨울에는 스피드 샤워

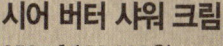

시어 버터 샤워 크림
250ml / 28,000원

가볍고 부드러운 피부를 남기는 샤워 크림으로 시어 버터가 천연 유수분 보호막을 회복시켜 주며, 피부에 영양과 수분을 공급하여 건강하게 가꿔줍니다.

처방 4
진정한 사각지대까지 챙기는 보습 습관

시어 버터 풋 크림
150ml / 37,000원

시어 버터가 15% 함유되어 피부가 부드럽고 편안해지며, 프로방스산 A.O.P 라벤더 에센셜 오일 성분이 발에 살균, 정화, 릴랙싱 및 항염작용을 부여하여 자극 없이 피부를 상쾌하고 매끄럽게 합니다. 매일 사용하면 발의 굳은 살에 수분이 공급되어 부드럽고 촉촉한 발 관리 효과를 볼 수 있습니다.

스키교육의 명가
스키센터 잠실 실내스키장

일반과정

비시즌(4월~6월)

구분	1회권	반개월(4타임)	1개월(8타임)	2개월(16타임)	3개월(24타임)
초등학생 및 성인	50,000원	150,000원	200,000원	400,000원	600,000원
유아(6세~7세)	60,000원	200,000원	250,000원	500,000원	750,000원
타임 유효기간	당일	등록후 15일	등록후 1개월	등록후 2개월	등록후 3개월

시즌(7월~2월)

구분	1회권	반개월(4타임)	1개월(8타임)	2개월(16타임)	3개월(24타임)
초등학생 및 성인	60,000원	200,000원	300,000원	550,000원	750,000원
유아(6세~7세)	70,000원	250,000원	350,000원	650,000원	900,000원
타임 유효기간	당일	등록후 15일	등록후 1개월	등록후 2개월	등록후 3개월

매니아과정

구분	시즌대비반(32타임)		매니아반(80타임)		무제한반(무제한)	
	비시즌(4~6월)	시즌(7~2월)	비시즌(4~6월)	시즌(7~2월)	비시즌(4~6월)	시즌(7~2월)
초등학생 및 성인	750,000원	900,000원	1,500,000원		2,200,000원	
유아(6세~7세)	95,000원	1,100,000원	1,800,000원		2,600,000원	
타임 유효기간	등록후 4개월		등록후 8개월(매년 11월 31일까지 유효)			

할인혜택
1. 회원할인: 5%(기존 회원의 재등록)
2. 커플할인: 2인 동시등록(5%), 3인 동시등록(7.5%), 4인 동시등록(10%)

수업	월요일	화/수/목요일	금요일	토/일요일
1	휴무	14:00~15:10	휴무	10:00~11:10
2		15:30~16:40		11:30~12:40
3		17:00~18:10		점심 식사 시간
4		저녁 식사 시간		13:50~15:00
5		19:20~20:30		15:20~16:30
6		20:50~22:00		16:50~18:00

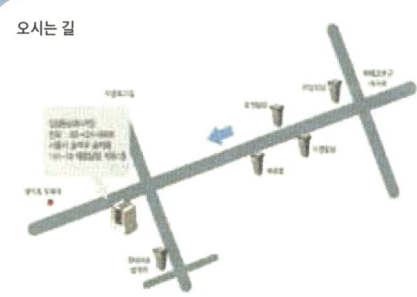

오시는 길

지하철 | 잠실역 15분 / 석촌역 10분 거리
버스 | 잠실역 1번 출구(백제고분 정류소 하차)
3216, 3313, 3414, 3315번
석촌역 4번 출구(백제고분 정류소 하차)
30번
주차안내 | 백제고분 주차장 이용(유료-시간당 1,200원)

1타임은 70분 수업입니다.
매주 월요일 및 금요일은 휴무일입니다.
주말 중식 시간(12:40~13:50) / 평일 석식 시간(18:10~19:20)
등록은 수시로 가능하며, 등록 즉시 수업시작 가능합니다.

www.skicenter.co.kr

김재희 대표원장과 김창수 프로

김창수 프로가 선택한
환자를 먼저 생각하는

스키부상 & 통증 & 바디클리닉 전문병원
피노키오 정형외과

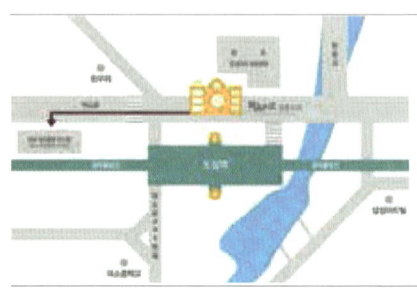

경기도 남양주시 와부읍 덕소로 238(인덕빌딩 2층)
031.521.7501

- **자가용 이용 시**
  도심역 건너편 롯데슈퍼 2층, 3층(인덕빌딩)에 위치하고 있습니다.
  주차안내 일반승용차는 지하주차장을 이용하십시오.
  승합차, 대형승용차는 전방 50m 주유소 맞은편에 제 3공영주차장을 이용하십시오.
- **지하철 이용 시**
  경의중앙선 도심역 2번출구로 나오셔서 맞은편 건물 인덕빌딩으로 오시면 됩니다.
- **버스 이용 시**
  도심역 정류장에서 하차하신 후 인덕빌딩 2~3층으로 오시면 됩니다.
  일반 15, 30-15, 112-1, 166-1, 167, 168, 2000-1, 2000-3
  직행 1660, 1670, 1700
  마을 63, 99-2